公安学文库·专题研究

总主编：何勤华　杜志淳　杨正鸣

4

程序法治视野中的刑事侦查权制衡研究

倪铁　等著

法律出版社
LAW PRESS·CHINA

总 序

公共安全,是一个社会傍依的柱石。维护公共安全,是社会管理最为重要的目标之一,既需要相关国家机关的专门性工作,也需要民众积极参与。周恩来总理曾经指出“国家安危,公安系于一半”。切实发挥公共安全机关的职能作用,加强公安学的理论研究,丰富公安学的学术成果,打造法治公安,是推进依法治国战略、建设法治中国的重要一环。公安学是一门研究社会科学与自然科学之相关内容的交叉学科和综合学科。就相涉社会科学而言,主要是指研究调整有关国家安全与社会治安秩序的社会关系之行为规律;就自然科学而言,主要涉及各种侦查、检验等的技术手段。应该说,公安学近年来才成为一门独立的学科。2011 年为适应我国高等教育、公安工作快速发展和社会形势不断变化的需要,根据《国家中长期教育改革和发展规划纲要(2010—2020 年)》精神,国务院学位委员会、教育部增列公安学为一级学科(学科代码:0306),公安学的学科建设迎来了重大发展机遇。虽然,作为一级学科的公安学包含的二级学科内容并没有最终确定，但学界普遍认同它应当包括犯罪学、治安学、侦查学、边防管理、禁毒学等二级学科内容。当前，我国各政法院校和公安院校正如火如荼地展开公安学学科建设。中国人民公安大学、中国刑事警察学院已建立起较为完整且成体系的公安学一级学科，二级学科体系也基本建立起来。中国政法大学、华东政法大学、西南政法大学、西北政法大学以及中南财经政法大学等院校，也已在现有公安类专业的基础上，积极筹建公安学一级学科。各省所属的公安院校也都积极开展本科层面的公安学教育，同时开始培育公安学学科建设。这是公安类专业高等教育建立动态调整机制、优化学科结构的一项重要举措，为公安学各专业学士、硕士、博士的学位授予、招生和培养提供了良好的发展平台。

华东政法大学刑事司法学院是全国高等院校中公安类专业办学历史最悠久的单位之一，也是华东地区公安类专业办学层次和水平最高的单位。自1984 年起，华政已开展犯罪学专业研究生的培养工作，是国内较早开展公安类研究生教育的政法院校。其后，在刑法学专业中，设置犯罪学、青少年犯罪方向，进一步推进公安学专业理论研究。1996 年诉讼法专业中增设刑事侦查专业方向获得批准，2002 年在诉讼法专业中设司法鉴定方向。随即，开始招收犯罪学专业博士研究生，2008 年开始招收司法鉴定专业博士研究生。由此，华东政法大学刑事司法学院在公安学建设中发挥长期积累的学科优势，整合侦查学、治安学、边防管理等专业力量，并依托司法鉴定与计算机科学与技术（网络安全）等学科作为公安学的重要支撑，形成了较为丰富的理论与实践成果。

为了迎接公安学确立为一级学科后的发展，充分利用现有优势和资源，进一步夯实、建设、发展公安学学科，我们计划出版一套《公安学文库》，第一批书目有《侦查理论前沿问题研究》、《侦查学实务前沿问题研究》、《经济犯罪侦查》、《刑事专案侦查》、《传统侦查制度现代转型》、《证据调查学》、《犯罪现场勘查技术研究》、《侦查学案解》、《特大城市地铁运行安全风险及防范》、

《网络犯罪侦查技术》等数十部专著、教材，力争使公安学成为我校学科建设的优势领域，成为在全国同类高校中具有鲜明的国际化、开放性特色并处于领先水平的公安学学科。

法律出版社沈小英分社长以及责任编辑为本文库的策划、出版付出了辛勤劳动。华东政法大学科研处和发展规划处为本文库的推出进行了指导，司法鉴定中心为本文库的出版提供了经费支持。在此，我们表示诚挚的谢意。当然，对作品中可能存在的缺陷，将全部由我们负责。敬请各位读者给予批评、指正，以便我们在再版时予以改正。

何勤华　杜志淳　杨正鸣

于华东政法大学

2016 年 5 月 16 日

前　言

本书系本人主持的2012年教育部人文社会科学研究规划基金青年基金项目“程序法治视野中的刑事侦查权制衡研究”(12YJC820074)最终研究成果,也是笔者多年来从事刑事侦查学研究的心血结晶。

在本书写作过程中,历数年,数易稿,但始终秉持“深挖掘”、“论证透”的理念,力图向读者展现侦查权制衡的理论与实践问题。从刑事程序法治的时代大背景出发,从应然的角度研究了侦查权及其制衡机制的理论维度,提出了侦查权制衡框架下的权能均衡、权力谦抑和权利积极的原则。继而,作者从法律文化视角切入,深入透视了中国侦查权制衡机制的变迁。实证研究了中国刑事侦查权在实践中的种种失范异化问题,剖析了侦查权在当下的失衡窘境。选择了美国、法国和荷兰三国的典型案例为主要分析对象,对比研究了主要国家的侦查权制衡机制和程序设置。本书还将侦查权异化场域中的司法鉴定问题纳入研究视野。在此基础上,对中国侦查体制改革提出了侦查权制衡机制的建构建议。

全书共分六个部分展开,篇章安排和作者分工如下:第一章侦查权及其制衡机制的理论审视,倪铁、梁晓轩;第二章侦查权制衡演进路径的法文化考察,倪铁;第三章制衡乏力下的侦查权异化现象研析,倪铁、缪晓琛;第四章侦查权制衡机制运作的域外范本研究,倪铁、胡裕岭、陈波;第五章,司法鉴定视角中的侦查权制衡机制研究,倪铁、沈臻懿;第六章,刑事侦查权制衡机制的合理建构,倪铁、梁晓轩、陈海锋。全书由本人统稿,作者各自就其著述部分承担文字责任。

在本书的写作过程中,华东政法大学刑事司法学院院长杨正鸣教授为本书的选题、具体框架结构等提供了诸多珍贵的指导意见,同时为各位作者的写作创造了良好的条件,并慷慨地为本书出版争取资助。在此,向杨正鸣教授表示最为诚挚的感谢!作者研读、整理和参考侦查学、刑事诉讼法学、法律史学等领域中重要研究著作、论文等。在全书的结构体例和内容观点等方面,借鉴和吸收了前人的优秀科研成果。在本书付梓之际,兹向为本书提供参考思路和学术借鉴的方家表示我们最诚挚的谢意。并向为本书出版付出辛勤努力的法律出版社沈小英分社长和吴镝编辑表示我们衷心的感谢!同时,也诚挚地期盼各位专家、学者和广大读者批评指正!

倪 铁

2016年6月

写于云间玉泊湖

Contents

目 录

第一章　侦查权及其制衡机制的理论审视

在现代刑事司法体制运行过程中，侦查权扮演着十分重要的角色，侦查权主体所主导的侦查程序构成了刑事诉讼的中心。刑事侦查权所主导的侦查程序，与审查起诉、审判和执行等共同组成一个完整的刑事诉讼流程。通过侦查权的运行，国家实现了打击犯罪、维护当事人程序权利、维护社会稳定的法治目标。在侦查权的运作过程中，警察、检察官、律师和法官纷纷参与其间。在荷兰等大陆法系诸国，“刑事诉讼程序的核心不再是传统意义上的审判，而是审前的侦查程序。在审前的侦查程序中，警察或预审法官已经与犯罪嫌疑人、证人和鉴定人充分接触，调取相关证据并定案；法院的主要审判活动则被弱化为对警察、预审法官所调取证据可靠性和充分性进行确认”。[①] 在中国的刑事诉讼过程中，侦查权所主导的程序运作也

---

① P. J. P. Tak, *The Dutch criminal justice system*, Willem-Jan van der Wolf, 2008, p. 32.

存在同样的情形。有学者认为,如果单从追究犯罪的效果这个角度来观察中国的刑事程序,侦查毫无疑问是中国程序的中心,在一定意义上说,真正决定中国犯罪嫌疑人和被告人命运的程序不是审判,而是侦查。[①] 总体而言,侦查程序俨然也成为中国刑事诉讼的核心,而侦查权又赫然成为侦查程序运作的核心内容。

从全球范围来看,由于刑事侦查活动的秘密性、机动性、效率性等诸多特性,侦查权的误用、滥用已然成为刑事司法领域中非常引人侧目的问题之一。在中国刑事诉讼法不断完善、程序法治不断推进的时代大背景下,检警的侦查权得到了较好的规范,误用、滥用侦查权的现象得到了很好的治理,但仍有害群之马屡行不端。2013 年 3 月哈尔滨市道外区公安分局刑侦一大队在侦讯毒品犯罪嫌疑人梁某过程中,政委吴某、侦查员张某指使特情人员刑讯逼供致其死亡。在 2014 年 9 月哈尔滨中级人民法院的判决书中,经调查确认:侦查人员和特情人员把梁某捆绑在铁椅子上,用老式电话机接到梁某的脚趾上进行电击,继而用毛巾捆嘴,继续进行电击,用塑料鞋底抽打脸部,致使该对象休克死亡,尸体上有明显外伤。[②]

即使是刑事诉讼程序较为发达的法治先行国家,也难以一一杜绝刑事侦查过程中检察官与警察的不端行为。在一向以保障人权、程序法治标榜的美国,芝加哥市议会于 2015 年 5 月 6 日通过决议,将对 1972 ~ 1991 年数十位遭受警方酷刑折磨的受害者提供金额总计 550 万美元的赔偿。据报道,多达百人当时曾受到芝加哥前警察指挥官乔恩·布尔格(Jon Burge)的刑讯逼供。芝加哥市警察局一名刑侦部门负责人曾因长期刑讯逼供于 1993 年被开除,10 多年过后,他又被送上法庭,因虐待犯罪嫌疑人被判刑四年半。[③]

---

① 孙长永著:《侦查程序与人权》,中国方正出版社 2000 年版,序言第 5 页。

② "4 名特情人员逼供致人死亡警方火化尸体销毁证据",资料来源 http://news.163.com/14/0911/13/A5S7ECPC00011229.html,最后访问日期:2014 年 9 月 11 日。

③ 陈颖:"退役美国警察揭秘警队真相",载《现代世界警察》2015 年第 9 期。

曾与中国同为中华法系传统的东亚邻国韩国也爆出刑事侦查权误用和滥用的丑闻。以法治严明著称的韩国检察厅也经常爆出负责侦查的检察官(及其所指挥之警察)滥用、误用侦查权的消息。在最近爆出的韩国史上最大的诈骗犯曹喜八案中,检方在2015年10月14日称,“2008年曹喜八案爆发至今,共有8名警官和检察官因收受贿赂被捕”。2012年11月,韩国首尔高等检察厅部长检察官金光浚因涉嫌从有进集团和传销诈骗分子曹喜八等处收受9亿韩元的贿赂而被韩国检方拘留。“根据目前掌握的线索,至少有3名此前办过该案的检察官收受过贿赂。检方通过追查姜太容的账户,逮捕了两名警官。”①

权力天然具有一种易腐性,所谓“权力导致腐败,绝对的权力导致绝对的腐败”。② 刑事侦查权亦然,脱离了合理制约的侦查权,犹如脱缰之野马、泛滥之洪河,必然不同程度地侵害犯罪嫌疑人、被害人、证人、司法鉴定人等涉入刑事侦查程序中的公民,进而侵蚀国家的刑事司法公信力,最终消解公民对法治的信仰!有必建构起一整套科学的、合理的制衡机制,一方面既能保证它高效实现证据收集、缉捕人犯、查明事实的任务;另一方面也能保证侦查权不侵越公民合法权利保障的篱藩,以此来监督权力的合法运作,有效防止侦查权力的肆意和失范。

第一节　侦查权的理论再定位③

在《刑事诉讼法》中,第106条规定:侦查,指公安机关、人民检察院在办理案件过程中,依照法律进行的专门调查工作和有关的强制性措施。但是,

---

① 王伟:“韩最大诈骗犯在华换脸逃亡?”,载《环球时报》2015年10月15日,第4版。

② [英]阿克顿勋爵著:《自由与权力》,侯健、范亚峰译,商务印书馆2001年版,第342页。

③ 在本节内容的行文过程中,汤纪东先生、徐倩女士、马健先生、晋永光先生和张超先生热心帮助,汤纪东先生对本节内容的贡献尤大,在此表示谢忱之意。

无论是中国法律还是其他国家的法律,并无关于侦查权定义的相关明确规定,直接导致目前司法实务界和学术理论界对侦查权概念界定众说纷纭、见仁见智。这也间接引起了侦查权是司法权还是行政权的权力属性之争,也使人们对于侦查权运作程序的诉讼化方面争执多多。有必要在厘清侦查权学理定位的同时,明确侦查权的权属,明晰其权力构造。

一、侦查权的概念定位

(一)侦查权概念定义模式

在刑事法学界,很多刑事诉讼法学者和侦查学学者对侦查权作了众多表述,主要由以下几种理论定义模式。

一是"内容概括式"概念模式,往往是基于刑事诉讼法的规定,将侦查权运作的内容高度概括为"专门调查工作"或"专门调查工作和有关强制性措施"来界定侦查权的概念,并以此内容概括来划定侦查权与审判权等其他司法权的界限。如有学者认为:"侦查权就是指实施侦查行为的权力。"①有学者认为:"侦查权是侦查机关依法进行的专门调查工作和采取有关强制措施的权力。"②还有人认为:"侦查权是国家司法权的一部分,指依照法律进行的专门调查工作和采用有关强制措施的权力。"③还有观点认为:"侦查权是国家赋予侦查机关依法查明案件事实真相的权力。"④还有人认为:"侦查权是指法定侦查机关为追诉犯罪,依法采取专门调查工作和强制性措施的权力。"⑤很显然,这些定义是直接根据我国刑事诉讼法关于侦查的定义作出的延伸界定,

---

① 汪建成著:《冲突与平衡——刑事程序理论的新视角》,北京大学出版社 2006 年版,第 226 页。

② 《新编实用法律辞典》,中国检察出版社 1998 年版,第 445 页。

③ 曾龙跃主编:《中国检察百科辞典》,黑龙江人民出版社 1993 年版,第 60 页。

④ 王德光著:《侦查权原理——侦查前沿问题的理性分析》,中国检察出版社 2010 年版,第 5 页。

⑤ 杨郁娟著:《侦查权的逻辑与经验》,中国人民公安大学出版社 2010 年版,第 12 页。

也即从概括侦查权的内容的角度来下定义。

二是“内容列举式”概念模式，针对侦查权具体内容进行一一列举，明确具体地列明侦查权所包含的各种具体措施使用权。如有学者认为：“侦查权是指以发现犯罪事实为对象，以收集确实、充分的证据而准备起诉工作为目的，由特定的侦查主体（包括侦查组织和侦查人员）按照法律规定的条件和要求，实施询问、讯问、勘验、检查、鉴定、搜查、扣押、查封、冻结、辨认、通缉等专门调查工作和拘传、取保候审、监视居住、拘留、逮捕等强制措施的行为。”①有著作认为：侦查权是“实体性调查处置权和调查与处置的程序权，前者包括讯问、询问、勘验检查、检验鉴定、传唤、拘留、逮捕、扣押、查封和冻结等权力，后者包括通知、告知、送达、出示有效证件、制作笔录、报告、决定，以及批准等权力”。② “侦查权是侦查机关的调查取证权，采取强制措施权，预审权，依法移送起诉权，及为查获犯罪分子而必须采取的紧急措施、特殊措施权。”同时进一步指出：“采取秘密调查手段，使用秘密力量和特殊技术方法等特殊措施权是有别于侦查权的‘侦察权’，只有一些侦查机关有‘侦察权’……”③

三是“任务列举式”概念模式，即通过在概念中明确侦查权运作的具体任务和目标，以此来界定侦查权。换言之，这种类型的侦查权定义，往往突出收集证据、查明案件事实、缉获犯罪嫌疑人等侦查权运作目标，从而划定侦查权与公诉权、审判权的界限。有学者认为：“侦查权是依照法律对刑事案件进行专门调查工作，以收集证据，查明犯罪事实和查获犯罪人，以及采取强制措施的权力。”④该定义即从侦查权运作的具体任务和内容的角度来下定义的。还有的认为：“侦查权是指依法收集证据，揭露和证实犯罪，查缉犯罪人，以及实施必要的强制性措施的权力。”⑤同类的观点还有：“刑事侦查权，是指刑事侦

---

① 侯明：“侦查权司法控制的理论基础探究”，载《时代法学》2008 年第 2 期。

② 张步文著：《刑事侦查权研究》，中国检察出版社 2007 年版，第 32 页。

③ 公安部政治部编：《刑事侦察学导论》，警官教育出版社 1997 年版，第 207 ~ 208 页。

④ 杨春洗、高铭暄等主编：《刑事法学大辞书》，南京大学出版社 1999 年版，第 645 页。

⑤ 杨殿升、张若羽、张玉镶主编：《刑事侦查学》，北京大学出版社 1993 年版，第 14 页。

查人员按照管辖范围的分工对刑事案件进行专门调查工作和采取必要的强制性措施,以查明案件事实、收集犯罪证据,抓获犯罪嫌疑人的一系列国家权力。"①"侦查权应当被定义为政府机关为搜集证据材料、抓获犯罪嫌疑人、查明案件事实而享有的行使专门调查工作的权力,但是权力的行使不能随意侵犯相对人的权利。"②

四是"综合式"概念界定,即笼统地将侦查权主体、侦查权运作内容、侦查权运作任务等综合在一起,并不一一列明侦查权的丰富内涵。如有学者认为:"侦查权是指公安机关、人民检察院等享有侦查权的机关按照管辖分工,对刑事案件依法进行专门刑事调查工作和采取必要的强制性措施,以收集犯罪证据、查明犯罪事实、查获犯罪嫌疑人的一系列国家权力。"③有学者认为:"侦查权,是国家侦查机关和侦查人员,为实现侦查目的,依法定的侦查程序,运用特定的侦查手段开展侦查活动的权力。"④还有学者认为:"所谓侦查权,即指国家法定的侦查机关为实现侦查目的,依照法定程序,运用特定的侦查手段和采取相关的强制措施对刑事案件开展侦查活动的权力。"⑤也有学者认为:"侦查权是法定侦查主体,为实现侦查目的,依照法定的侦查程序,运用法定的措施和方法实施与监督侦查活动的权力。侦查权包括侦查活动实施权和侦查活动监督权两个方面。"⑥

我国台湾地区的学者对侦查权概念的界定,主要集中于权力主体、目的、运作条件与结果。陈朴生认为:"侦查权,本属公诉权作用之一种;唯二者各自独立并不互为终结。"⑦他明确指出:"依一般之趋向,侦查权宜归于警察,公

---

① 张新枫主编:《刑事侦查教材》,警官教育出版社1999年版,第8页。

② 徐美君著:《侦查权的运行与控制》,法律出版社2009年版,第59页。

③ 毕惜茜:"论我国侦查权的性质",载《江西公安专科学校学报》2004年第2期。

④ 郭晓彬主编:《刑事侦查学》,群众出版社2002年版,第52页。

⑤ 杨正鸣、倪铁主编:《侦查学原理》,复旦大学出版社2013年版,第76页。

⑥ 邹明理:"侦查立法若干问题研究",载郝宏奎主编:《侦查论坛》,中国人民公安大学出版社2002年版,第232页。

⑦ 陈朴生著:《刑事诉讼法论》,台湾正中书局股份有限公司1971年版,第142页。

诉权属于检察官，并为保障个人之自由，对于侦查权行使之方式，亦以法律加以限制……”①刁荣华认为：“侦查权属于检察官、司法警官及司法警察，乃为实施侦查上之一切处分之权也，亦系公诉权作用之一种，受处分者应有服从之义务，故侦查机关行使侦查权有绝对性，不以刑罚权存在为必要，即知有犯罪嫌疑者，应实施侦查。”②

（二）侦查权概念模式评析

学者的上述表述，从不同方面对侦查权进行了全方位的透视，极大地丰富了侦查权概念的内涵和外延，有利于对侦查权全方位研究的展开。但以上几种概念界定模式，既有各自的特色，但又存在一些局限，如“内容概括式”定位模式的侦查权定义，是我国立法以及多数研究者所使用的概念模式，但这一概念模式对侦查权涵义的界定并不足以反映侦查活动的本质特征。因为其他司法机关，如法院在刑事自诉案件的审理过程中，符合一定条件时，也进行专门性调查工作，并可实施逮捕等刑事强制性措施，如我国《刑事诉讼法》第191条明文规定了：“人民法院调查核实证据，可以进行勘验、检查、查封、扣押、鉴定和查询、冻结。”如果以“内容概括式”的侦查权概念来套，那就会发生法律的尴尬：同为国家司法机关实施的同样的查明刑事案件真实情况的活动行为，公安、国家安全和人民检察院实施的，就叫“侦查”，而作为司法机关实施的却不是“侦查”。“内容列举式”的侦查权模式界定的优势在于明确了侦查权的具体内容，指向性非常鲜明，让人一目了然，但是它难以克服列举式的局限，难以穷尽所有的侦查权行为内容。“任务列举式”概念模式能将侦查权与刑事审判机关的调查活动区别开来，却无法区分侦查机关进行的调查活动与个人进行的调查活动的性质差异。“综合式”的模式的概念界定则可以表达出侦查权的独特特征——任务的独特性和行为性质的独特性，通过表明

① 陈朴生著：《刑事诉讼法实务》，台湾海天印刷有限公司1982年版，第262页。

② 刁荣华著：《刑事诉讼法释论》（上），台湾汉苑出版社1978年版，第295页。

侦查权运作的具体任务，寻找、搜集证据，查明、证实刑事案件事实和查获犯罪嫌疑人，表明侦查权运作的内容特质——专门性和强制性调查活动，把法院的刑事调查活动和公民个人进行的调查活动区分开来了。

同时，以上四种概念界定模式，都强调侦查权的国家权力性质和强制性特征，除了徐美君教授的侦查权概念中刻意提到了“侦查权应当被定义为政府机关为搜集证据材料、抓获犯罪嫌疑人、查明案件事实而享有的行使专门调查工作的权力，但是权力的行使不能随意侵犯相对人的权利”，①其他诸多概念定位多忽略了侦查权的权力法定性和人权保障性等特征。因此，它并没有真正揭示出侦查权的实质内涵。众所周知，侦查权作为一种重要的国家权力，具有较强的扩张性与攻击性，侦查权的行使又往往伴随着对公民个人权利的强制性侵犯。正当法律程序理念已成为民主法治建设的主旋律。从这个意义上来说，权力的来源、主体、内容、目的和价值以及侦查权的限制应当成为揭示侦查权涵义的主要的实质性要素，其应当既能把侦查权与其他权力区别开来，又能把侦查权与侦查的其他方面的内容区别开来。

一个概念是否科学，关键是考察它是否真实全面地反映了对象的本质特征；侦查权概念的科学与否，其判断之要义也在于考察该概念是否能全面而客观地反映侦查权的本质特征，是否符合法学理论逻辑，是否符合现代程序理念。侦查的“综合式”概念界定最能涵括侦查权的本质特征，也最能体现侦查权运作程序的现代法理蕴义。因此，我们有必要在“综合式”的侦查权概念界定基础上，将之进一步丰富和完善。首先，必须明确，侦查权是国家通过法律赋予侦查主体的权能，“但是一切有权力的人都容易滥用权力，这是万古不易的一条经验。有权力的人们使用权力一直到遇有界限的地方才休止”。②其次，侦查权作为国家权能的一部分，其运作如果是任意的，就会出现滥用、

① 徐美君著：《侦查权的运行与控制》，法律出版社2009年版，第59页。

② ［法］孟德斯鸿著：《论法的精神》（上），张雁森译，商务印书馆1961年版，第154页。

泛化,危害社会和个人。因此,必须限定侦查权的目的、程序和适用对象等条件。

因此,我们将侦查权的概念界定为:针对已经立案的刑事案件,公安、检察等法定国家机关为收集罪证据、查明案情和查获犯罪人,严格依据刑事实体和程序法,切实尊重犯罪嫌疑人、被害人、证人等程序参与人的权利,所进行的侦查、预审等专门性刑事调查工作,以及采取刑事强制措施的一项刑事调查权力。

二、侦查权的运作特性

侦查权是国家权力的有机组成部分,区别于一般性的国家权力,带有强制性和专业性。虽然侦查权配置结构各有特色,但基本都具有以下特点:

(一)侦查权具有法定性

首先,侦查权由法律明文授权,各侦查主体的侦查权限范围、管辖分工等由法律明文规定,凡是未经法律授权的组织和个人均无权行使侦查权。如《荷兰刑事诉讼法》第1条即明确,“刑事诉讼只能依法而行”。[①] 其次,侦查权的运行程序具有法定性,各侦查权主体必须严格按照各项法定程序和步骤依次进行。最后,侦查权行使的方式和手段也是法定的,专门性调查工作和有关的强制措施都有相关法律规定可循。例如,我国《刑事诉讼法》规定了侦查过程中可以采取的专门调查工作,包括讯问犯罪嫌疑人、询问证人、勘验、检查、搜查、扣押、鉴定、通缉等;侦查过程中可以采取的刑事强制措施包括拘传、取保候审、监视居住、拘留和逮捕。

(二)侦查权具有专属性

在大陆法系和英美法系诸国,《刑事诉讼法》大都明确规定有权行使侦查

---

① 郎胜、熊选国主编:《荷兰司法机构的初步考察和比较》,法律出版社2003年版,第121页。

权的只能是警察机关、检察机关、预审法庭等特定国家机关,其他人都不享有侦查权。在中国,刑事诉讼法明确地将侦查权授予公安机关、国家安全机关、人民检察院等特定国家机关;而中国所有的民间私人侦探机构等都不享有任何侦查权限,甚至连蜚声国内外的国际刑事警察组织也不享有在中国进行刑事侦查的权力。

(三)侦查权具有目的特定性

整个侦查权的运作都是围绕证据和犯罪嫌疑人这两个中心展开。侦查权运作的具体情况,直接影响公诉的质量,决定犯罪行为人能否受到应有的惩罚和无罪的人能否得到合法的保护。要完成《刑事诉讼法》的最终任务,侦查机关和侦查人员就必须完成收集充分证据足以支持对犯罪的控诉和查获犯罪人保证其能够受审判的具体任务。① 因此,侦查权运作的目的是特定的——维护公平正义、保护程序人权、捍卫公民的自由。

(四)侦查权具有天然侵犯性

在当前的刑事司法权力框架下,侦查权都被定位成国家强制力为后盾的刑事调查权力。侦查权的运作,究其本质而言,是侦查人员为了查明案情、收集证据而进行的专门性调查活动。在刑事诉讼中,侦查程序作为审判的前置程序,是实现诉讼公正的前提和基础。没有正确的侦查,就很难有正确的起诉和审判。侦查主体代表国家进行犯罪追诉活动时,必然会采取各种带有强制性的侦查措施,如冻结、扣押、搜查、拘留、逮捕等,此时必然会采取限制和剥夺公民基本权利的手段和措施。

在现代法治国家中,公民人权受到以宪法为中心的法律体系的保障,任何国家机关或个人不得侵犯。但是,侦查权的运作直接涉及程序参与人的人身、财产、隐私和生命等项权利的行使,虽然侦查权的这种限制不是最终的和确定的,但这种权益的诉讼阶段性剥夺或限制,同样致参与人于权利剥离的

① 杨明:"侦查权探析",载《法学》2001年第4期。

状态。另外一个层面，侦查机关对犯罪嫌疑人采取必要的强制措施和进行相关的秘密侦查活动，是查明犯罪事实、揭露犯罪和惩罚犯罪所必要的。“刑事侦查是一个具有回溯性的证明过程，在此过程中，无论是被害人还是证人，他们透露犯罪嫌疑人实施犯罪行为的事实细节并提供证据的行为，都不构成对犯罪嫌疑人隐私权的侵害。”[①]因此，侦查权以法定的方式了解、介入乃至侵入犯罪嫌疑人的隐私，是必要和不可避免的，也具有程序法上的合法性。

三、侦查权的权属界定

在当代中国法治框架下，司法机关涵括了公检法司。具象地表述就是：中国的公安机关、检察机关、法院、司法行政机关都是司法机关，它们置身于《宪法》第135条的约束下，即人民法院、人民检察院和公安机关办理刑事案件，应当分工负责，互相配合，互相制约，以保证准确有效地执行法律。在刑事案件处理过程中，人民法院所行使的审判权、人民检察院所行使的包括控诉权在内的检察监督权、公安机关所行使的侦查权这三者之间，并无权力上下位之别，亦无权力高下之分。虽然中国的刑事诉讼模式属于典型的“强职权主义”模式，法官积极主动地主导着审判程序的运行，但中国的法官并无机会及时介入侦查等审前程序来裁判权利处置问题，或作出程序性裁判，其天生的消极性和中立性使得审判权呈现出典型的司法权特质。但中国的公安机关和检察机关都依法参与刑事案件的侦查，都被赋予侦查权，它们手中调查犯罪的侦查权并不完全呈现出国际通行的行政权属性，反而部分具有司法权属性。

（一）侦查权的定性模式

有学者认为侦查权属于行政权。他们认为，在价值上取向上，侦查权追

---

① 袁周斌：“隐私权视野下我国侦查立法之检讨——以《刑事诉讼法》的修改为背景”，载《湖北警官学院学报》2012年第7期。

求效率;在社会功能上,侦查权侧重维护社会公益;在启动、运行等权力运作上,侦查权具有积极主动性、单向性和鲜明的追诉倾向;在临事而变的运行风格上,侦查权具有权变性;在运作形式和程序上,侦查权具有相对自由性,裁量权较大,不具有终结性等特点。[①] 侦查权的这些特征都与行政权相似,而与司法权特征大相径庭。同时,根据现行《宪法》第105条规定:"地方各级人民政府是地方各级国家权力机关的执行机关,是地方各级国家行政机关。"而第107条规定:"县级以上地方各级人民政府依照法律规定的权限,管理本行政区域内的……公安……等行政工作。"由此可见,我国公安机关是各级政府的职能部门,依法承担绝大多数刑事案件的侦查工作,其侦查权的行使具有行政组织性和纵向管理的特点,侦查权应当为行政权。

有学者言之凿凿地认为侦查权当属司法权。持该种观点的学者认为:作为刑事诉讼的重要程序,侦查程序是为了正确判明案件事实、查明并缉捕犯罪嫌疑人、收集证据,最终为实现国家刑罚权的刑事司法活动提供事实基础和证据基础。侦查机关进行侦查活动是国家公权力追诉犯罪行为人法律责任,侦查权运作本身也是一个判断的过程,因而具有司法权的性质。在侦查权运作的过程中,侦查权必须遵守严格的法定程序,尤其是冻结资金、讯问等强制性侦查权的运作必须遵循严格的程序,刑事强制措施的采取要受到严格的法律程序限制,并以一定的证据为实施前提。一旦对公民的人身权利构成威胁,还要通过充分的诉讼权利保障和司法救济程序来维护权利人的合法权益。因此,可以看出侦查权乃是一种追求平等保障和程序正义的司法权。

还有部分学者认为,侦查权既是行政权,也是司法权,它是混合两种属性的复合权力。持该种论点的学者认为:除了具有国家公权力的法定性、强制性、专门性和职责性特征,侦查权还具有司法权的独立性以及行政权的主动

---

① 陈永生著:《侦查程序原理论》,中国人民公安大学出版社2003年版,第44~78页。

性特征。[①] 一方面，侦查权具有行政性，主要表现为：侦查权具有职权性和裁量性，公安刑侦部门和检察机关自侦部门在侦查过程中具有程序自治性和办案相对独立性，侦查机关有权在法律规定的限度内依职权主动进行侦查，并享有广泛的自由裁量权；另一方面，侦查权具有司法性，主要表现为：在行使侦查权的过程中，检警机关必须尽可能地做到客观公正，并且接受法律的严格约束，在实行逮捕等某些侦查权具体行为时，还应当受到诉讼内或诉讼外的事后审查。[②] 不仅是"上命下从"的公安机关侦查部门，还是"检察一体化"的检察机关侦查部门，他们所承担的侦查权具有行政性，其所进行的侦查就其实质内容来说，可以视为一种行政权。在侦查活动中所依循的侦查程序，无疑在某种意义上也具有追求效率、强调权宜变通的行政程序。但侦查程序绝不仅仅是简单的侦查权运作的流程，它与纯粹的行政程序具有显著的不同，必须遵循大体相当于司法程序的行为准则，并且接受司法审查和诉讼化控制。从侦查权的属性上来看，它无疑具有行政权和司法权的两种特质。

（二）两权属性的界分

"行政是国家利益的代表，司法则是权利的庇护者。"[③]行政权的理念特征是其代表国家和社会公益行使权力，具有强烈的意志性，负载着公众的压力和期望，体现出对政府负责，对社会负责。行政权是一定的行政主体为完成其行政任务、履行行政职责以实现国家的行政职能而享有的国家权力，是将国家法律规定的职能目标在社会生活中加以实现，其本质在于执行。司法则向法律负责，代表着法律所要求的"公正"精神。而司法权是一种对纠纷的事实以及法律的适用进行审查判断的权力，本质上是一种判断权。它们之间最本质的区别在于，司法权以判断为本质内容，是"判断权"，而行政权以管理为

---

① 官万路："侦查权的属性初探"，载《侦查论坛》(第2卷)，中国人民公安大学出版社2003年版，第290～296页。

② 孙长永著：《侦查程序与人权——比较法考察》，中国方正出版社2000年版，第4～9页。

③ ［德］拉德布鲁赫著：《法学导论》，米健译，中国大百科全书出版社1997年版，第100页。

本质内容,是“管理权”。判断是一种“认识”。司法判断是针对真与假、是与非、直与曲等问题,根据特定的证据(事实)与既定的规则(法律),通过一定的程序进行认识。管理是一种“行动”。行政管理发生于社会生活的全过程,其职责内容可以包括组织、管制、警示、命令、劝阻、服务、准许、协调等行动。① 具体来说,两者主要有如下区别:

第一,行政权具有主动性,而司法权具有被动性。行政权总是积极、主动地干预和管理社会生活以维护国家利益。只要有利于实现社会稳定、经济发展、道德健康和公众安宁的,行政机关就必须主动采取行动,而不能消极无为。而相比之下,司法权则处于消极的静止状态,非因请求而不作主动干预,否则作出的判断结论则是无效的。

第二,行政权注重效率性,而司法权则关注公正性。实践中,绝大多数的社会事务需要采取高效、快捷的方式处理。行政权的实施以追求效率为其首要价值目标,并且在社会矛盾面前具有鲜明的倾向性,注重权力结果的有效性,在发展变化的情况中具有灵活应变性。而司法权的价值取向是追求公正和中立,因为审判涉及国家权力和公民个人权利之间的激烈冲突与对抗,故而司法机关只有确保当事人之间权益分配的公平公正,才能真正化解纠纷、排除冲突。

第三,行政权具有从属性,而司法权具有独立性。行政权在运行中具有“上令下从”的性质,一般采取“首长负责制”、“一体化”的指挥或领导体系。上级行政机关对下级行政机关、行政机关首长对其下属工作人员的职权活动可以实施积极干预,表现为要求下级在职权活动中体现出上级的政策和决议,保证上级政策和决议的统一贯彻和实施。而司法权的行使则与此相反,其典型特征是独立自主性。按照现代法治理念,世界各国都对司法权的主体进行了严格限制,规定只有法院才有权行使司法权。同时,要求保护法官的

---

① 孙笑侠:“司法权的本质是判断权”,载《法学》1998年第8期。

个体独立性，要求法官既不能受其他机关、社会团体以及上级法院的影响，也不能受本级法院其他法官包括院长等的影响。司法独立对于防控国家权力滥用，维护公民的权利和自由方面具有重大意义。

第四，行政权具有单方性，而司法权具有多方参与性。行政权在运行模式上存在上下位的结构模式。与对抗式的司法权运行所呈现出的控辩审“三角”模式不同，行政活动是由管理者与被管理者双方构成的，并且双方主体的地位是不平等的，拥有行政权的管理者处于支配地位，在作出行政决定时通常采取单方面的运作形式。而司法权的运作一般要有作为第三方的裁判者参与，并且裁判活动要在争议各方同时参与的情况下进行。司法裁判的结果要想得到当事人和社会公众的接受，就必须确保司法程序符合正义的基本要求。因此，现代法治国家都十分强调司法程序的多方参与性，并且尽量给予控辩双方平等的发表意见的机会。通过这种公正的司法程序，从而确保了裁判结果的正当性与可接受性。

第五，行政权带有效力先定性，而司法权具有效力终极性。行政行为具有公定力，即行政行为一经作出，就需要预设其效力，从而保障其得到稳定、直接的执行，并且在未经法定程序否定前，有先行推定其为合法的效力。但是行政行为究竟是否合法或者合理，行政机关自身则不具有决定权，其必须接受法院的司法审查。因此，相对于行政权的效力先定性，司法权则具有效力的终极性。在实质意义上，司法权的终极性就体现为司法权是国家对任何社会冲突所作出的一种最终的、最权威的裁判。即法院在作出生效裁判后，非经法律明确规定，不得随意启动再审程序，控辩双方之间的利益争端一旦以生效裁判的形式加以解决，一般就不得再将这一争端纳入司法裁判的范围，也即我们通常所说的“一事不再理原则”。

（三）侦查权的行政性本质

虽然现代法治理念不断渗透、司法性越来越侵染，但侦查权本质上仍然是行政权。首先，从侦查权的启动方式上来看，侦查权体现的是主动性，贯彻的是行政权积极干预、主动追究的行事原则。[①] 侦查权的启动以获悉犯罪信息为前提，只要有犯罪发生，侦查机关就必须采取行动予以追诉，刑事诉讼法中也明确规定除少数几类刑事自诉案件归法院直接管辖外，其他案件都要求侦查机关主动寻找线索、证据，积极破案。侦查活动是以收集犯罪证据、查获犯罪人为目标的。为了及时查清案件真相，一旦犯罪可能发生，侦查机关就必须主动采取行动。否则，就可能失去最佳的破案时机。大陆法系国家把侦查机关对犯罪的这种主动追究模式称为职权主义模式，其中的含义不言自明。

其次，从侦查权的内部结构要素来看，侦查权采取的是行政权的组织模式。侦查主体都采取行政性组织管理模式，实行上命下从、上下一体的组织原则和工作机制，这是一种典型的行政管理模式。[②] 侦查机关作为同级政府的一个职能部门，在机构建制和权力运作上严格强调集体的统一性，上级对下级可以直接领导，下级对上级的指令必须服从。同犯罪作斗争是一个多方配合、协同作战的系统工作，要有效地调动人力、物力资源，协调一致地同犯罪展开斗争，特别是对有组织犯罪、跨国境犯罪展开斗争，侦查机关应当形成一体化。在这种上命下从的一体化机制下，侦查机关实行的是首长负责制。我们知道，在行政行为中，行政主体是不能排斥其上级机关或者其领导者的指挥和监督的。这体现在侦查过程中，则表现为侦查人员作为集体的一员，必须服从上级的统一指挥或调遣。唯有此，才能集中优势，全力击破案件。

再次，从侦查权的运作方式来看，侦查权具有较大的裁量性。即侦查机关有权在法律规定的限度内依职权主动开展侦查活动，并享有一定的自由裁量权。侦查是一种正义与邪恶的较量，侦查机关能否有力战胜犯罪嫌疑人，关键取决于侦查手段的调整能否及时适应案情的变化。为了确保侦查机关

---

① 谢佑平、万毅著：《刑事侦查制度原理》，中国人民公安大学出版社2003年版，第160页。

② 同上书，第161页。

能及时适应案件、犯罪嫌疑人，以及各种客观环境因素的变化和发展，及时调整侦查谋略和手段，立法必须赋予侦查机关一定的自由裁量权。否则，侦查机关可能因法律的种种限制而无法及时调整策略，从而丧失案件侦查的最佳时机。

复次，从侦查权的目标来看，侦查机关奉行的是行政权的效率优先原则，强调“快速反应”机制。因犯罪发生的时间一维性及不可重塑性，对犯罪的重现只能凭借对证据的掌握在理性思维中对犯罪过程加以重构。而很多证据的收集具有很强的时效性，随着时间的推移，其证明力也会随之降低。此外，为了控制犯罪的现实危害性，防止犯罪嫌疑人逃避法律追究，侦查人员还必须采取紧急侦查措施来实现侦查目的。我国《刑事诉讼法》相关条文也明确规定了侦查人员在某些特定的紧急情况下，可以不经授权进行搜查、扣押，甚至采取强制措施。侦查机关在制定侦查计划，采取各种侦查措施时，都是将效率作为第一位的价值目标的。

最后，从侦查权的处置结果来看，侦查权具有行政权的非终极性特征。在侦查中，侦查人员进行的搜查、扣押、逮捕、拘留等侦查行为，仅仅是一种处理性决定，而不具有终极性。在运作过程中，其往往更注意对国家和社会公共利益和秩序的维护，公民的个人权利在很多情况下须作出让步。然而，任何侦查行为都带有极强的暴力性和侵害性，都可能直接或间接地限制或剥夺公民的权利和自由。为了保护公民的合法权益免受来自侦查机关的侵害，现代法治国家都在法律中明确规定了侦查机关作出的决定不具有终极性。对于已作出的处理决定，不仅作出决定的侦查机关及其上级机关有权进行复查和改变，而且经过利害关系人的申请，法院也有权对其进行最终的审理和裁判。

（四）侦查权的司法性特色

作为国家刑事追诉权的重要组成部分，侦查权虽然本质上是行政权，但其受制于审判权和法治程序，其司法性特色越来越浓烈，主要体现如下。

（1）侦查权运作的自主性和独立性。即不受外部力量的非法干涉，具体来说，就是侦查机关在执行具体的侦查工作时，不受来自上级尤其是政党或政府的直接干预。侦查权不受非程序因素或程序外的干扰，只有从法律上保证侦查机关相对独立自主地行使侦查权，排除消极因素对侦查权的影响，才有可能客观、公正地进行侦查，切实保护好公民的权利。

（2）侦查权在运作过程中具有某些程序处置权。在中国现行刑事诉讼框架中，侦查权能量较大，在权力范围、幅度及强制力方面都较大，对涉案公民、法人的人身财产权发生重大影响。根据我国现行《刑事诉讼法》的规定，对于搜查、扣押、通缉等涉及个人财产、隐私、自由等权益的强制性侦查行为，公安机关有权直接决定并执行；对于拘传、取保候审、监视居住等强制措施，公安机关在侦查中有权自行发布决定，自行执行。可以说，除逮捕外的其他所有强制措施和强制性侦查手段，都是由公安机关自行决定、自行执行，甚至自行延长和变更的。在这些涉及公民权益和人身自由的事项中，公安机关拥有权威的决定权。在某种意义上，在中国的刑事司法实践中，侦查权实际上扮演的是司法权的角色。

（3）侦查权在行使时越来越体现程序的公正和公开。无论是从保障公民权利的角度出发，还是从发现事实真相的角度出发，当今侦查权的设计都开始注重程序的公正、公开。侦查权的运行，特别是侦查机关在作出可能对公民权利产生重大影响的决定时，也力争做到公正和公开。从此意义上来说，侦查权已在司法化。从各国的规定来看，侦查机关都承担着客观调查、收集证据的义务，在行使侦查权时必须客观公正，不能单方面谋求给犯罪嫌疑人定罪。侦查公开不仅是一种人权保障措施，有利于保障犯罪嫌疑人、被害人的合法权益，而且也有利于提高司法机关的办案质量和水平。当然，要把握司法化的程度，否则将影响侦查的效率，反而不利于公民权利的保护和侦查效果的实现。

（4）侦查权的行使遵循着正当法律程序的要求。权力容易滥用，因而必须对其加以限制。侦查机关任何权力的行使都必须受到法律的制约和控制，遵循正当的法律程序。侦查法治乃是行使侦查权的基本原则。侦查机关虽然有一定的裁量权，但由于侦查权同一般的行政权相比，其强制性特征更为突出。因此，侦查机关在进行具体侦查行为时必须做到客观公正。这就需要法律对其进行严格的规制，在排除外部干扰的情况下，将侦查活动纳入法治轨道。

(5)从立法层面看，侦查权适用的法律依据是规范刑事司法活动的法律文件。我国《刑法》第94条规定："本法所称司法工作人员，是指有侦查、检察、审判、监管职责的工作人员。"《刑事诉讼法》第17条规定："根据中华人民共和国缔结或参加的国际条约，或者按照互惠原则，我国司法机关和外国司法机关可以相互请求进行刑事司法协助。"按照我国有关立法和国际条约的规定，公、检、法三机关在办理刑事案件过程中，都可以向其他国家有关机关请求提供司法协助，可见《刑事诉讼法》已认可公安机关是司法机关。同时1995年9月18日《公安部法制司对〈关于解除刑事强制措施后是否可以提起行政诉讼的请示〉的答复》也明确指出，"公安机关在办理刑事案件中依法对被告人采取取保候审等刑事强制措施，是刑事司法行为，不是具体行政行为"。

第二节　侦查权制衡的理论框架

权力需要制衡，侦查权的天然扩展性需要合理的强有力制衡，以达到节制权力的效果。而同时，我们所关注的不仅仅是权力节制的效果，而是要将我们的诉讼程序导向权利保障和权利救济的公民自由之地。

一、侦查权制衡的学理厘定

中外众多学者对权力的内涵进行了不同的界定，值得关注的是，他们大多对权力有着某种先入为主的观点，认为权力必然会导致滥用，从而必然会导致相应的恶果。英国著名历史学家阿克顿勋爵表达了他对权力极为负面的看法："权力，不管它是宗教还是世俗的，都是一种堕落的、无耻的和腐败的力量。"他还总结出了著名的"阿克顿定律"："权力导致腐败，绝对的权力导致绝对的腐败。"[①]美国学者格尔哈斯·伦斯基与阿克顿持有类似的观点，他甚至认为"权力有作恶的滥用的自然本性；这一原则由西方人士所信奉，最迟同文字、文明一样古老"。[②] 毋庸置疑，上述"权力—滥用—恶果"论有其丰富的事实依据，而丰富的事实依据及其隐约的惯性前景又循环地"印证"了这一理论。

侦查权首先是一种国家权力，它具有政治上的强制力量和刑事司法领域的支配力量。在侦查程序中，侦查权合法侵入涉案公民生活的方方面面。此时，相对于没有国家作为后盾的其他程序参与者，侦查权处于天然的绝对优势地位。在侦查权运作过程中，必然涉及对犯罪嫌疑人的人身权利、财产权利、隐私权利等合法权利的限制或剥夺，甚至会临时性地剥夺被追诉者的人身自由。侦查机关所采取的各项侦查手段或多或少地都具有一定的强制力，并对犯罪嫌疑人、律师、被害人、证人、司法鉴定人、翻译人等侦查程序参与者产生或轻或重的司法性支配力。如果没有一种严格的侦查权制衡机制，侦查程序缺乏足够平衡能力，那么就可能存在侦查机关和侦查人员滥用侦查权的危险，涉案公民程序权益就无法得到保障，司法公正就只能是空中楼阁。

制衡，是指分立为不同部分的权力之间应形成彼此制约的关系，其中任何一部分都不能独占优势。将制衡二字拆解，其中的制即制约，有约束之意。衡则是水平、均衡之意。二者相加，即为以制约达至平衡之意。制衡原本是西方民主制度的基本原则之一，中国古代亦有类似的说法。商鞅曾说过："法

---

① 李向平："信仰是一种权力关系的建构——中国社会'信仰关系'的人类学分析"，载《西北民族大学学报》(哲学社会科学版)2012年第5期。

② 袁刚、张茜："有限政府的理论基础"，载《理论月刊》2010年第2期。

者,国之权衡也。"中国最早的"制衡"便是出自此处,这里的权指代权贵,衡即均衡的状态,权衡指的就是使权贵高官相互制约而平衡,进而不得危害中央王权。受时代限制,当时的朴素制衡观与今之制衡概念显然已经不可同日而语。而与一般意义上法治之制衡比较侦查权制衡则有了新的含义。刑事司法的对象是犯罪分子,具有极为明显的权利侵犯性,且损害结果具有不可回溯性。故而,对于侦查权制衡需要超然于一般权力制衡的机制。

侦查权制衡不同于侦查权控制。从世界范围来看,防止侦查权的扩张和滥用,主要是从以下几种方式对侦查权加以限制:一是对侦查机关在侦查过程中能够行使的权力加以明确的规定,即法律保留原则。目的在于既能使侦查机关按照法律规定执法,又能让相对人清楚的知道侦查机关的权力范围,以便对抗侦查机关的权力滥用行为。二是以司法权控制侦查权。这是西方国家普遍的做法,体现了司法的权威性和最终性,也是国家权力制衡理论的根本体现。三是赋予犯罪嫌疑人在侦查过程中充分的权利,以权利抵制侦查权的滥用。① 通常认为侦查权控权模式主要包含三方面,即侦查机关的内部监督,检察机关的司法控制以及法院的侦查权事后控制。其中,检察机关的法律监督,甚或法院的事后控权均可认为是侦查权制衡模式之内容。内部监督是否属于侦查权制衡则存在合理性疑问。退一步来讲,侦查机关的内部监督或可认为是侦查权制约与侦查监督的必要组成部分,但其内涵与价值显然与制衡理论不同。其一,制衡所追求的是"衡"这一目标,有"制",亦有"衡",而侦查机关内部监督,显然有"制"而无"衡";其二,制衡强调外部监督,唯有外部监督才能真正实现对抗,达到平衡之目的,相比较,侦查机关内部监督把制约置于内部,"安能希冀权力透过其左手约制其右手",其所实现的制约效果不能满足"制衡"的要求。综上所述,侦查权制衡仅指外部制约与监督部分。

① 徐美君著:《侦查权的运行与控制》,法律出版社2009年版,第165~166页。

二、侦查权制衡的逻辑起点：权力节制与权利救济

侦查权“制衡论”的观点意指：侦查权与公民权利以及其所指的公共利益与个人利益等社会多元利益应该是制衡的，在总体上对于实现侦查权与公民权的平衡，侦查机关与公民义务的平衡、两者各自权利义务之间的平衡，乃至各方法律地位的平衡，具有基础性、决定性的意义。“制衡论”试图探索如何实现对权力的有效约束机制，以权力节制，并据以平衡国家权力与公民权、公共利益与个人利益、刑事司法的实体正义与个案公正。继而，权利救济则为“制衡论”提供了方法论与实现路径，其中包含对侦查权的行使进行控制，以求以权利制约权力。

权力制衡与权利救济看起来似乎并无关联，但社会的现代化逐渐为二者可能的联结提供了养成基础。

一方面，现代化作为理性化作用于人类思想和行为的多种变化过程，导致了人与自然关系的复杂化、人与人关系的复杂化，具体表现为新型社会关系和社会事务的剧增，而理性化在客观上要求这些社会关系和社会事务应得到有序的安排。投射在犯罪控制领域，日益复杂的人际关系、社会病态、犯罪手段更新等致破案难度增加。因此，刑事司法领域中，侦查权在客观上进行扩增就成为一种现实需要。

另一方面，侦查权的不合理扩张及被滥用的危险始终存在，这是权力的通病——在权力受限制的社会制度中，发展趋势往往是社会上的有实力者压迫或剥削弱者。在这种侦查权既需要理性扩张又有不合理扩张的可能性存在的情况下，折衷二者而建立侦查权制衡机制实属无奈之举。社会权利包括国家权力与公民权利，具体到刑事司法领域中，则集中表现为侦查权与犯罪嫌疑人权利二者的“对抗关系”。社会的整体利益包括公共利益与个体利益，权利乃是社会利益之直观表现形式。刑事司法领域的公共利益与个体利益因各自扩张倾向而致的矛盾，表现为侦查权与犯罪嫌疑人权利（亦可包含被

害人)的冲突。从根本上来说,侦查权亦是公权力的一种,乃是以个体利益为基础,实质上是个体利益在治理犯罪“契约”意志下的有机结合,即二者相互协调、配合的产物。因此,公共利益(社会秩序与安全)与个体利益(人权与免受司法不公之权利)的同一性与同源性决定了二者关系必然体现为一种均衡。

侦查权力节制便与权利救济得以结合,而两个概念的有机结合又产生了崭新的内涵。即在容忍侦查权有限理性下扩张之必要性与客观性前提下,必须采取有效的侦查权制衡对策,防止侦查权背离刑事法治,甚至异化,并于此基础上,在侦查主体乃至整个国家追诉机器内部合理分配权利(此处之权利不限于侦查权),以实现整体正义与个案正义二者最大限度的平衡状态。也即通过细化侦查权、刑事追诉权分类,并充分赋予犯罪嫌疑人乃至被害人、证人足够的权利以制衡前者。这样一来,权利救济就为侦查权制衡理论提供了方法。

所以,权利救济与权利赋予,为侦查权制衡的实现手段,乃动态均衡理念指导下的制衡。制衡本身则是该理论的目标,其实现路径即为权利救济。若依侦查权制衡理论,侦查权异化实为一种侦查程序中权力内部失衡的表现。解决这个问题,一方面,需通过“权力制约权力”即侦查机关内部监督和其他机关的外部控权;另一方面,则需通过刑事救济权的充分行使来制衡极易失去控制的侦查权,使之在刑事法治的轨道上运行,并因势利导,根据社会整体环境变化实现动态均衡。而权利赋予的工具意义则可以拓展为侦查权制衡乃至刑事司法体系的可控变量。

将权力节制与权利救济落实在侦查程序中,则具象为侦查权运行与人权保障,我们必须在这两者之间寻求平衡,这一平衡需要通过侦查程序制衡机制来实现。“正义是对社会整体的、后天的非正义的征服”,要“依靠外力才能实现”,[1]而仅靠侦查权力主体的自律——侦查权内部监督难以确保对侦查对象权利的充分维护,必须建构起侦查权的外部制衡机制。在侦查权运作过程中,合理的侦查权制衡机制应该包括以下内容:首先,以法官对重大侦查行为的司法审查权来制衡侦查权;在进行价值判断时,应当认为被告人的利益大于刑事指控的价值。被告人面对定罪的各种负面后果,包括处罚、(社会)谴责甚至是剥夺人身自由。[2] 因而,在审判时,法官应当对被告人的权益加以保护,对违法侦查的行为进行程序性制裁。其次,以检察官侦查指挥权来制衡警察侦查执行权。最后,以诉讼参与人的程序权利制衡侦查权力。通过各方制衡,化解侦查权对侦查程序的垄断,形成权力与权力、权力与权利之间的相互牵制、相互制约的平衡格局,防止侦查权或侦查人员的肆意滥权,切实保障参与者的各项基本人权。

对于人权保障而言,侦查权若缺乏合理制衡,则意味着正义防线的缺失。在侦查程序中,国家权力与公民权利处于一种冲突和对抗的状态。中国的警察倾向于实体正义而非程序正义,为了追求实体正义而进行刑讯逼供甚至是超期羁押是非常普遍的。[3] 在此过程中,侦查权更容易被滥用,而它一旦被滥用,对侦查程序参与者的合法权利可能造成的损害也更为严重。[4] 中国就曾出现过侦查程序失衡的不良格局:第一,侦查机关被赋予广泛的控制涉案公民的权力,除了逮捕措施必须经过检察机关的批准以外,其他侦查措施的采取均由侦查机关自行决定,而不受制于其他任何司法机关。同时,中国未能实现侦羁分离,公安机关掌握着侦查权力和羁押权力,两种权力主体的身份

---

① [英]齐格蒙.鲍曼(Zygmunt Bauman)著:《后现代性及其缺憾》,郇建立译,学林出版社2002年版,第54页。

② Andrew Stumer, *The Presumption of Innocence: Evidential and Human Rights Perspectives*, Hart Publishing, 2010, p. 36.

③ Kam C. Wang, *Police Reform in China*, Taylor and Francis Group, 2012, p. 328.

④ 陈永生著:《侦查程序原理论》,中国人民公安大学出版社2003年版,第146页。

同一,使刑讯逼供和超期羁押屡见不鲜。[①] 第二,检察机关对公安机关等侦查合法性的监督往往是滞后的,检察机关对侦查程序违法缺乏必要的监督手段。第三,犯罪嫌疑人的程序权利范围过窄,并且限制重重;被害人、证人的合法权利得不到全面保障,这些侦查程序参与者的程序权利有限,被视为诉讼中的弱势群体,难以有效地制衡强有力的侦查权。

三、侦查权制衡的模式流变

从各大法系的具体侦查程序设定来看,各国对侦查权的误用和滥用非常关注,并努力构建一系列体制和程序来规范之,使侦查权得到良好控制。根据各国侦查权制衡模式的形成与特征,大体上分为四种模式。

(一)程序控制模式的侦查权制衡

侦查权制衡的程序控制模式,即通过严格的程序设置来规范与约束侦查权的肆意滥用。该模式起源于强职权主义刑事诉讼模式盛行的18世纪的法国,与职权主义权力运作机制密不可分。三权分立与权力制衡的理念直接造就了程序控制模式之雏形,庞大的侦查权逐渐为预审法官、检察官所约束。值得一提的是,此种模式的运作,是由其所包含的基本要素内容及相互之间关系决定的。基于职权主义理念,并透过权力运作的要素构造,权力程序控制模式呈现出以下特征:其一,检察机关为(作为)司法行政,其代表司法部对侦查、追诉、刑事审判进行制约与法律监督;其二,检察机关权力集中统一。以法国为例,各个地方驻上诉法院的检察长行使对每个共和国检察官的监督职权,检察长对上诉法院辖区内的所有检察官都有支配权,而驻大审法院的共和国检察官对其下属代理检察官享有领导权威,并且依据刑事诉讼法典,

---

① 在当前中国的刑事司法实践中,公安等侦查机关的侦查权缺乏有效制衡机制,侦查权误用、滥用现象严重。2009年2月,云南李乔明在晋宁县公安局看守所躲猫猫致死;2010年5月因被害人"复活",河南农民赵作海冤案浮出水面,经调查,在侦查过程中遭刑讯逼供;2010年5月,河南尉氏县公安局以精神病人代替犯罪嫌疑人;侦查实践的不破不立、刑讯逼供、超期羁押等非法侦查行为屡禁不绝。

对驻设于其辖区内的违警罪法院的检察官享有指挥权。可见,检察制度中的检察监督权力是集中统一的权力形式,集中体现了政府为防止司法专横而赋予其预防与制约的作用。

权力程序控制模式,从其形成、发展、现状所呈现的主要特征来看,都体现了以国家权力形成运作机制来实现社会控制的价值理念。与正当程序模式相对的,可概括为“不放过一个坏人”。这种国家主义的观念是以国家权力为核心,以“权力至上”为价值基础的一种普遍存在于社会意识形态领域内的观念体系。权力程序控制模式与国家追诉主义密切相连。

(二)正当程序模式的侦查权制衡

正当程序保障模式起源于道德怀疑主义和刑罚实用主义,与程序控制模式相比较而言,较少关注侦查效率,主要致力于公平,即所有的被告都能得到平等对待,对于个案正义尤为注重。其主要特征在于程序法定性,赋予所有被告正当程序权利,并关注最弱势群体的相应权利救济。以至于此等模式下,对于辩护权即为尊重,乃至以覆盖面极广的法律援助以期充分保障犯罪嫌疑人之辩护权。正当程序保障模式对警察的权力进行多重限制以保护嫌疑人的权利,刑事追诉的重心移至审判阶段,并尽量不在街道和警察驻地内进行非正式的调查。警察不应当为提高侦查效率对公民进行逮捕或拘留。嫌疑人可以保持沉默,享有充分的会见律师权。逮捕会被认为国家与嫌疑人之间资源差距更为明显。

正当程序模式,从其形成、发展、现状以及所呈现的主要特征来看,无不体现出了以权利实现为主线的价值理念。与程序控制模式相对地,用一句话概括就是“不错判一个好人”。基于当事人“天赋人权”观念,以权利的保护为核心,把“权利自由”视为价值基础,该种模式强调个案的公正以及权力救济,充分保障个人的自由和权利,视个人权利为国家权力的来源,以权利制约权力亦成为了限制权力的根本。作为一方当事人的检察官,在刑事诉讼中,同样以当事人身份来追求诉权利益的实现。在正当程序模式下,检察机关在诉讼中的地位始终受当事人平等原则支配，被看作与被告人具有同等地位的诉讼当事人，检察官以一方当事人的身份参加诉讼，双方法律地位和诉讼手段平等。在这平等追求自身权利实现的过程中，检察官的权力制衡作用相对消弱，其自身的存在价值更强调维护检控诉权的利益。至于侦查权的实际制衡，则交由辩护权等权利救济来实现。

（三）权力监督模式的侦查权制衡

权力监督模式起源于苏联，根据列宁的检察机关理论，为避免司法权一家独大，将欧陆盛行的检察官重新定位为法律监督者，其职权涵盖了整个侦查、起诉、审判、执行阶段的法律监督，检察机关本身则直接对最高国家权力机关负责。此种模式下，检察机关实现了完整意义上的"检察一体主义"，并且享有从监督立法、执法、司法、守法等无所不包的法律监督权。

此等模式下，检察机关拥有极高的国家地位，甚至在法制出现空白，或者法制与当务政策发生冲突，则无疑应体现动态性的国家意志，体现出国家政策的需要，同步体现中央集权型政府的统治思想，成为集权者实现专政和统治的工具，国家权力的制衡作用在检察监督上以"最高法律监督"的形式而实现其效能的最大化。与中世纪社会中监督模式和三权分立的制衡模式有着质的不同：法治社会的侦查权制衡，与封建人治社会中的广义权力监督有着本质区别的，封建人治社会的权力监督体现的是君主意志，唯君主之命是从，此处之监督实乃维护君主意志。现代社会的权力监督模式是通过国家权力作用在检察机关上以制衡司法权和行政权实现维护法制的统一，实现其法律监督事权的最大效能。西方三权分立制度下的正当程序模式则是在司法体系内的多元制衡，通过权利救济制约权力异化，其制衡实为针对侦查权之制衡。而权力监督模式下的侦查权制衡则仅仅为庞大司法监督体系的一环。应当说，权力监督模式的理念基础乃是：通过创制或扩大一种权力去制衡另一种权力。虽然核心仍然是所谓"权力至上"价值，但与程序控制模式相比，权力监督模式强调另一主体对于相同事权的重复性监督与制约，其涵盖范围极广；而前者则更多的是程序控权，是针对某一事项或某一程序的控权。

（四）多元复合模式的侦查权制衡

我国《刑事诉讼法》规定，"对刑事案件的侦查、拘留、执行逮捕、预审，由公安机关负责。检察、批准逮捕、检察机关直接受理的案件的侦查、提起公诉，由人民检察院负责。审判由人民法院负责"，"人民法院依照法律规定独立行使审判权，人民检察院依照法律规定独立行使检察权，不受行政机关、社会团体和个人的干涉"，"人民法院、人民检察院和公安机关进行刑事诉讼，应当分工负责，互相配合，互相制约，以保证准确有效地执行法律"，"人民检察院依法对刑事诉讼实行法律监督"。由是观之，我国的侦查权制衡模式与程序控制模式趋同，兼有权力监督模式的若干因素。即我国通过将法律监督权赋予司职国家公诉人的检察机关，同时，兼有法院的"分工制约"与违法取证制约，并在一定程度上予犯罪嫌疑人权力救济以对抗侦查权。

值得一提的是，若单纯依据现行《宪法》的相关规定，检察院是我国的法律监督机关，似乎我国的侦查权制衡模式与权力制约模式更为接近。然而，事实上自新中国成立以来，我国对于职司侦查权监督的检察院并未施行垂直管理体系，所谓的"检察一体主义"也没能真正实现。加之新中国成立不久，国家对于法治的观点和政策又出现较大的波动，20 世纪 60 年代即发生动乱，司法部门多有遭受破坏，法律监督为行政命令所取代，侦查权制衡也失去其应有之义。自 1979 年起《人民检察院组织法》取消了检察机关宽泛意义上的法律监督职能，只体现在诉讼活动中。但检察机关的法律监督地位没变，为法律监督的适用范围进一步缩小为只负有维护法制的统一正确实施。自现行《刑事诉讼法》制定以来，检察机关的法律监督实际上限定在司法领域，对于刑事司法，其法律监督职能涵盖立案、侦查、起诉、审判与执行的全过程，侦查权制衡也仅成为其中的环节存在。当然地，侦查权制衡的模式也随即转向程序控制模式。由于我国未像欧陆国家那样实行"检警合一"，导致检察机关只拥有部分侦查权即职务犯罪侦查权，对警察没有指挥权，其监督效能仅限于事后监督、事中建议，侦查权控权乏力，因此导致我国的侦查权制衡松散而欠缺主动性与强制力。

第三节　侦查权制衡的中国路径

一、侦查权制衡的法治改革背景：审判中心与侦查谦抑

（一）以审判为中心的司法改革目标

根据当前我国主流理论和实践情况来看，警察作为侦查权享有的中坚力量主要基于三个事实：一是警察是侦查的主力军，他们承担了大部分传统和非传统刑事案件的侦查职责，拥有广泛而强大的侦查权是理所当然的长期客观事实；二是即使在检警一体化或检察指挥警察的侦查体制和侦查理论下，对于一般刑事案件还是由公安机关直接进行侦查，大量侦查业务的完成和侦查权的具体行使还是操持在警察手中，尽管检察官有权参与或直接侦查刑事案件，但这部分的案件的比例毕竟是较低的；三是无论刑事诉讼结构是“线性”还是“等腰三角形”，也无论是“侦查中心主义”还是“审判中心主义”，抑或侦查权在理论上是否隶属于国家刑罚权的下位权力，侦查权在事实上成为支撑国家刑罚权和相应刑事诉讼制度的基础，侦查活动是国家追诉刑事犯罪的事实起点，侦查活动的成效总体上决定了国家刑事追诉的效率和水平，虽然侦查活动的效率已深受起诉、审判尤其是刑事证据制度的制约，但“侦查中心主义”在一定历史时期内仍具有其立足的空间，换句话说，作为侦查主力的警察，在刑事诉讼中具有某种中心地位，其侦查权力是难以削弱的。①

当前，中国正大力推行审判中心为导向的司法体制改革。2015 年 6 月 12 日党的十八届四中全会通过的《中共中央关于全面推进依法治国若干重大问题的决定》提出：“推进以审判为中心的诉讼制度改革，确保侦查、审查起诉的

---

① 张步文著：《刑事侦查权研究》，中国检察出版社 2007 年版，第 218 ~ 219 页。

案件事实证据经得起法律的检验。”推进以审判为中心的诉讼制度改革，切实发挥审判程序应有的终局裁断功能及其对审前程序的制约引导功能，纠正公检法三机关“配合有余、制约不足”之偏，纠正以侦查为中心的诉讼格局之偏。实现以审判为中心，完善对限制人身自由司法措施和侦查手段的司法监督，实现审判程序影响前移，才能及时制止和纠正违法行为，从源头上防范刑讯逼供和非法取证。在最高人民法院副院长沈德咏大法官的规划中，将推进以审判为中心的诉讼制度改革规划为近景、中景和远景三个目标阶段，其中景目标正是通过深化司法改革，进一步优化刑事司法职权配置，以实现审判对侦查及公诉活动的有效制约。[①] 以审判为中心进行的司法体制改革，加强对侦查权的制衡，正是其题中之义。

审判中心的改革导向，并不一定将整个刑事司法体制引向以法院为中心的“审判中心主义”的诉讼架构。审判中心主义是当前世界各国司法体制普遍奉行的典型价值观，诉讼阶段论则是当前我国刑事诉讼程序运行的主要理论渊源。首先，我国《宪法》并未直接规定刑事审判之中心地位；其次，《刑事诉讼法》尽管较为重视审判环节，但出于现实考量，审判的地位并未显得格外重要；最后，在我国刑事司法实践当中，审前程序往往占据了重要篇幅，审判环节“法律审”的气息较重，而法律适用技术方面则显得薄弱。总之，法院在主体构造上欠缺能够彰显审判中心地位的宪法和法律确认；程序设计方面，也没有承认审判对侦查、起诉、证据规则和上诉程序的广泛影响。在“审判中心主义”理念下，审判作为刑事司法中心，对于侦查、起诉起到广泛而深刻的影响；反之，侦查对审判的影响力则颇有“日薄西山”之感，司法权能够实现对于侦查权的显著控权。法院得以程序正当之名义，追究侦查机关、公诉机关所采之侦查、追诉行为的合法性。此外，证据规则的适用也使司法权可以通

---

① 沈德咏：“略论推进以审判为中心的诉讼制度改革”，载《中国法学》2015年第3期；沈德咏：“以统一刑事司法标准为核心，快推进以审判为中心的诉讼制度改革”，载《人民法院报》2015年6月21日，第2版。

过对证据效力评判，实现对追诉机关收集证据等侦查行为的制约与监督。

(二)权力谦抑走向的程序法治导向

所谓“谦抑性”之理念早见与刑法领域，亦为日本刑法学界之舶来品，原指只有当社会或私立救济所不及时，方才适用惩罚性较为严酷的刑罚。伴随法治不断健全，刑事立法领域的谦抑理念也得到了迅速发展。关于侦查谦抑性的概念，有学者将其定义为：力求以最少的侦查成本获得最大的社会效益，其核心是侦查权与侦查活动的限制与收敛，包括侦查权的限制与侦查活动的限制。① 另有学者认为：侦查权谦抑性是指对侦查权运行的克制。② 即便刑事法律已有较为精确的界定，但对刑事程序执行人员而言，在具体案件中，仍有必要判断是否逮捕、释放、起诉、撤销案件或接受有罪答辩，警察权力的概括目标就是一开始时判断行为是纳入刑事程序还是民事程序。承认需要自由裁量权并非乐于接受它，在法治社会中要对警察自由裁量权进行限定，防止侦查自由裁量权的滥用，保持侦查权运行的克制性。③ 尽管对于侦查谦抑性尚未形成一个高度确然性的定义，充分借鉴刑事司法领域关于谦抑性之理解，可知侦查谦抑性应然地包括主体、程序、侦查法治三方面。

侦查权是刑事诉讼中的重要权力，受刑事司法天然属性之影响，侦查权极易侵犯公民基本权利的权力且存在“扩张”的冲动。侦查权制衡是人权保障的必然要求，刑事司法公平正义价值理念的应有之义。这就要求侦查权实现在纵向和横向上的合理配置以及侦查权分权来实现侦查权制衡。注重侦查法治化建设，通过法律规定严格限制侦查主体的数量，并且为侦查权之运行设置具有可操作性的详细规制。除此权力制衡与侦查法治外，仍应注重以权利制衡权力，即赋予公民人身、自由和财产等权利不受非法侵犯等诸多保护措施，建立犯罪嫌疑人不被自证其罪等基本人权保障制度。从而，实现侦

---

① 熊立荣：“侦查谦抑性论纲”，载《政法学刊》2005年第4期。

② 程晓璐：“检察机关诉讼监督的谦抑性”，载《国家检察官学院学报》2012年第2期。

③ 高博：“宪政视野中的侦查谦抑性”，载《人民检察》2013年第5期。

查权在理性与伦理指导下的“有限扩张”，断绝刑讯逼供、非法取证等侦查权异化乱象生成之根。

“以审判为中心的改革导向”和“侦查权力谦抑走向程序法治”具有内在的同一性，是侦查权制衡模式的两个必要组成部分。二者共同确立了侦查制衡的构造框架。前者通过司法控制对侦查权施以广泛影响，这主要表现在审前程序的司法威慑作用，审判程序的错误纠正与司法裁判效力。后者则通过侦查权分化制约与检察机关的外部制衡实现对侦查活动的动态控制，通过侦查权内部配置实现侦查权高效运行与权力平衡，通过检察机关的外部监督避免前者之不足。这样，将侦查权压缩至外部司法控制以及检察权程控双重约束下，使其在限制侦查权、保障人权的机制的模式中运行，不但实现了侦查权的良性运作，还在较高的层次上实现了侦查效率和人权保障的平衡。

二、侦查程序主体权能均衡

侦查程序主体包括了参与侦查程序运作的各方，既有拥有侦查权的国家机关，也有审判权的司法审查机关，也包括了被追诉方的犯罪嫌疑人，以及被害人、证人等程序参与主体。是故，侦查程序主体权能均衡包括两方面：一方面，从整个刑事司法层面上来看，主要指依《刑事诉讼法》规定相互制约、相互配合的三机关权力结构，通过法治框架下的国家司法权力合理配置，体现“审判中心化”；另一方面，从侦查行为参与主体的层面考虑，主要指侦查机关、犯罪嫌疑人，乃至被害人之间的权利界分与衡平。

实现保障公民自由的最大化、最小化地降低权力运行阻力，乃构建侦查权能衡平的两个重要维度，也是侦查效益的两个方面。侦查权存在的正当性源于近代契约精神、人民主权理论，这就导致侦查权本身带有强烈的授权属性，其行使权利的基础显然不能超过授权之“权利”，侦查权的运行有赖于寻求其中的“几何中心”，也即惩罚犯罪与保障人权的最佳侦查权的最佳平衡点。刑事司法的首要目标是实现刑罚的价值，维护社会秩序。但充分考虑基本人权与对权力的合理怀疑,实现惩罚犯罪和保障人权之间的动态价值均衡,则需通过侦查权分权以及建构正当程序维持侦查权框架内的权力平衡。在谦抑理念下,侦查权运行主体之间需有充分的权能以缓和权力内在的异化冲动。

(一)权力主体权能均衡

若从三机关角度出发,则涵盖刑事诉讼的三个主要程序:侦查、起诉与审判。警察侦查体系内的侦查权制衡。依据《刑事诉讼法》,普通刑事案件的侦查权应当归属公安机关,即此处所称警察侦查。对于侦查监督权能则交由检察机关负责,当前侦查监督乏力的症结主要在于检察机关的柔性监督泛滥与刚性监督缺位。提升检察机关对侦查权制衡的有效性亟待解决。完善检察机关对于公安机关撤销案件与不立案的监督。改变现有的"人民检察院应当要求公安机关说明撤销案件的理由。人民检察院认为公安机关撤销案件的理由不成立的,应当通知公安机关恢复侦查,公安机关接到通知后应当恢复侦查"柔性监督,增加检察机关恢复侦查的介入权,并建立起公安机关不恢复侦查的行政追责制度,甚至可以增加相应的刑事司法对策。

检察机关自侦体系下的侦查权配置问题。检察机关自侦体系监督乏力的症结在于权力分工与制约的不合理配置。根据《刑事诉讼法》,人民检察院实行职务犯罪、补充侦查、审查逮捕、侦查监督、审查起诉、参与公诉等多项事权,并由其担当总的法律监督职能。而就上述法律授权而言,似乎侦查权、侦查监督权、批捕权、公诉权法律监督权并非同种属性之权,甚至存在一定程度的制约关系。反观之,若将侦查权与侦查监督权同置于一体,则如同一个人用其左手制约右手,其制衡机制显然不能境其全效。故对于这种权力之间既有包容关系也有交叉关系,既有上位权力也有下位权力的权能结构必须予以转变。第一,将补充侦查权与公诉权分立,对于介于侦查与起诉之间的补充侦查进行明确的界分,在我国未实行检警一体化的背景下,将补充侦查赋予公诉机关,恐有不合权力制约之疑,故建议将补充侦查之事权分立出去,检察机关或可保留补充侦查建议权。第二，批捕权与侦查监督权宜单独配置，侦查监督包括对整个侦查行为，即包含侦查措施与强制措施在内一系列侦查活动的监督。依我国现行之律，人民检察院侦查监督科负责审查批捕，在某种意义上，侦查监督在很大意义上依赖批捕审查来实现。二者合一的弊端就是审查批捕占用了较多侦查监督部门的资源，长期以往，则模糊了批捕权与侦查监督的概念，不利于侦查监督开展。第三，职务犯罪侦查权与检察权，由于我国独特的检察发展历史，导致侦查权与法律监督权归属同一机关现象的存在，按照前文所述的侦查权制衡理论，制衡强调外部监督，唯有外部监督才能真正实现对抗，达到平衡之目的，即“安能希冀权力透过其左手约制其右手”。所以鉴于检察机关的职权定位，将职务犯罪侦查权与补充侦查权分立出来似乎更为合适。

（二）权利与权力的制衡

从侦查行为参与者的角度出发，侦查行为的不规则三角形权力结构急需改革。该结构的一角为侦查监督机关，另一角则分别为犯罪嫌疑人和侦查机关。就侦查监督而言，要求充分考虑犯罪嫌疑人的权利救济。我国刑事司法实践中存在这样一种现象，犯罪嫌疑人遭受长时间羁押，在讯问过程中又不允许律师到场，所谓律师的会见权成为一种被阉割的会见在场权。毋庸置疑，在缺乏律师等第三人介入的条件下，嫌疑人失去有效防御的能力成为一种必然。这就导致犯罪嫌疑人的诉讼主体地位受到极大削弱，虽为主体，空有权利救济而无实现路径。在侦查权异化的极端情况下，犯罪嫌疑人难免成为追诉的客体。故唯有增强犯罪嫌疑人的诉讼主体地位，真正将法律赋权落到实处，才可称为与国家追诉人对抗。所以，强调侦控机关与犯罪嫌疑人在诉讼地位上的平等是对侦查权进行权利制约的前提。为构筑这一前提，首先，要以法治的角度去尊重犯罪嫌疑人的诉讼地位并给予诉讼权利保障，通过丰富基本防御权如辩护权与不得自证其罪权的内容，并将该种尊重置于宪法法治之中以彰显其不可侵犯性。其次，对于权力制衡力量——检察机关，应当落实其职权，完善侦查监督与审查批捕的纠错机制，细化对侦查机关行为的处罚规定，加强侦查行为的第三方审查，建立权力"正三角"之侦查主体结构，提高侦查效率和侦查行为合法性，实现侦查权制衡的权利等边结构。

三、侦查权力奉行法治谦抑

我们无须过分担忧侦查权的强大，而真正需要引起关注的是，一旦侦查权力强大而无边、无序，甚至专横和滥用，已不再按照民主精神、法治原则和人文关怀的理念运行，我们得采取有效机制包括"审判中心主义"对其加以扭转和规范，从而不断提高侦查权的法治化、程序化和公开化程度，进而实现法律效果和社会效果的有机统一。由国家强制力为保障的强势侦查权力主体应谦抑行使权力，能主动自律，主要指从法律程序上节制侦查权，并为其设置若干合理的限制条件，更高层面，从法治乃至法文化的角度使侦查权更加谦抑内敛。

其一，从刑事诉讼法角度，应禁止法外侦查权，并严守侦查程序。首先，对于侦查权的法外适用严厉禁止，构建谦抑性指导下的侦查权自我约束体系，以法律创制度，以制度指引侦查权实现审慎行使和谦抑行使。其次，以法治的名义明确侦查措施法定原则。侦查机关法定化，杜绝非法定主体行使权利，符合法律规定的侦查主体，也应当严守法律规定，不能超越授权过度行权。再次，建立政法委、纪检监察部门违纪调查权与法定侦查权的程序的衔接机制。一方面，充分发挥侦查协作，法定侦查机关通过寻求上述非侦查机关之侦查协作，提供必要的业务支持；另一方面，运用证据规则，将上述主体所收集的证据进行必要的刑事诉讼证据转化。复次，以审慎的姿态对待技术侦查与秘密侦查，依照我国现行《刑事诉讼法》的规定，并未对技术侦查与秘密侦查实行严格的界分，故将该两类侦查措施列于一处。如果在侦查活动中能够采用其他替代性侦查措施获取相应的证据和材料，那就不宜采取秘密侦查手段。在此等侦查措施的审批环节，更应加强管理，细化其适用的案件范围以及适用程序的审查,做好备案工作以实现事后问责。时间层次上,此等侦查措施完成目标则应即时撤销。此外,任意性侦查措施优先性应当得到法律的肯定,尽可能不采取强制措施或采取人身及财产侵犯性较弱的侦查措施,以避免不可逆转损害的发生,即所谓“以任意侦查为原则,强制侦查为例外”。最后,完善侦查权主动退出机制,或可成为刑事转行政对接机制,即对于不够刑事立案标准又应当作为治安案件处置的,由公安刑侦部门转治安部门或其他行政机关以及有关部门处理。侦查程序的目的是使侦查权在运行中,防止侵犯犯罪嫌疑人权利,真正实现侦查效益最大化。

其二,从宪法、法治文化角度,推行侦查权谦抑理念。侦查权既是刑事司法中的重要权力,在宪法范畴则是国家权力中最易侵犯公民基本权利的权力。对于此等巨物进行限制和约束是宪法法治的必然要求,也是当代权力制衡理论与权利救济法律文化的应有之义。首先,宪法背景下的侦查权制衡法治化要求在宪法框架内,于横向和纵向合理配置侦查权,构筑侦查权法定原则,限制侦查权主体的扩张,制约侦查权行使的范围,限制侦查权启动的条件,非经法定主体、非经法定程序不得启动侦查权。其次,充分赋权,以宪法权利强化被追诉方的对抗效能,肯定沉默权以权利实在主义对抗可能发生的刑讯逼供、暴力取证等侦查权异化之可能。最后,于宪法层面充分肯定检察机关的法律监督权,细化其法律监督尤其是侦查监督之路径,为侦查权制衡树立宪法权威。

四、制衡积极与权力谦抑兼具

侦查权制衡积极与权力谦抑,主要指的是侦查权在制衡过程中参数双方的一退一进。包含两个方面:其一,检察院改变消极被动、事后型权力监督模式,积极参与侦查权运行的全程监督,充当“刑事司法守护人”;其二,侦查权的运行过程坚持内敛、比例之理念,任意性侦查措施为先,尽量避免采取权利侵犯较大的措施。

侦查权制衡主动性与侦查权监督的滞后性相对。依据《刑事诉讼法》，我国的侦查监督机关是检察机关，是侦查权制衡的主要承担机关。然而，检察机关在理论上具有极高的法律地位，有权对刑事诉讼全过程实施法律监督（包括侦查监督、审判监督、执行监督），在刑事司法实际运行当中，却经常不同程度地存在某种困境，以致“缩手缩脚”甚至“碌碌无为”，进而导致侦查权制衡“不能”之困境。这种现象之所以产生，并非由于检察机关执行法律不力，其根源乃是程序设计不足，即《刑事诉讼法》并没有将《宪法》对检察机关法律监督权的实现路径予以详述，尤其是未规定法律监督权的实现路径，在某种程度上这只是塑造了某种检察机关有最高法律监督权的象征。在其影响下，侦查监督、审查批捕等程序愈发变成“法律审”抑或“盖章程序”，而脱离与案件的血肉联系。有学者称其为“检察机关不具体负责或支配某项程序权力，而仅仅是以一个程序‘旁观者’或曰‘第三者’的立场和身份来对刑事诉讼流程实施监督，这一立法设计‘弱化’甚或‘虚化’了检察机关在刑事诉讼程序中的法律监督角色，直接导致实践中侦查监督难、审判监督难和执行监督难”。进一步来讲，侦查权制衡的被动性导致了侦查监督只能以事后监督的形式出现，侦查监督愈发滞后而苍白无力。故此，唯有以法律形式肯定侦查监督的实现路径，增设检察机关侦查监督参与式机制，最终构建事前预防、事中监督、事后追责的主动性制衡机制。

侦查权制衡的谦抑性与扩张性相对。侦查权自诞生伊始就具有极强的侵略性与扩张性，纵观近代欧陆刑事诉讼法的发展历程，可以看到侦查权不断膨胀的影子。然而，进入20世纪以来，侦查权的自省逐渐进入民众的视野，侦查法治原则、侦查比例原则、任意性侦查原则、侦查控制的理念等一系列涉及侦查权制约的观念大量涌现。随着时代的发展和人权的进步，刑事司法也越发要求侦查权反躬自省。侦查权的谦抑性首先表现在侦查比例原则的制度化。再好的原则如果没有法律的形式，也欠缺强制执行力。侦查比例原则要求，侦查机关在采取侦查措施或实施强制措施的时候，应当结合犯罪嫌疑人的罪名、人身危险性等因素,实施与之相适应的措施。通过法律的固化,可将该原则写入法律,减少不必要的拘留与逮捕,最终降低审前羁押率。其次,任意性侦查措施优先性应当得到法律的肯定。任意性侦查措施优先,是指尽可能不采取强制措施或采取人身及财产侵犯性较弱的侦查措施,以避免不可逆转损害的发生。以法律的形式肯定任意性侦查措施的优先性,将大大减少强制措施使用率,大为改善超期羁押的状况。

故此,上述两个概念得以在侦查权制衡的背景下实现有机结合又产生了崭新的内涵。即前者通过强化检察机关的侦查监督职能,转变滞后性的事后监督为参与式的事前预防、事中监督、事后追责的主动性制衡机制,由事后监督转变为同步监督。而后者——侦查权通过其自身理性限制侦查权扩张,坚持侦查法治、侦查比例等基本原则,防止侦查权的运行背离刑事法治,甚至异化,并于此基础上,在侦查程序内部实现合理分配权利,以达至整体正义与个案正义二者最大限度的平衡状态。侦查权制衡的主动性与侦查权的谦抑性均为侦查权制衡的实现方式,此二者动态均属动态衡平理念指导下的制衡,侦查权的内敛是对侦查权制衡主动性空间的让渡。这样一来,侦查权制衡的主动性一进与侦查权的内敛型一退就为侦查权制衡提供了方法。

第二章　侦查权制衡演进路径的法文化考察

在中国传统侦查制度中，现代侦查程序没有生存的空间。在传统侦查制度现代转型的过程中，中国引入西方侦查制度，开始建构现代侦查程序。清末民初，对于查明刑事案件事实、收集证据、缉捕犯罪嫌疑人的专门性调查活动，还没有统一使用“侦查”一词；同时，1928 年之前的相关法律往往把侦查程序分为侦查、预审两个阶段，[①]而侦查又称为“犯罪搜查”或“侦查处分”等。从这一时期侦查权制衡机制变迁整体来看，侦查程序主要围绕是否“诉讼化”这一中心展

---

① 在当前中国的刑事诉讼领域中，“侦查”被确立为单独的刑事诉讼程序，并被赋予相对明确的内涵：“公安机关、人民检察院在办理案件过程中，依照法律进行的专门性调查工作和有关的强制性措施。”侦查程序也包括侦查和预审两个阶段，这两个阶段都由侦查人员垄断。

开;[1]侦查程序是构建成一个控、辩、审三方主体参与的审检制衡的诉讼程序,或是建立一个仅由控辩双方主体参与的“行政治罪”程序。在“检警一体化”的侦查权内部,检察官的侦查权与警察侦查权之间也形成了具有一定张力的制衡机制。

第一节 中国传统刑事侦查权力架构变迁

早在前国家的初民时代,受到犯罪行为侵害的被害人自行抓捕罪犯,完成犯罪的侦查和惩治活动。随着国家时代的到来,奴隶社会中以王为代表的统治者掌握国家的一切权力,其中包括对犯罪行为进行侦查审判的刑事司法权力。独裁统治者认为“普天之下,莫非王土;率土之滨,莫非王臣”。国内所有的人、财物都最终属于其所有,任何对人身或财产的侵害,都是对独裁统治者权利的侵害,不再允许被害人自行侦查、惩治犯罪。这就形成了以王权为中心的刑事司法体制,由较为专业的刑事司法机关来负责侦查、审判犯罪行为,以此来达成犯罪治理功效。在传统中国刑事司法框架中,传统审判权则依附于传统行政权,传统侦查权并没有获得独立发展。但是,作为一种刑事司法权能,中国传统侦查权随传统官制的发展而形成特定的构造。[2] 从构造角度分析中国传统侦查权,能够充分地展现传统侦查权内部各要素的“排列和组合”,以及侦查权各要素在传统侦查权格局中所处的地位和相互关系。[3]

---

① 李玉华、杨军生著:《司法鉴定的诉讼化》,中国人民公安大学出版社2006年版。“诉讼化”,指的是满足合理诉讼构架的变革过程。一般而言,诉讼化的目标是要使程序具有现代诉讼的基本特征:裁判主体的独立,当事人的参与,诉讼过程的公开。

② 构造,指的是事物内部各组成要素之间组织和运作的相互关系,体现的是各个组成要素间的动态运作和静态形式的有机统一。参见黄豹著:《侦查构造论》,中国人民大学出版社2007年版,第5~6页。

③ 刘善春著:《行政诉讼价值论》,法律出版社1998年版,第70页。

传统侦查权构造直接体现在传统侦查管辖格局上,①传统侦查的级别管辖和地域管辖构成了中国传统侦查权的纵向构造和横向构造。传统侦查的级别管辖体现了侦查权的纵向构造,它从纵向上划分上、下级之间侦查主体之间的权限和分工,解决某刑事案件应由哪一级侦查机关行使侦查权的问题。而传统侦查的地域管辖则反映了侦查权的横向构造,它从横向上划分同级侦查主体之间侦查权限和分工,解决某刑事案件应由哪一个侦查机关行使侦查权的问题。传统侦查权横向构造是在纵向构造基础上划分的,只有在级别管辖明确的前提下,才能确定地域管辖。

一、传统侦查权的纵向构造

在中国传统社会中,政权组织结构的层级建制直接影响了侦查权的配置,②传统侦查权纵向构造也随之呈现层级式特点。

(一)传统侦查权纵向构造的制度实践

秦汉时期,特定案件侦查的级别管辖格局就已经存在。在中央层级,廷尉一般侦查皇帝交办的诏狱。地方上发生的一般刑事案件往往由郡守、县令(长)自行侦查。遇有疑难案件,郡县侦查机关才会将案件移送廷尉。魏晋南北朝时,州郡县的地方三级建制开始形成,侦查权纵向构造也呈三级布局。廷尉或大理在中央承担了重大政治案件和朝官犯罪的侦查,而刺史和州牧承担了地方重大案件的侦查工作,一般刑事案件的侦查则还是由基层的县令及其属官负责。宋代,州府有权对辖下的各类案件行使侦查权。③ 宋朝法律规定:凡是人命要案等大辟罪以上,须由长吏、通判、幕职诸官同录问详断,称为

---

① 在下文的论述中,笔者将在同等意义上使用"侦查级别管辖"与"侦查权力纵向构造","侦查地域管辖"与"侦查权力横向构造"。

② 在中国古代,虽然政权建制屡经更迭,由郡县制而州郡县,继而州县,后省道府州县,但政权建置都呈层级式。

③ 苗书梅:"宋代州级属官体制初探",载《中国史研究》2002年第3期。

"聚录"。[①] 大辟罪同案犯在5人以上者,还须差邻州通判、幕职官,再行侦讯。[②]

《唐律疏议》规定低级别侦查官吏不得对高级别官员案件行使侦查权:

诸在外长官及使人于使处有犯者,所部属官等不得即推,皆须申上听裁。若犯当死罪,留身待报。违者,各减所犯罪四等。……【疏】议曰:"在外长官",谓都督、刺史、折冲、果毅、镇将、县令、关监等。长官及诸使人于使处有犯者,所部次官以下及使人所诣之司官属,并不得辄即推鞫。[③]

按照明朝的相关律例规定,"京外官五品以上有犯必奏闻请旨,不得擅勾问罪。在八议者,实封以闻。惟十恶不用此例"。[④] 刑部享有超越地方府县的优先侦查权,"刑部追取人,府县不当却"。明弘治以前,在基层的乡发生的轻微刑事案件则由申明亭管辖,"本管里甲、老人"[⑤]可以对所管辖的轻微刑事案件——斗殴、窃盗、赌博等进行侦查,并采取必要的刑事强制措施。

清朝的有关法令对侦查权纵向构造有所涉及。首先,京师案件的侦查管辖级别按照可能判处刑罚标准来划分。京师案件笞杖罪案件由步军统领衙门、五城察院负责侦查审理,而京师徒流死罪案件则由刑部负责侦查。[⑥] 其次,地方侦查级别管辖,则按照犯罪嫌疑人的身份等级来确定。这在职官犯罪案件的侦查管辖划分中体现得较为明显,清朝法令规定:"凡参革发审之案,查明被参之人,如系同知、游击以下等官,遴委知府审理;系道府副将等官,遴委道员审理。统令就近提齐款证,秉公确讯。其案内牵连被害之人,无

① 吕志兴:"宋代司法中的分权与监督制度初探",载《中央政法管理干部学院学报》2000年第3期;(宋)李焘编:《续资治通鉴长编》(第2册),中华书局2004年版,第1156页。

② (宋)李焘编:《续资治通鉴长编》(第3册),中华书局2004年版,第1675页。

③ 《唐律疏议·职制》。

④ 《明史·刑法志》。

⑤ 《教民榜文》中规定了基层审讯轻微刑事案件的组织方式,并对特别法庭的座次也作出了规定:"其座次,先老人,次里长,次甲长,论齿序坐。如里长年长于老人者,坐于老人之上。"转引自李交发著:《中国诉讼法史》,中国检察出版社2002年版,第32页。

⑥ 那思陆著:《清代中央司法审判制度》,北京大学出版社2004年版,第93~99页,第163~172页。

关轻重者，该道、府审明录供之后，即分别保释，只将重罪要犯，带至省内，由司复勘。”[①]最后，对于“高官”、“大员”的侦查，则限制较为严格。《大清律例》“应议者犯罪”附例规定：“三品以上大员，革职拿问，不得遽用刑夹，又不得不刑讯之事，请旨遵行。”[②]

（二）传统侦查权纵向分配的确定标准

在中国传统侦查领域中，不同案件由不同级别的侦查主体组织侦查，[③]有一定的标准可供遵循：

其一，刑事案件的性质。恶性政治案件、涉及皇族的犯罪等往往作为“诏狱”，由中央级别的侦查主体管辖。“十恶”中的谋反、谋叛、谋大逆等政治罪行，多由中央级别的侦查机关，如廷尉、大理、刑部等会同其他中央朝官侦查处断。

其二，罪行的轻重程度和可能判处的刑罚。可能会被判处死刑、较重徒流刑的犯罪案件，往往由高级别侦查主体侦查审断。

其三，案件涉及面和社会影响的大小。刑事犯罪活动涉案面广，造成跨州、跨省不良影响的案件，往往由中央级别的侦查主体管辖；涉案面仅及于一县一乡的，其往往由低级别侦查官来负责侦查。

其四，各级侦查主体在政权体系中的地位、职责。传统侦查权纵向构造往往与侦查主体的级别成正比，侦查主体的官署级别高的，往往管辖大案要案。但是，“以卑督尊”的御史可以对比自己官品级别高的官员职务犯罪行使侦查权。

其五，侦查对象的身份等级。在职务犯罪侦查中，被侦查的犯罪嫌疑人的官品、职位、爵位等都会影响侦查管辖的级别，它最能折射出传统社会的身份等级色彩。

---

① 《大清律例·名例》。

② 同上。

③ 王长水主编：《侦查学》，郑州大学出版社2004年版，第26页。

二、传统侦查权的横向构造

传统侦查权的横向构造，指的是对刑事案件地域管辖权的横向划分。传统侦查地域管辖，具体指的是：在不同地域的同级侦查主体之间，侦查刑事案件的分工和权限。[①] 在中国传统刑事司法领域中，侦查权的横向构造是依托于地方政权建制而发展起来的。

（一）传统侦查权横向构造的制度实践

秦时，郡县的主官或其属官——丞、令史、典史、游徼等在进行侦讯、现场勘查、缉捕等侦查活动时，[②]不得越出郡县境，不得插手其他郡县的刑事案件。《睡虎地秦墓竹简》的《法律答问》篇明确记载："郡县除佐，事它郡县而不视其事者，可（何）论？以小犯令论。"[③]这就对地方平级侦查主体之间的侦查管辖权作了划分，地方侦查主体只对本行政区域内的刑事案件享有侦查管辖权。

在汉朝，侦查权的横向分配与行政权区划一一对应。张家山汉简中的《具律》规定："诸欲告罪人，及有罪先自告而远其县廷者，皆得告所在乡，乡官谨听，书其告，上县道官。"[④]举报罪犯，提起诉讼，一般都要到有侦查权的当地官府进行。地方发生的刑事案件，由案发地的侦查官进行侦查、逮捕和讯问，其他郡县不得插手。此外，汉律中也有关于侦查权横向划分的规定，"二千石行不得出界"，[⑤]郡县以及封国内一定级别官员不得私自出境，也禁止他们越境侦查。

---

① 王长水主编：《侦查学》，郑州大学出版社2004年版，第27页。

② 张晋藩主编：《中国司法制度史》，人民法院出版社2004年版，第15页；张兆凯主编：《中国古代司法制度史》，岳麓书社2005年版，第25页。

③ 睡虎地秦墓竹简整理小组编：《睡虎地秦墓竹简》，文物出版社1978年版，第212页。

④ 阎晓君："《奏谳书》所反映的汉初政区地理与司法管辖——张家山汉简研究之三"，载《烟台师范学院学报》（哲学社会科学版）2004年第4期。

⑤ 同上。

唐律也规定了传统侦查权的横向分配,并对侦查权横向冲突做了协调。对于“案发两地”或异地追捕囚犯的情形,确立了一些地域管辖原则——“轻从重。若轻重等,少从多。多少等,后从先”。唐律规定:“诸鞫狱官,停囚待对问者,虽职不相管,皆听直牒追摄。”《疏议》曰:“虽职不相管,皆听直牒。称‘直牒’者,谓不缘所管上司,直牒所管追摄。”此外,在涉及多个犯罪行为地的情况下,则“诸鞫狱官,囚徒伴在他所者,听移送先系处并论之。谓轻从重。若轻重等,少从多。多少等,后从先。若禁处相去百里外者,各从事发处断之”。①

明清时期,法律严禁侦查人员越境执法。明时,锦衣卫不得参与外省州县刑事案件的侦查,“缉事官校,惟察不轨、妖言、人命、强盗重事。他词讼及在外州县事,毋得与。”②清朝时,明确规定负责京城侦查工作的步军统领衙门的番役不得出境缉捕,这可以从《清史稿·武亿传》的相关记载中得到佐证。③

(乾隆)五十七年,大学士和珅领步军统领事,闻妄人言山东逆匪王伦未定死,密遣番役四出踪迹之。于是番役头目杜成德等十一人横行州县,入博山境,手铁尺饮博,莫敢谁何,(武)亿悉执之,成德尤倔强,按法痛杖之。喧传其事者曰:“亿卤莽刑无罪,将累上官。”巡抚吉庆遂以滥责平民劾罢之,而不直书其事。……大学士、公阿桂谓吉庆曰:“例禁番役出京畿,奈何责县令按法之非,且隐其实而劾强项吏,何也?”吉庆深自悔,而格于部议,遂归。

由阿桂所言的“例禁番役出京畿”可知清朝法令禁止京城地方侦查人员越界侦查。

(二)传统侦查权的横向分配的确定标准

综观中国传统侦查权的横向构造,可以观测到划分管辖权的“犯罪地”标准。只有犯罪地的侦查主体才有资格行使侦查管辖权,其他同级政区的侦查

---

① 《唐律疏议·断狱》。

② 《明史·刑法志》。

③ 《清史稿·武亿传》。

官无权插手。在涉及数个犯罪地时,采取"主要犯罪地"、"最初案件受理地"的侦查权横向分配标准。虽然在中国传统的犯罪观念中,尚无犯罪预备地、犯罪实施地、犯罪结果地的细致划分,但是当数个地方的侦查主体都有侦查权时,往往交给最先捕捉到犯罪嫌疑人、最初受理的侦查主体。涉及多人结伙作案的,可以由主要犯罪地或首犯所在地的侦查主体来管辖。这可以从清代人吴炽昌所辑的《续客窗闲话》记载的"巧令"巧断案得到佐证:

有刘姓少年,入赘到李家为婿。外出为仆役,积累了四百多两银子。丈人知女婿手中有钱,顿生异心,以代管为名,吞没女婿四百两银子。刘氏夫妇含冤告官,但除妻子证言,别无他据,被赶出县衙。

刘某悲愤填膺,听说邻县县官公正廉明,善于断案,到处传颂,被誉为"巧令",便前去诉冤。"巧令"听完诉状后说:"你不在我的县内,此案我无能为力。"……"巧令"笑道:"你如果一定要让我审明此案,就要暂时坐牢……"于是"巧令"吩咐把他收禁在监,然后写了一封公文给刘某所在县的县官,内称:"我县捕获大盗张三,供称劫得银钱四百余两,寄存在贵县某村窝主李某家中。希即派捕捉李某,搜取赃银,一并解来我县。"那县官接到文书,见是强盗重案,不敢怠慢,就亲自前去抓捕李某,果然搜出四百两银子,火速派人押送邻县,交给"巧令"。①

在以上的案例中,李某的"侵占罪"应由该犯罪行为发生地的县衙侦查,"巧令"本无权行使侦查管辖权。但是,"巧令"却通过捏造"张某盗案",同时假称李某犯窝赃罪,②获得对李某案件的侦查管辖权,从而变通了侦查权横向的区域限制。

---

① 北京大学法律系法律史教研室编:《中国古代案例选》,山西人民出版社 1981 年版,第 224~226 页。

② 相比"盗案",李某的"窝赃罪"就不是主要罪行了。以"盗案"发生地的县有权管辖该案,而非"窝赃罪行发生地"的县,这本身就说明了在当时侦查实践中,涉及多个罪行的,侦查管辖权由主要罪行或重罪发生地侦查主体享有。

三、制衡缺位下的侦查权构造特征

在传统社会中,刑事实体法和刑事程序法融为一体,侦查依附于审判活动。法官主动侦查、审判案件而不需要检察官的控诉。在一些地方,甚至一般的政府行政官员都有权侦查、审理犯罪案件。在这样的侦查运作过程中,犯罪嫌疑人、被害人、证人都沦为国家发现犯罪事实的客体,动辄遭到侦查官员的刑讯。在这样的体制环境中,犯罪嫌疑人、被害人、证人等参与者的各项基本权利无从保障。这一时期,侦查权机关是唯一的侦查程序主体,其他各侦查参与者都沦为侦查客体,只有配合侦查权运作的义务,侦查权制衡无从提起。

在中国传统侦查权构造中,侦查权分配已有横向和纵向划分,传统侦查管辖也已有地域管辖与级别管辖的大致轮廓。中国传统专制社会及其权力分配等因素深刻地影响了传统侦查,使中国传统侦查权构造呈现出如下特点:

其一,传统侦查权配置分散。一方面,在中央刑事司法系统中,最主要的侦查主体是三法司——刑部、御史台(有时称为都察院)、大理寺(有时称为廷尉或大理院)。除了侦查主体的三法司外,三公九卿、六部尚书及其他重要的政务官员都有权参与重大案件的侦查。在皇帝交办诏狱案件中,甚至内廷宦官都能获得巨大的侦查权限。另一方面,地方侦查权由行政官兼理。有些朝代设置了如“求盗”、“仵作”、“司理参军”、“巡检”、“提点刑狱使”等较为专业的侦查人员,但是侦查权仍然由地方行政首长牢牢把持。在传统社会中,行政与刑狱紧密结合在一起,地方行政性官员兼理司法事务,行政长官的重要考绩标准之一就是处理刑事案件的“刑名”事务,侦查主体无法独立行使侦查权。

其二,传统侦查权按级别划分。传统侦查职能与地方治安等其他行政职能相交叉,侦查管辖区与行政区合一。[①] 虽然,传统社会的政权建制屡经更迭,传统侦查权配置也随之变更,或郡县两级配置,或州郡县三级配置,或省道府州县多级配置,但都体现了侦查级别管辖的层次性,体现了不同级别侦查机构对侦查权层层分解。

其三,在中国传统侦查权构造中,职官犯罪侦查权相对发达。与庞大的封建王朝的官僚体系相适应,传统中国形成了发达的官制。为了有效运作这一官僚体制,高度集权的专制君王必然要求建立发达的监察制度,这为官员犯罪的侦查权提供了一个充分发展的基础。秦时,设御史大夫监察地方官吏,他们有纠举职官犯罪的侦查权限。汉时,把全国划分为十三部,设刺史定期巡察所辖的郡国,监察郡守、国相、诸王不法行为;在郡级地方政府中增设督邮一职,掌管县内官吏犯罪的侦查事宜。魏晋南北朝时期,中央政府不定期派遣御史巡察地方,并赋其以风闻言事、纠举弹劾的侦查权。唐时,监察御史以"六条"巡察州县,遇有非法行为,即予以纠查。后来,唐中央政府设置十道巡按,代表中央巡察州县,对地方官的不法行为进行侦查。元朝将全国分为二十二道监察区,每道设提刑按察使一人,后改为肃政廉访使,负责对所属地区路、府、州、县经常性的巡察,发现犯罪,即行侦查。明时,从十三道监察御史中选派巡按御史,代天子出巡,"大事奏裁,小事立断",对地方官员的违法犯罪进行侦查。无论是"部",还是"道",都是一种不同于层级式侦查权力配置的特殊侦查管辖区,职官犯罪侦查权的特殊运作方式有利于打击地方官员的犯罪活动,保证了中央对地方官吏的有效控制。

其四,中国传统侦查权构造反映了传统社会的身份等级色彩。传统侦查权纵向分配同犯罪嫌疑人的身份等级息息相关,以血统和品级确定刑事案件的侦查管辖权。东汉时候,贵族、六百石以上官吏的犯罪案件实行特殊侦查

① 李卫平:"关于司法管辖区制度的几点思考",载《河南社会科学》2004年第4期。

管辖,必须先“请”——报请中央和皇帝,由其指定侦查管辖的具体机关。[①] 清朝规定:“凡参革发审之案,查明被参之人,如系同知、游击以下等官,遴委知府审理;系道府副将等官,遴委道员审理。统令就近提齐款证,秉公确讯。其案内牵连被害之人,无关轻重者,该道、府审明录供之后,即分别保释,只将重罪要犯,带至省内,由司复勘。”[②]

其五,传统侦查权的独立性极差。中国传统社会的政权建制比较成熟,官制也相对庞杂和发达,传统侦查权构造也形成了横向、纵向兼具的“差序格局”。但是,中国传统侦查权构造十分脆弱——在王权和行政司法合体的权力构架下,经不起其他权力的侵蚀和干扰:一方面,传统侦查权极易被君权左右。在地方上,行政、司法合体的权力分配格局使侦查事务往往由行政官员兼理,专业要求较强的侦查活动常被普通行政权左右。在中央,虽然最主要的侦查主体是三法司,但它们的侦查权并没有得到充分保障。在“诏狱”的侦查过程中,皇帝往往会指定其他官员侦审案件,这打乱了正常的侦查权力构造。另一方面,传统侦查权横向划分极易被军权干扰。中国传统侦查源自军事活动,侦查活动与军事活动经常在传统刑事司法领域中发生交合。不少传统侦查官同时负有军事职能,传统侦查活动中也大量使用军事侦察行为,也有不少传统侦查谋略源自于军事谋略和兵法。此外,虽然大一统是中国传统社会的主流,但是间或存在乱世,军阀割据区域中的侦查活动渗透了浓厚的军事色彩。即便在安定政治格局中,武将、军人也屡屡干预地方刑事案件的侦查审断,使侦查权运作的正常秩序得不到充分保障。

---

① 阎晓君:“《奏谳书》所反映的汉初政区地理与司法管辖——张家山汉简研究之三”,载《烟台师范学院学报》(哲学社会科学版)2004 年第 4 期。

② 《大清律例・名例》。

第二节 侦查程序中审检制衡机制的初建

在清末刑事司法改革之初,引入了大陆法系的公诉前程序设计,以“搜查犯罪”指代公诉前犯罪调查的侦查活动,并把它列为检察厅的法定职责;①把预审规定为衔接侦查和起诉的一个中间环节,并将之设定为检察官和审判官共同参与的程序。在侦查阶段,检察官可以采取非强制侦查行为;在预审阶段中,则可以采取强制性侦查行为。“于其(预审)形式,则有原告官,有被告人,裁判官介于其中,实施审理,不可不谓为具备诉讼之性质也。”②这种预审制度体现出控、辩、审三方主体参与的诉讼程序特征。

1906年检察官的侦查权得以初步确立,但检察官、法官、警察这三者之间的权力尚未实现合理制衡。同年,清廷颁行了《大理院审判编制法》,确立了检察官、巡警和大理院推事共享侦查权的制度。该法并没有规定细致的侦查程序规则,尚未建构起刑事诉讼程序的三角构架,但检察厅局的设置标志着中国现代侦查权力主体的引入,打破了传统侦查由审判官一手操控的“纠问式”诉讼构造,在部分案件预审中形成了控、辩、审三方参与的诉讼构造,有利于搭建现代侦查所要求的诉讼程序框架。

随着清末刑事司法改革推进,检察官的侦查权得到了进一步扩张,侦查程序也得到了进一步发展。1907年颁行的《各级审判厅试办章程》规定了侦查程序文书、侦查主体、侦查权限、侦查行为等:

刑事厅票如下:……拘票,拘执犯徒罪以上之被告及抗传不到或逃匿者用之;搜查票,搜查罪人及证据用之。凡审判官皆有发厅票之权。刑事厅票由检察官或预审推事指挥司法警察官执行之。凡逮捕现行犯之责者,可不待

---

① 倪铁:“侦查学的近代化探源”,载《犯罪研究》2007年第3期。

② 熊元翰编:《刑事诉讼法》,北京安徽法学社1911年版,第162页。

厅票而逮捕之。

凡地方审判厅第一审刑事案件之疑难者，应行预审。凡预审案件，除预审推事、检察官及录供者莅庭外，不准其他人旁听。

检察官统属于法部大臣，受节制于其长，对于审判厅独立行其职务，其职权如下：……二，收受诉状，请求预审及公判；三，指挥司法警察官逮捕犯罪者；四、调查事实，搜集证据……

检察厅之补助机关如下：司法警察官，营翼兵弁，地方印佐各员。

其有不知姓名或知其形状及犯罪行迹或遗物，足资凭信者，均可请求搜查或预审。若全无犯罪行迹时，须俟警察访查确实后起诉。

检察官应由法部发给执照，遇有现行犯，事关紧急时，得指挥巡警、兵弁搜索逮捕。

相比《大理院审判编制法》，《各级审判厅试办章程》有几点进步：

首先，不再提法官（推事）的侦查权，而是规定推事对“刑事案件疑难者”有权预审，对预审阶段中的强制性侦查行为进行司法审查，以监督检察官侦查行为的合法性。这一制度意味着剥夺了审判人员原来享有的侦查权，而赋之以预审参与权，以法官这一中立主体来约束检察官的强制性侦查行为。这一举措进一步分离了侦查权和审判权，从而有利于防止法官变成超级追诉者。同时，法官参与预审，对强制性侦查行为进行审批，有利于制衡检察官侦查权，对犯罪嫌疑人权利保障也有一定的积极意义。

其次，在逮捕中引入“令状”制度，[①]要求侦查人员必须获得审判厅签发的厅票，才能逮捕犯罪嫌疑人。对逮捕这一重大侦查行为进行司法控制，这体现了控、辩、审三方参与的诉讼程序特点。逮捕是对犯罪嫌疑人侵害极大的侦查行为，它临时性完全限制了公民处分的自由。在传统侦查中，该重大侦查行为由侦、诉、审职能合一的官吏决定和实施，缺少权力制衡，容易给无辜

---

① 汪海燕著：《刑事诉讼模式的演进》，中国人民公安大学出版社2004年版，第399页。

者造成不必要的折磨。该法及其后的《司法警察职务章程》都规定:“凡逮捕人犯应以审判衙门所发印票为凭,由检察厅备文送交该管巡警衙门转饬司法警察人员执行。”厅票制度使中立的司法官得以对强制性侦查行为进行审查,以审判权制衡侦查权,从而加强了对侦查权的控制和约束。但我们也不能过高评价该令状制度:一方面,司法警察仍享有较大的机动处置权,紧急情况时警察可无证逮捕;另一方面,令状制度的适用面极窄,并不适用于其他强制性侦查行为,如搜查的实施无需令状,只要司法警察长官同意,即可实施。

再次,在预审活动中,要求检察官、录供者、预审推事莅庭以决定对被追诉者的侦查处分,控、辩、审三方参与预审程序,形成了诉讼程序所要求的三方构造。在预审中,作为控方的检察官提出证据和事实,由中立的法官进行评断,以决定是否继续对犯罪嫌疑人进行侦查,是否将犯罪嫌疑人提交审判,从而构成了控、辩、审三方参与的诉讼程序。但是,这一预审程序的局限也很明显:一是预审遵行密行原则,犯罪嫌疑人的程序参与权极其有限,无法切实地影响该预审处分的决定;二是该预审仅适用于疑难案件,程序保障并不能普及每一个犯罪嫌疑人。但是,该预审程序设置毕竟改变了传统侦查人员“一言堂”的局面,一定程度上保障了犯罪嫌疑人的权利。

最后,它强化了检察官的侦查权,并明确规定其侦查权限和侦查指挥权。值得一提的是,该法为侦查行为的实施确立了具体的适用条件:全无犯罪行迹时,由警察进行访查;不知姓名,但有确凿形状、行迹、遗物等证据的,可以由检察官进行侦查,“均可请求搜查或预审”(《各级审判厅试办章程》第104条)。该法也为检察官和司法警察的侦查权做了初步划分:检察官享有法定侦查权,司法警察负责绝大部分刑事案件的实际侦查任务,而检察官享有指挥司法警察进行侦查的指挥权。“司法警察官、营翼兵弁、地方印佐各员”均为检察厅的“补助机关”,检察官可以在事关紧急时,“得指挥巡警、兵弁搜索逮捕”(《各级审判厅试办章程》第100条)。

第三节　侦查程序中审检制衡机制的反复

1910年《刑事诉讼律》(草案)虽未能在清末刑事司法改革中颁行,但却在民国时期被援引,对后世产生较大的影响。"如果说《刑事民事诉讼法》(草案)是从诸法合体到刑诉法单独成规的缓冲地带,那么宣统二年《刑事诉讼律》(草案)再度变革,从刑民合一的结构中独立出来",[①]该法开创了侦查、预审合一的侦查程序立法体例。在该法草案中,基于"侦查乃不许强制之预审,预审乃许用强制之侦查"的程序理论,将侦查和预审都确立为检察官的职权,并为它们规定了较为完整的程序规范:

首先,将侦查、预审都划归检察官管辖,将法官排除出侦查程序。该法规定:"刑事原告之职务由检察官执行。"检察官负责"侦查处分"、"预审处分"。[②] 在侦查程序中没有法官的一席之地。检察官拥有侦查权,可以进行侦查和预审。根据《刑事诉讼律》(草案)第261条的规定,检察官"因告诉、告发、自首及其他事实而逆料有犯罪者,应速开始侦查证据及犯人之处分"。犯罪嫌疑人也拥有程序主体的诉讼身份,但律师不得介入侦查程序,"被告人于提起公诉后,得随时选任辩护人"(第55条)。这大大地提升了检察官在侦查程序中诉讼地位,使其有操控侦查的权力,有利于侦查效率的提高。但是,法官被排除出预审阶段,原来侦查程序的三方格局被破坏。在侦查程序中,独立而中立的审判权缺位,侦查权缺乏有效的权力制约,这就增加了犯罪嫌疑人被侦查人员蹂躏的危险。

其次,将检察官主导的侦查程序划分为侦查、预审两阶段,设置了不同的程序运行标准。在侦查阶段,检察官以任意性为行为准则,"侦查中得实施发

---

① 郭成伟等著:《清末民初刑诉法典化研究》,中国人民公安大学出版社2006年版,第300页。

② 尤志安著:《清末刑事司法制度改革研究》,中国人民公安大学出版社2004年版,附录。

现证据及犯人之一切必要之处分。除有特别规定外,不得实施强制处分”(第274条)。任意性侦查的例外有:一是有急速处分的情形。“现行犯不在犯所之被告人”、“调查现行犯所发现之共犯”、“无一定住址之被告人”、“犯窃盗、强盗、逃脱各罪之被告人”、“假释中之被告人”、“检证死体所发现之被告人”(第194条)。二是“应指定事宜请求所属地方检察长之命令”,检察官可以进行“检证、搜索、扣押”、“拘摄、羁押被告人”、“传唤、拘摄、讯问证人”、“传唤、讯问鉴定人及通事”(第276条)。

在侦查阶段的证据调查措施完结后,检察官可以迳行进入预审阶段。“初级检察官关于初级审判厅管辖案件认为侦查处分既完备者,毋庸请求,开始预审……终结侦查处分”(第279条)。在预审阶段,检察官可以采取强制性侦查措施,“实施发现证据及犯人一切必要处分。但以断定被告案件之应否付公判为限。公判时不易调查及为被告人准备辩护所必要之各事宜,亦应调查”。(第301条)

最后,对重大侦查行为实行组织体制内的自我监督,对刑事强制措施进行侦查组织内部的审批控制。该法为讯问、传唤、拘摄、羁押、检证、搜索、扣押及保管、证人证言提取等主要侦查行为设定了较为完整的规范。如讯问条文规定了具体的流程和步骤,还强调保护被讯问犯罪嫌疑人的权利,“与其以机会令被告人陈述有利之事宜”(第64条),“禁用威吓及诈罔之言”(第66条)等。为刑事强制措施设定了“令状”制度,“检察官、司法警察官侦查或预审中,非有地方检察长或预审检察官之拘票不能拘摄被告人”(第194条)。要求对犯罪嫌疑人采取刑事强制措施必须获得传票、拘票、押票等法律令状。但是,这种侦查组织内部审批的监督力度极其有限,并不能有效防止检察官滥用侦查权。

对于紧急事项的侦查处置,该法也作了规范,并以无证拘摄、无证逮捕作为“令状”原则的例外。在“急速处分”部分规定:检察官、司法警察官、司法警察吏,当执行职务发现仍在犯所之现行犯,应行下列处分,但得以命令拘摄之被告人为限：第一，检察官不给拘票，命司法警察官拘摄被告人；第二，司法警察官不给拘票，即行拘摄被告人或命司法警察吏拘摄之；第三，司法警察吏不待拘票及拘摄之命令，即行拘摄被告人。（第195条）

现行犯仍在犯所者，虽非该管官吏，亦许逮捕。逮捕被告人者，应速交付地方以下检察官、司法警察官或司法警察吏。（第196条）

清末民初实施侦查、预审合一的侦查程序，得到了一些学者的推崇和赞誉。如日本学者冈田朝太郎对之大加称赞，他说："以预审作为起诉前准备公诉之处分，由检察厅行之。按之法理，征诸实际。有各国之长而无其短，此为中国刑诉法之特色，实为世界最新之法例。"[①]但是，将侦查程序全部交由检察官掌握，固然能够提高侦查效率，但却失去了中立第三方——法官的严格把关，仅仅由检察长对强制性侦查行为进行内部监督，很难保障犯罪嫌疑人的程序权利。

中华民国建立后，南京临时政府加强了司法警察制度的建设，但对侦查程序并没有改进，仍沿袭前清旧制。依据1912年4月3日的《新法律未颁行前暂适用旧有法律案》，剔除了与民国政体相违背的内容，对前清《法院编制法》、《刑事诉讼律》（草案）等仍予以援引，这就保留了清末《刑事诉讼律》所确立的"行政治罪"侦查程序。但是，南京临时政府颁行了《中国民国临时约法》和大总统的一些刑事诉讼法令，确立了侦查程序中犯罪嫌疑人的程序主体地位，强调程序保障人权的功能。

北洋政府时期，仍援引前清《刑事诉讼律》（草案），但在检察官的侦查权方面变动颇多，侦查程序也做了较大幅度的修改。将《刑事诉讼律》（草案）所确立的检察官管辖侦查、预审的侦查程序拆分成两部分：以检察厅管辖侦查，以审判厅管辖预审，这就使侦查、预审模式重新回到了前清《各级审判厅试办章程》所确立的控、辩、审三方参与格局。

---

① 熊元翰编：《刑事诉讼法》，北京安徽法学社1911年版，第161页。

1915年北洋政府颁行《高等以下各级审判厅试办章程》,援用1907年颁行的《各级审判厅试办章程》,[①]审判厅管辖预审的程序规则获得新生,检察厅和检察官参与预审的权力被压缩:一方面,检察厅进行预审的主导权被剥夺,“凡地方审判厅第一审刑事案件之疑难者,应行预审”(第22条),由审判厅的法官控制预审阶段。另一方面,检察官预审莅厅权被剥夺,仅有预审终结后、决定前的咨询程序参与权。“凡预审案件,除预审推事、书记官、速记生莅厅外,不准他人旁听(第25条)。”“预审时毋庸检察官莅厅,但终结后决定前,预审推事应咨询检察官意见并附送诉讼记录;检察官接受咨询书后,应于二日内提出意见书并还付诉讼记录;预审推事接受意见书后,再行调查者终结时。仍应为咨询程序;预审推事于决定后三日内应以正本送交检察厅”(第22条)。检察官的预审权被严重削弱,使他难以在侦查程序中迅速地采取强制性侦查行为,在一定程度上影响了侦查程序的效率性。但该法重新引入中立的第三方主体——审判厅的推事参与侦查程序,以审判权制衡侦查权,有利于保障犯罪嫌疑人的程序权利。

1921年侦查程序建设得以推进,但预审仍由法官控制。1921年年底,北洋政府颁布了《刑事诉讼条例》,并于次年在其控制的各省份颁布实施。“作为中国历史上第一部由中央政府颁行、具有法典性质的刑事诉讼法”,[②]该法在侦查、预审分立的基础上,进一步完善了侦查的程序设置:首先,将“侦查处分”改为“侦查”,将之规定在第一审公诉程序中,以“侦查”取代原来法律中的“侦查处分”,这体现了侦查认知的进一步发展。其次,对检察官所管辖的“侦查”程序规则进一步细化,涉及检察官的管辖权、“检警一体化”、犯罪嫌疑人权利等。明确了侦查密行原则,推事并不介入检察官主导的侦查阶段,该

---

① 于树斌:“对清末至民国刑事诉讼中预审制度的建立与废止的考证”,载《中国人民公安大学学报》1995年第5期。

② 郭成伟等著:《清末民初刑诉法典化研究》,中国人民公安大学出版社2006年版,第277页。

部分程序运行强调效率优先。最后,建立起一个较为合理的预审程序。在预审阶段中,专设预审推事,将预审推事与审判推事分开,防止先入为主,这有利于审判权行使的公正性。在检察官侦查后,认为证据足以认定有犯罪嫌疑的,才申请有管辖权的法院进行预审,推事并不主动启动预审;允许犯罪嫌疑人聘请辩护人,"讯问被告得许辩护人在场"(《刑事诉讼条例》第272条)。这一方面有利于保证检察官的侦查权能够快速高效地运作;另一方面也形成了一个三方参与的侦查程序,预审最能够体现它的诉讼程序特征,这就使犯罪嫌疑人的程序权利得到了一定程度上的保障,较为完整的控、辩、审三方主体参与的侦查程序初步形成。

1928年预审被取消,法官不再参与侦查程序,侦查的诉讼程序特征完全消失。1928年南京国民政府颁行《中华民国刑事诉讼法》,经过1933年的修订,该法一直在中华民国时期得以适用。该法的起草者认为:"其预审程序,均可视为侦查程序之延长。就法律之规定而论,凡在预审中可以实施之处分,侦查中皆可得为之。"①合并了侦查和预审,实行"侦审合一"体制,②取消了诉前侦查程序的三方参与、程序公开等。同时,该法规定检察官垄断整个诉前侦查程序,并明确规定了"侦查,不公开之",检察官的侦查权力扩展到了极致。这实际上是再度恢复了清末《刑事诉讼律》(草案)所确立的侦查程序:把法官排除出侦查阶段,将侦查程序完全置于检察官的控制下。一方面,这有利于节约程序流转上的时间,有利于提高侦查程序运作的效率;另一方面,强制性侦查行为由检察机关单独决定,不再经过司法审查,审判权也就不再能在侦查程序中制衡侦查权,这在一定程度上放纵了南京国民政府时期侦查权的法外肆虐。

---

① 谢振民编著:《中华民国立法史》,中国政法大学出版社2000年版,第1014页。

② 在当代,侦查学者广泛地将侦查、预审合称为"侦审",它与传统刑事司法体制中的侦查、审判的"侦审合一"并不是同一概念。参见曹文安著:《预审制度研究》,中国检察出版社2006年版,第316页。

第四节 侦查程序中检警侦查权制衡机制

在清末民初侦查制度现代转型的过程中,除《大理院审判编制法》为法官保留了部分侦查权外,其他立法都将现代侦查权配置给检察官和司法警察。"检察官为侦查人员,负有侦查犯罪的职责,警察只是检察官的辅助人员。"①侦查权配置的"检警一体化"仅仅是"任务上的从属关系,非为一般行政法上的'职务协助'关系,而警察从事犯罪侦查工作,亦是检察官的辅助人员及延伸的手臂,故从属与辅助两种关系兼而有之"。② 警察也具有自主侦查权,并非完全听命于检察官,也可以在特殊情况下自行侦查。检察官拥有侦查指挥权,而警察拥有一定范围内的自主侦查权,这两者在侦查权内部形成了权力的分立与平衡。

一、检察官的侦查指挥权——兼论检察官对警察侦查权的控制

第一,检察官有权调度警察对犯罪现场进行勘验和检查。《检察厅调度司法警察章程》将犯罪现场勘验确立为检察官的法定职责,司法警察协助检察厅检验尸伤。《检察厅调度司法警察章程》第64条、第65条、第66条和第67条规定:"凡毙于道路者是否有刑事情形,应由发见(现)之巡警一面保守一切证据,一面报告该管长官电告检察厅从速派员前往检验。""凡检验尸伤,司法警察各员应俟检察官到场会同办理;如有重伤几死迫不及待者,得先录取生供并取具保辜限状。""凡应相验各案,未经检察官相验以前其尸身应由警署派人看守,一面传尸亲、人证,预备一切事宜,以便检察官定时前往从速勘验。"现场勘查的保护、清理工作由警察执行,实地勘验检查的侦查权则由

① 李春雷著:《中国近代刑事诉讼制度变革研究》,北京大学出版社2004年版,第111页。

② 林灿璋、林信雄著:《侦查管理:以重大刑案为例》,台湾五南图书出版股份有限公司2004年版,第281页。

检察官全面掌握,犯罪现场的证据提取也是在检察官的指挥下进行。

第二,检察官有权调度司法警察从事搜查、扣押等侦查活动。《检察厅调度司法警察章程》第 32 条、第 38 条、第 43 条规定:“凡审判厅应行查取证据时,由检察厅知照该管检察厅转饬司法警察人员,会同检察官前往。”“司法警察搜查证据,不得用强制手段,须听检察官之调度”“遇命盗重案,除逮捕外,其一切可为证据之物件应设法保存,勿使湮灭或移动位置,以待检察官莅勘。如必须将尸身及各物移动时,应先拍照,仍绘具图说,俟检察官诣勘时报告。”

第三,检察官有权指挥司法警察采取刑事强制措施,进行逮捕、取保候审、拘传等。《检察厅调度司法警察章程》第 17 条、第 23 条、第 57 条、第 58 条、第 62 条规定涉及相关刑事措施的运作程序。“凡逮捕人犯,除现行犯外,应以警察厅印票为凭。”“遇有刑事重要案件,不论发生地是否在本管地方,但经检察厅调度逮捕,司法警察应即遵照办理。”检察官对于取保候审具有实施和处分的决定权,“轻微刑事案件者令取具铺户水印保结”,“对不能依前条规定取保者,司法警察亦得将实情报明检察厅商审判官酌令呈缴相当保证金,在外候讯。”“凡传取之保人及证人到案,应于二十四小时前通知本人;若被传不到,并无不得已之事由者,应即报明检察官处分。”检察厅指挥司法警察护送人犯:“凡由警察区送交检察厅之人犯,如经庭讯须听候再讯者,应由检察厅派人押回原送之警厅,饬区取保候传。”

第四,在针对身份特殊的犯罪嫌疑人,如皇室、职官、外国人、军人等犯罪嫌疑人,进行侦查的过程中,司法警察必须严格服从检察官的调度指挥。一方面,针对特殊人群的逮捕必须由检察官严格控制:“左列各项人等之现行犯罪须分别办理:一、宗室觉罗,送交该管检察厅;二、职官,由警署送交该管检察厅;三、外国人,除系警署逮捕者由警署解送所属国该管官署外,系检察厅调度逮捕者,均由检察厅自行办理,但仍交司法警察解送;四、军人,由警署送交检察厅,并知照该管官。”(第 18 条)另一方面,在涉外刑事案件的侦查过程中,司法警察的侦查行为必须由检察官严格控制:“凡外国人在中国内地犯罪,应由司法警察搜集证据,偕同证人,报告检察厅将该人犯拘送最近口岸之该国领事讯办。”(第28条)“凡外国人在租界内对中国人有犯罪情事,应速报告检察厅请该国领事照约办理,并一面禀知本管长官。”(第29条)

第五,检察官对司法警享有侦查指挥权,并逐渐建立起相关配套制度。一是检察厅对驻厅司法警察有财政控制权,“驻厅之司法警察人员其薪饷及执行事务应需各费用,由检察厅支给”(第14条)。二是检察厅对司法警察有奖惩建议权,“其功过赏罚,则应由检察厅核定后汇送至该管巡警官照警章一律办理。”(第14条)“司法警察执行职务,有不尽力或处分不当之际,检察官可戒饬之或予记过。其所为有犯惩戒处分者,则详查事实,报告警署长官,以资督励。”(第77条)检察官虽然没有直接掌握司法警察的人事任免权,但通过财政薪金控制权、功过赏罚建议权,能够在一定程度上对司法警察的侦查行为进行指挥和监督。

二、司法警察的自主侦查权——兼论司法警察对检察官侦查权的反制

一方面,通过调度司法警察的侦查指挥权,检察官试图牢牢控制司法警察的侦查行为;另一方面,司法警察并不完全被动地服从和听命于检察官,它通过以下几种途径对检察官的侦查指挥权进行制约,以保证“检警一体化”侦查权力内部的平衡。

其一,分立司法警察和检察厅署,“检”、“警”两组织机构分立、侦查业务一体。近代侦查“检警一体化”中的检警组织分立模式并非一蹴而就,早在清末刑事司法改革之初,现代警察和检察制度得以引入,并在新式刑事诉讼制度中发挥着重要作用,“检警一体化”的侦查权配置格局也得以开创。在1910年的《司法警察职务章程》出台前,奉天省各级检察厅局不但拥有司法警察的侦查指挥权,而且还有人事组织、财政薪饷的控制权。但检察厅局所附设的司法巡警,经费无法保障,并且人数有限,不能完全胜任侦查,远不如布满城乡的普通警察的耳目有效。基于此,检察厅局主动将司法警察的组织人事权

退回警察局,而只保留业务调度指挥权。“司法巡警事务皆应以行政官厅任之,毋庸于巡警中特标司法之名,亦毋庸于司法中另立巡警一部。”[①]

1910年颁行了《检察厅调度司法检察章程》,该法也沿袭了“检警一体化”体制。该法设立了驻检察厅局的司法警察,但其人事组织权由该管巡警官署控制,检察厅局只有经费控制权和业绩考核评价权:“驻厅之司法警察人员,其薪饷及执行事务所需费用,由检察厅支级;至其功过赏罚,则应由检察厅核定后汇送至该管巡警官照警章一律办理。”(第14条)一方面,检警机构分立有利于侦查业务的专业化发展;另一方面,这也可以此防止控诉权“操诸一端”,能够有效避免“检”、“警”任一方的专断独裁,对于防止侦查权滥用具有重要意义。

其二,设置调度指挥程序,通过“事前转饬”或“事后知照存案”制度,对检察官的侦查指挥权进行程序性限制。1907年颁行了《司法警察职务章程》,该法规定:“凡检察厅需用司法警察人员时,应先知照巡警厅转饬办理”,巡警虽然有协助检察官进行侦查的职责,但是必须经过巡警厅的“事前转饬”。

在“转饬”程序基础上,《检察厅调度司法检察章程》对检察厅的调度指挥权进一步细化,设置了较为完整的程序规则。一方面,继续规定了“转饬”制度,“凡检察厅须调度司法警察人员时,应先行文知照该管巡警官转饬遵照”(第5条);“检察厅或预审推事,遇有案情涉于嫌疑之人及人犯所在地有不明确者,可随时摘录事由,移知警署转饬侦知、拘捕”(第20条)。另一方面,对于紧急情况下调度司法警察,法令也规定了特殊的变通程序,但要求事后必须“知照存案”:“若临时调度不及行文者,得以电话或专函代之;其在道路仓猝调度,得用法部执照指示办理,但事后仍由本厅行文知照存案。”(第5条)

其三,司法警察保留了较大范围内的自主侦查权。

---

① 徐世昌:“东三省总督徐世昌奏奉省各级审判检察厅遵章退还司法警察折”,载《法官须知》之《司法警察》。

首先,表现在司法警察官享有同检察官相同的侦查权。虽然检察官具有优于司法警察官的侦查权,但是"凡司法警察长官于执行检察事务时,与检察厅长官有同一之职权"(第3条)。"凡司法警察人员当执行检察事务时,对于检察厅长官应受其调度与对于巡警长官同。"(第4条)司法警察官可以批准搜查:"凡左列(下列)各项,司法警察各员经本管长官之许可,得迳行搜查:一、现行犯在警厅区询问时发觉之证据;二、在警厅区告诉告发或自首应行查取之证据;三、巡警侦探所得之证据。"(第33条)1914年颁行了《增订检察厅调度司法警察章程》(教令第44号),将享有侦查权的司法警察官范围扩大至"警察官长、宪兵官长、军士"。

其次,司法警察具有紧急情况下侦查处分权。"检警一体化"有其特定的含义,并不是每一侦查行为都必须由检察官指挥。事实上,清末民初的法律都为司法警察留出了灵活处置的适当空间。针对现行犯和紧急者,司法警察可以不经检察官批准直接采取紧急侦查措施:"司法警察搜查证据,不得用强制手段,须听检察官之调度;但现行犯及事关紧急者不在此限。"(第38条)"被告人关系事项与本案无涉,但可籍以供检察官之参考者,均可封缄发送;于搜查事件之宜秘密者亦同。"(第42条)1908年颁行的《法部等奏定司法警察职务章程》第8条规定:"凡有现行犯在警厅区询问时供出之案内要犯及巡警侦探确实之要犯,有逃走之虞者,经该管长官之许可后,先行逮捕,俟交送检察厅取有收据时并补发拘票。"此外,遇有现行犯以及紧急情况时,警察可以主动采取侦查措施。

为了充分调动司法警察的积极性,及时有效地收集证据、捉拿犯罪嫌疑人,在服从检察官指挥的前提下,1921年的《刑事诉讼条例》也赋予了司法警察必要的机动权力。[①] 1928年南京国民政府修订了《中华民国刑事诉讼法》,该法对司法警察及司法警察官的自主侦查权做了进一步扩充。《中华民国刑

---

① 李春雷著:《中国近代刑事诉讼制度变革研究》,北京大学出版社2004年版,第113页。

事诉讼法》第208条、第209条及第210条规定：

左（下）列各员，于其管辖区域内，为司法警察官，有协助检察官侦查犯罪之职权：一、县长、市长。二、警察厅长，警务处长，或警察局长。三、宪兵队长。前项司法警察官，应将侦查之结果，移送该管检察官，如接受被拘提或逮捕之犯罪嫌疑人，认其有羁押之必要时，应于24小时内移送该管检察官，但检察官命其移送者，即时移送。

左（下）列各员，于其管辖区域内，为司法警察官，应听检察官之指挥，侦查犯罪：一、警察官长。二、宪兵官长，军士。三、依法令关于特定事项得行司法警察官之职权者。前项司法警察官，知有犯罪嫌疑人者，应报告前条之该管检察官或司法警察官，但得不待其指挥，迳行调查犯人情形及必要之证据。

左（下）列各员，为司法警察，应受检察官及司法警察官之命令，侦查犯罪：一、警察。二、宪兵。三、依法令关于特定事项得行司法警察之职权者。司法警察官，知有犯罪嫌疑人者，应报告该管检察官或司法警察官，但得不待其命令，迳行调查犯人情形，并收集证据。

虽然，司法警察官必须将侦查结果移送检察官，并在24小时内将应羁押的人犯解送检察官，还须听从检察官的指挥或命令而行事。但是，无论是一般的司法警察，还是司法警察官，都可以对现行犯和有犯罪嫌疑者“迳行调查犯人情形，并收集证据”，司法警察官还可迳行拘提或逮捕犯罪嫌疑人。我们可以发现，清末民初，警察实际上拥有较大范围内的自主侦查权。

第五节　对当前侦查权制衡机制构建的战略启示

1949年后，中国的检察官不再拥有警察的侦查指挥权。现行《刑事诉讼法》颁行于1979年，并在1996年进行过一次较大的修正，并在2012年经过了再一次的修订。它明确规定了以下各项内容：侦查机制、侦查组织的权限划分、侦查的程序运行、侦查监督等。该法保障了侦查程序参与者的各项程序权利——平等对待权、使用本民族语言文字权、翻译帮助权、律师帮助权、权利受侵害的控申权等。法院、检察院、公安机关等刑事司法机关必须保障各参与侦查程序的当事人的各项人身权利、财产权利和程序权利的落实。但是整体看来,中国的法官无从介入侦查程序,侦查权由公安机关和检察机关分享,程序参与者——尤其是犯罪嫌疑人享有广泛的程序性权利,但遗憾的是这并不能有效地制衡中国强大的刑事侦查权。

在中国侦查程序走向现代化的过程中,在制度改革中不断摸索适合中国的权力制衡机制。在清末民初侦查制度变革频繁的特殊历史时期,中国在初建的现代侦查程序中已经构建起审检、检警权力制衡机制,虽然该权力制衡并不完善,但这在一定程度上制约了侦查权力的肆意行使,也有利于保障犯罪嫌疑人的程序权利。这对时下的侦查权制衡体制改革也具有积极的借鉴意义,可赋予检察机关更为广泛的侦查权和侦查监督权,逐步建构“检警一体化”的新型侦查权力格局。时机成熟时可引入侦查法官制度,赋予其重大侦查行为的审批权,对检警侦查权进行严格的司法控制。

一、整合警检侦查权——侦查权内部权能均衡

当前检察与警察之间的侦查权制约机制极不平衡,造成警察侦查权自由裁量空间极大,检察机关对警察侦查权的制约面临窘境。在绝大部分刑事案件的刑事诉讼过程中,侦查权由公安机关领受,侦查程序也基本由公安机关垄断。作为法律监督机关,当前中国的检察机关可行使针对职务犯罪的侦查权,并可对所有侦查权力运作进行监督,但其方式手段却仅限于审查批捕等几种,不享有侦查指挥权和控制权,更没有对违反侦查程序警察的处罚权。检察机关通知公安机关立案启动侦查,但公安机关可以撤销案件;检察机关要求公安机关协助侦查,公安机关找借口推诿。检察机关发给公安机关的违

法纠正通知书得不到公安机关的重视，甚至形同废纸。① 检察机关既要独力运作职务犯罪侦查权，又要注意侦查业务部门与侦查监督部门之间的分权制衡问题，这既造成检察机关侦查部门的机构繁冗，也影响了检察机关办理公诉等其他业务的精力。

近代中国“检警一体化”的侦查权制衡机制为当前侦查权整合提供了可资借鉴的模式——不改变现行公安机关和检察机关的行政隶属关系，整合检警侦查职能，实现侦查权的“检警一体化”。主要可从以下几方面入手：第一，赋予检察机关诉讼法上完整的侦查权，检察官既可指挥警察从事侦查事务，也可在必要时直接采取侦查措施。第二，侦查措施执行权配属公安机关，检察官受到自身侦查技术及侦查经验的限制，不适于充当一线侦查员。而公安机关则有分布极广的基层机构作为执行侦查任务的依托，有广泛的刑事情报来源和高效迅速的行动能力，有能力执行各项侦查措施。第三，检察官对执行侦查任务的警察有监督权，不仅可以纠正警察不当侦查行为，而且有权对警察违法侦查行为进行惩戒。

二、重构法官审查权——侦查权外部制衡优化

当前我国侦查程序运作过程中，没有法官的身影，审判权并不构成侦查权的外部制衡力量。缺乏审判权的有效外部制衡，我国当前侦查权运作存在以下弊病：首先，我国当前侦查措施，不管是拘传、取保候审、监视居住、拘留和逮捕等刑事强制措施，还是搜查、扣押、冻结等强制性临时处分犯罪嫌疑人权利的侦查措施，侦查机关都可以经过内部审批手续自行决定、自行执行，无须取得法院的授权和审查。其次，除了逮捕措施需要向检察机关报批外，窃听、拘留等一些重大侦查行为只要获得领导内部批准即可，当前绝大部分的侦查行为都是单向、不公开进行的，当事人难以获得抗辩机会。最后，当前侦

① 马贵翔著：《刑事司法程序正义论》，中国检察出版社2002年版，第142～143页。

查过程中的犯罪嫌疑人权利缺乏有效的司法救济程序,犯罪嫌疑人的合法权利受到非法侦查行为侵害时,或者针对犯罪嫌疑人的刑事强制措施不当时,被侵权人只能向有关机关提出申诉或上访,而无法经由诉讼途径获得司法救济。

在侦查制度改革推进到一定阶段时,可借鉴清末民国时期的预审法官制度,同时参酌一些大陆法系和英美法系国家的做法,重新设置侦查法官,赋予法官对重大侦查行为的司法审查权,以审判权制衡检警的侦查权。首先,在法院系统内部设立地位相对独立的侦查法官,条件成熟时可设侦查事务裁判庭,负责对侦查活动进行司法审查和授权。其次,对搜查、身体检查、扣押、窃听等重大侦查行为实行司法令状制度,侦查人员必须事先向侦查法官申请令状,但紧急情况下可以事后补授权。再次,对拘留、逮捕等羁押性重大侦查行为实行严格的司法令状制度,侦查法官可以未经侦查人员申请主动进行严格审查,此类令状不可事后取得。最后,对于不当侦查行为,犯罪嫌疑人或相关权利受害人都可以向法院诉讼,申请撤销;对于任何侦查法官签发的司法令状,当事人不服的,可以向上一级法院提出上诉,以保证司法权能够为当事人提供司法救济。

第三章　制衡乏力下的侦查权异化现象研析

侦查活动是否合法、规范,直接涉及刑事诉讼活动的有效性和人权保障。但是由于法律规定的不完善以及司法实践的复杂性,侦查权出现了某种程度的异化,导致目前侦查机关的侦查活动违法和不规范现象时有发生。侦查权的异化直接引起侦查程序的异化。“事实上,侦查程序中参与人的权利是以刑事侦查程序的存在为依托的,如果该程序被异化,则权利无法获得保障。在我国的刑事诉讼中,存在侦查程序异化为其他程序的现象,导致刑事诉讼中法律赋予犯罪嫌疑人的预防性权利保障无法实施,犯罪嫌疑人的权利受到侵害后也无法获得有效的救济。”①本章选取了在我国刑事侦查权力运作实践中,异化表现最为集中的几类权力——侦查启动权、侦查讯问权、侦查羁押权和侦查搜查权等,针对它们的异化表现、异化

---

① 谢小剑著:《边缘化刑事程序研究——被理论忽视的司法实践》,中国检察出版社 2010 年版,第 113 页。

原因等进行深入剖析。在侦查权制衡机制的运行过程中,产生异化的原因是多方面的,包括不当的绩效考核、顽固的有罪推定、有害的司法惯性、缺位的内外监督等,而异化的表现也是多角度的,包括侦查程序的错位、侦查手段的滥用、权力运行的失控、权利保障的弱化等,这些表象之间并不存在严格的一一对应关系。出于行文方便,本章选取了矛盾比较集中的几个方面展开论述,分析异化的原因、表现及危害,为侦查权制衡机制的规范乃至重构提供理论及现实依据。

第一节　侦查权异化乱象的类型化研究

对侦查权异化现象的研究采用的是类型化分析方法,因为分类研究是一种科学而有效率的研究方法。相较概念的隔绝式思维而言,“类型”是一种更为开放的、更具有包容力的思维:类型虽然有一个固定的核心,但却没有固定的边界。类型无法精确地定义,而只能以接近的方式描述,如同我们无法将所有具体的事实涵摄于概念之下一般,涵摄于类型之下,相反我们只能以一种或多或少的程度,将具体事实归类于类型之下,使两者彼此对应。①

一、侦查权的异化与失范

从哲学上来讲,异化是指把自己的素质或力量转化为跟自己对立、支配自己的东西。法律是国家制定或认可的社会规范,法律的制定和实施从根本上说是服务于人类社会的。因此,将哲学上异化的概念延伸的法律现象中,我们可以认为“法律异化是指法律这种人类创造出来的本用于服务人类的社会规范因为一些原因反而成了走向人类对立面的一种异己力量的转化”。②

---

① 杜宇:“再论刑法上之‘类型化’思维”,载梁根林主编:《刑法方法论》,北京大学出版社2006年版,第121页。

② 周世中、陈雅凌:“法律异化研究”,载《法律科学》(西北政法大学学报)2011年第6期。

侦查权是国家刑事司法权力的重要组成部分。享有侦查权的法定主体,必须遵循法定程序,行使法定的手段以达到法定的目的。为了保障侦查权的正常运行,法律特别设置了一系列包括侦查机关内部控制、外部法律监督制衡机制来控制侦查权。在理想状态下,制衡机制伴随着侦查权的行使而同步运行,以保证实现侦查权的同时,侦查主体的行为不至于偏离法律预设的轨道。然而在运行的过程中,产生了一些"法外侦查"现象,并形成了颇有规模的"权力运作制度"的隐形制度,这种"'法外侦查权力制度'还能够在一定范围内控制、挑战或调整法定侦查权力制度"。[①] 而侦查权制衡机制出于某些原因,或者在法外侦查权力制度面前显得软弱无力,或者自身被这种法外权力裹挟其中,丧失了制衡的功能,所产生的异化力量甚至加剧了原有的失衡。在侦查权异化的乱象中,有两个问题特别严重。

(一)侦查权异化为立案前调查权

作为一项有中国刑事诉讼特色的程序制度,立案程序起着开启侦查权的重要作用,立案被视为刑事诉讼的第一道程序门户。但法律给立案设置的门槛太高,为了达到《刑事诉讼法》第110条"有犯罪事实存在需要追究刑事责任"这样的高标准,在职务犯罪和经济犯罪侦查的过程中,侦查机关往往会在立案前进行细致的初查。更有甚者,有些侦查人员为了缓解破案率的绩效压力,采用"先破后立"、"不破不立"这样的手段,使立案程序控制被虚化,破案率虚高不下。

初查,在我国的侦查权运作实践中,已形成一种类似刑事诉讼的程序性制度,但是在《刑事诉讼法》中,它并未得到"正名"。依据现行《刑事诉讼法》的有关规定以及一些司法解释所体现出来的法律精神,初查是指由人民检察院或者公安机关对报案、控告、举报和自首的材料,按照管辖范围,确定立案

---

① 张步文著:《刑事侦查权研究》,中国检察出版社2007年版,第3页。

与否,为确定某一有关的事实是否为犯罪案件,而进行的一系列甄别、查证工作。[①] “初查”一词最早出现在1985年1月召开的第二次全国检察机关信访工作会议的文件里,该文件指出:信访部门比较适合承办部分控告、申诉案件立案之前的初查,以便能为自侦部门提供准确性高一些的案件线索。[②] 我国初查制度的提出,最早见于1986年最高人民检察院《人民检察院直接受理侦查的刑事案件办案程序》(试行)。该文件第6条第3项规定“经审查,认为控告、检举的犯罪事实不清,需要补充材料才能确定立案或不立案的,可以通知控告、检举单位补充材料,人民检察院也可以派人直接调查,或者配合有关部门联合调查”。1990年在最高人民检察院印发的《关于加强贪污、贿赂案件初查工作的意见》中,更直接地道明了“初查”这一概念:“初查工作是对贪污贿赂案件线索立案前的审查。”该意见不仅确定了初查工作的性质,而且明确了初查工作的职责范围和要求,使初查工作有了可循之章。1996年9月最高人民检察院印发了《人民检察院举报工作规定》,指出“人民检察院对于本院管辖的举报材料应及时进行初查”。并对初查的批准权、初查的范围、职责等进一步明确。1996年《刑事诉讼法》修改后,最高人民检察院起草了《人民检察院实施〈中华人民共和国刑事诉讼法〉规则》(试行)。该规则前几稿中尚规定在必要的时候可以进行初查,但最后定稿时即明确将初查规定为立案的一个环节,且具体规定了初查的程序。这标志着初查制度的正式确立。在现行的《刑事诉讼法》中,虽未使用和描述初查的概念,但关于立案前复核的相关表述已经涵括、认可了初查工作这一法律行为的存在。检察机关是国家法律监督机关,并且拥有一定的侦查权和侦查监督权,它对初查工作的规定,广泛地使用于公安机关侦查部门的实务运作。

在刑事司法实践中,存在假初查之名,行侦查之实的不正常现象,从而引

---

① 倪瑞平、陈和平:“论经济犯罪案件立案前的初查”,载《东方刑侦》2000年第2期。

② 刘太宗:“试论举报初查工作的几个问题”,载《中国刑事法杂志》1998年第1期。

发“不破不立”的不合理状况。侦查人员在接受案件线索时，许多都是未知的：事实不清，嫌疑对象不明。侦查人员接受案件之初，往往无法准确判断罪与非罪，面对的是杂乱无序的报案材料和心绪如麻的报案人、控告人，仅仅凭审查报案的情况和材料，在大多数情况下是难以做出是否立案的决定的，为慎重起见，在立案前同样需要开展一定的侦查活动即立案审查，初查便被作为一种行之有效的方法，广泛使用于经济犯罪的前期甄别。由于法律的严格限制，对相关人员的强制措施；对财物的扣押、冻结、查封措施；对案件的技术侦查措施，必须在立案后方可使用。手段的限制，导致收集证据的过程显得无奈和乏力；立法所规定的高标准的立案条件，对侦查机关而言不具有可操作性、实践可行性。为准确地判断有无犯罪事实的发生、明确犯罪嫌疑人，同时又不违背法律的限制，初查阶段，有的侦查人员往往以侦查需要为名，将一些刑事诉讼法明确规定、必须立案后才可使用的侦查手段，变相运用于初查阶段，此时的措施实质上与侦查措施上已并无二致，严重违背了刑事诉讼的程序。只有在立案后才能运作的侦查权，就这样在刑事司法实践中被异化成了立案前的刑事调查权。

（二）侦查权异化为行政性治罪权

在公安机关所负责的刑事案件的处理过程中，侦查人员利用公安机关的刑事司法机关、行政机关的双重职能，在侦查权运作过程中，灵活地选择行政措施和刑事诉讼措施，规避《刑事诉讼法》对侦查行为设定的严格程序限制。这就使侦查程序设置被侦查人员虚置，侦查程序的诉讼性被淡化，侦查对象的程序诉讼权利被限制甚至剥夺，侦查程序异化为行政治罪的线性构造，侦查权异化为行政性的治罪权。

一方面，侦查人员灵活运用行政性措施和刑事诉讼措施，滥用了行政强制措施。例如，《刑事诉讼法》第 117 条明确规定：“对不需要逮捕、拘留的犯罪嫌疑人，可以传唤到犯罪嫌疑人所在市、县内的指定地点或者到他的住处进行讯问，但是应当出示人民检察院或者公安机关的证明文件。对在现场发现的犯罪嫌疑人,经出示工作证件,可以口头传唤,但应当在讯问笔录中注明。传唤、拘传持续的时间不得超过十二小时;案情特别重大、复杂,需要采取拘留、逮捕措施的,传唤、拘传持续的时间不得超过二十四小时。不得以连续传唤、拘传的形式变相拘禁犯罪嫌疑人。传唤、拘传犯罪嫌疑人,应当保证犯罪嫌疑人的饮食和必要的休息时间。"《刑事诉讼法》对传唤和拘传的侦查行为规范得相当严密,侦查机关没有过多的自由裁量权运作空间。但是,承担绝大多数刑事案件侦查任务的是警务机关,它们机关除有刑事司法职能外,还有维护治安的行政执法职能,而且在我国立法体系中并没有在警务机关内部严格区分刑事司法警察和治安警察,最为突出的就是公安机关的治安部门即负有危害公共秩序的轻微刑事案件侦查权限。在刑事案件的调查中,侦查人员利用行政职能,依据《警察法》第9条规定的"对被盘问人的留置时间自带至公安机关之时起不超过二十四小时……经县以上公安机关的批准,可以延长至四十八小时",对相关的人员进行留置盘问,这种措施的效果远远超过了侦查过程中的传唤和拘传。① 根据《治安管理处罚法》,公安机关可以对有关人员传唤、强制传唤、讯问、取证,公安机关在行使这些职权时,《人民警察法》、《治安管理处罚法》、《行政处罚法》都没有规定相应的立案程序,集行政功能与司法功能于一身的侦查人员不仅可以进行调查,甚至还可以对相关人员的人身自由予以限制,从而以这种手段获取证据,使他们可以跳过立案限制的门槛,使破案与立案"一气呵成"。

另一方面,侦查人员灵活运用公安机关的双重属性,规避检察机关的法律监督,使侦查权异化成为不受检察机关制衡的行政治罪权,侦查程序在某些时候异化为行政治罪程序。以立案为例:一经立案程序,侦查权运作中的专门调查活动和强制措施会干预和限制公民、组织的权利,所以侦查活动的

---

① 谢小剑著:《边缘化刑事程序研究——被理论忽视的司法实践》,中国检察出版社2010年版,第113页。

实行必须严格遵守法律的规定。在检察机关中,设立专门的侦查监督部门。但侦查人员进行的频繁初查、“不破不立”、“办案基地办案”等的存在,使侦查监督部门对侦查机关的侦查权力监督失去了存在空间。由于侦查机关的初查手段包括了询问、查询、调取证据等措施,虽然不具有侦查强制性效力,但由于它是侦查机关进行的活动,同时也对公民的权利造成一定程度的限制。在初查实践中,容易出现以查代侦、久查不果等现象,往往使犯罪行为无法及时得到追究,且容易滋生“暗箱操作”、幕后交易、外部因素干涉、说情等非法活动,导致初查中的腐败出现。这些问题的存在,与作为初查主体的侦查机关的内部约束机制的缺乏有关,更重要的是,缺乏有效的监督初查的外部力量。

二、违反法定程序运作侦查权

从目前发现的侦查权误用、滥用的权力异化情况的违法行为来看,大多都属于程序性违法行为,主要集中在非法取证领域。最高人民检察院侦查监督厅副厅长元明指出,2014 年全国共因排除非法证据不捕 406 人,对非法取证行为提出纠正 671 人,建议追究侦查人员刑事责任 10 人。[①] 一般来说,该类违法行为并不一定对定罪量刑的最终结果产生实质性影响,但严重损害了刑事程序的严肃性,其所获得的证据系非法证据。整体来看,侦查权运作违反法定程序的大致可分为两种情况:一种情况是侦查行为步骤违法,未按法定步骤来行使侦查权,表现为省略步骤、颠倒步骤或未遵守时限规定;另一种情况是侦查权运作方式违法,表现为具体侦查行为方式存在缺陷。具体表现为以下几个方面。

(一)未立案先侦查

为了有效打击和预防犯罪,侦查活动必须依靠国家强制力保证实施,因

---

① “最高检:10 名侦查人员因非法取证等被建议追刑责”,资料来源 http://news.163.com/15/0314/10/AKLM5IHB00014JB6.html,最后访问日期:2015 年 10 月 17 日。

此一旦侦查程序启动,即意味着国家侦查权开始作用于特定公民,该公民的基本权利随时处于受制约的危险状态,故侦查权不可随性启动。为慎重启动侦查权,《刑事诉讼法》设立了独立的立案程序来规范之。“公安司法机关通过立案前的审查,如果发现不具有犯罪事实或者依法不应当追究被控告人刑事责任的情形时,就不应当立案,从而避免公安司法机关对不应当追究刑事责任的无辜者错误地进行刑事追究,防止和减少冤假错案,从刑事诉讼的第一道关口上保障公民的合法权益不受侵犯。”①并在《刑事诉讼法》第113条规定:“公安机关对已经立案的刑事案件,应当进行侦查……”第114条规定:“公安机关经过侦查,对有证据证明有犯罪事实的案件,应当进行预审……”要求只有在立案后才能对犯罪嫌疑人采取侦查措施,才能讯问犯罪嫌疑人。但在侦查权运作实践中,立案程序的慎刑功能被忽略,侦查机关为了能迅速打开局面,尽快获取有价值的证据,往往忽视必要的程序,在刑事案件立案前就开始采取讯问手段。

(二)单人违规取证

《刑事诉讼法》第116条规定:“讯问的时候,侦查人员不得少于二人。”但在中国很多地方警力不足的情况下,很多侦查人员突破了该条规,使用协警、治保人员、警校实习生等参与侦查讯问。虽然,讯问笔录上有两名侦查人员的签名,但实际上只有一名侦查人员讯问,特别是在看守所讯问犯罪嫌疑人的时候,这种情况比较普遍。

(三)讯问地点违法

《刑事诉讼法》第116条明确规定:“犯罪嫌疑人被送交看守所羁押以后,侦查人员对其进行讯问,应当在看守所内进行。”换言之,在犯罪嫌疑人拘留后逮捕后,唯一的羁押地点应该是看守所,唯一的讯问地点应该是看守所审讯室。但是在侦查权运作过程中,频频爆出侦查人员在看守所外的地点讯问

---

① 陈光中、徐静村主编:《刑事诉讼法学》,中国政法大学出版社2010年版,第248页。

犯罪嫌疑人。在重庆引起巨大轰动的“王立军打黑案”中暴露出的一系列案件中,“据媒体报道,打黑期间,重庆警方成立了300多个专案组,按ABC三类分级管理。据一位不愿具名的重庆警界人士介绍,A字头的专案组,必须是市局立案的,指定管辖,异地用警,限期破案;B字头的专案组,由分局和区县公安局办理。……除内勤人员外,‘A0069专案组’被分为三组:审讯组、外查组、抓捕组。其中仅审讯组就有16人,郑某、但某、李某和艾某4人负责审讯专案的‘一号人物’吕某。他们两人一组,8~10小时一班轮流审讯。‘A0069专案组’的办案基地,设在长寿区拘留所内,专门开设了4个审讯室。与看守所审讯室不同,在这里,除了铁制审讯椅,墙上多装了两个铁环”。① 在该案例中,不管是设在拘留所的办案基地,还是铁质审讯椅以及墙上铁环的布置,都已经违反了《刑事诉讼法》关于侦查讯问必须在看守所的强行性规定。

(四)怠于送达通知

依据《刑事诉讼法》第77条规定,侦查机关解除取保候审、监视居住。解除取保候审、监视居住,应当及时通知被取保候审、监视居住人和有关单位。在侦查权运行实践中,侦查机关在取消刑事强制措施时,一般都会通知被取保候审和监视居住的犯罪嫌疑人;但一般都没有及时通知犯罪嫌疑人的有关单位。第83条规定,公安机关拘留后,除无法通知或者涉嫌危害国家安全犯罪、恐怖活动犯罪通知可能有碍侦查的情形以外,应当在拘留后24小时以内,通知被拘留人的家属。有碍侦查的情形消失以后,应当立即通知被拘留人的家属。但司法实践中,不少侦查人员在对犯罪嫌疑人拘留后没有将拘留通知书送达嫌疑人家属或单位,而且目前这种不正常现象在某些地区已经成为一种常态。据重庆警方内部人士透露,2012年上半年,一名犯罪嫌疑人被刑拘

---

① 宗新:“重庆追诉打黑刑讯逼供案”,资料来源 http://news.163.com/14/0425/14/9QMF703L00014Q4P.html,最后访问日期:2015年10月17日。

后,家属未能收到刑拘通知书,也不知道人关在何处。①

(五)缺侦查见证人

《刑事诉讼法》第131条规定:“勘验、检查的情况应当写成笔录,由参加勘验、检查的人和见证人签名或者盖章。”第137条规定:“在搜查的时候,应当有被搜查人或者他的家属,邻居或者其他见证人在场。”第138条规定:“搜查的情况应当写成笔录,由侦查人员和被搜查人或者他的家属,邻居或者其他见证人签名或者盖章。如果被搜查人或者他的家属在逃或者拒绝签名、盖章,应当在笔录上注明。”第140条规定:“对查封、扣押的财物、文件,应当会同在场见证人和被查封、扣押财物、文件持有人查点清楚,当场开列清单一式二份,由侦查人员、见证人和持有人签名或者盖章。”法律的这些规定非常明确,但遗憾的是,在一些刑事案件的勘验、检查、搜查笔录或查封、扣押的清单中,没有见证人的签名或盖章。这一不当行为在很大程度上降低了侦查活动的客观性和公正性,使案件侦查过程中的证据基础非常不坚实。

(六)证据保管不善

物证、书证保管不严的问题。一些侦查人员在办理刑事案件过程中,由于缺乏严谨的工作态度,出现将一些重要的扣押物品、文件遗失的情况,有的甚至是关键性的物证丢失,而后只得通过书写说明的方式弥补。例如,2009年爆出的河南省汝南县公安局刑侦人员丢失证据案可为典型:1994年年初,河南省驻马店市汝南县罗店乡六合村56岁的陈甲、52岁的陈乙兄弟被杀死在村内的大路上。经侦查,汝南县公安局将嫌疑人锁定为同村的韩甲、韩乙、韩丙、米某、韩丁5人。但5人在案发后全部外逃。2009年6月下旬潜逃多年的米某被抓获。当月24日,米某涉嫌故意杀人罪,被刑事拘留。在汝南县公安局报捕的过程中,汝南县检察院发现送来的不是陈甲、陈乙被害案的原始

① 刘长、雷磊、贺涛、张宝丹:“重庆警界低调纠偏告别黑打”,载《南方周末》2012年12月13日,资料来源http://www.infzm.com/content/83853,最后访问日期:2015年10月18日。

案卷。经查,汝南县公安局在侦查期间形成的原始案卷,证人证言、现场勘验检查笔录、尸检报告,甚至包括物证等全部丢失。由此,造成"现场情况、尸体伤口形状等一系列问题都没法认证"。[①] 在2014年爆出的内蒙古呼格吉勒图冤案新闻报道中,呼和浩特市公安局一退休高层官员、赵志红案专案组组长表示:2005年背负10条人命、作案27起的赵志红被抓后,主动供称对1996年4月9日强奸杀人案件负责。但4·9案已于1996年案发当年结案,主犯呼格吉勒图也于当年被执行死刑。在以后的多次重审过程中,诸多证据中并无警方提取的受害者体内的凶手所留精斑,警方并没有将呼格吉勒图的精斑与受害人体内的精斑进行对比,原本保留在公安局的真凶赵志红的精斑样本又莫名丢失。[②]

(七)期间计算随意

一是在一些犯罪嫌疑人被拘留的案件中,侦查机关为了获得更多的办案时间,将一些普通刑事案件按照重大、复杂案件,流窜作案、结伙作案、多次作案处理,擅自延长羁押期限。《刑事诉讼法》第89条规定:"公安机关对被拘留的人,认为需要逮捕的,应当在拘留后的三日以内,提请人民检察院审查批准。在特殊情况下,提请审查批准的时间可以延长一日至四日。对于流窜作案、多次作案、结伙作案的重大嫌疑分子,提请审查批准的时间可以延长至三十日。"但是在一些实务部门,对刑事拘留时间延长至7日的没有进行控制,凡是要求延长到30日的请求绝大多数能得到批准。更有甚者,公安机关在刑事拘留的同时就已经办理好了延长至7日的手续,大量案件并非"流窜作案、多次作案、结伙作案"的重大嫌疑人,根本不符合延长至30日的条件,而公安

① "公安局丢失命案证据,检察院只得'降格起诉'",资料来源 http://news.163.com/10/1102/06/6KFEJKHU00014AED.html,最后访问日期:2015年10月18日。

② "内蒙古呼格吉勒图案:18年前关键证据莫名丢失原办案人员多升迁要职",载《兰州晨报》2014年11月5日,第9版。

机关均以各种理由将拘留时间延长至30日。①

二是犯罪嫌疑人被拘留的案件,由于各种原因往往是在报捕期限到了之后的一两天再报请批准逮捕,侦查机关和检察机关协商把受案时间提前,表面上看,这种情况只是侦查机关占用了检察机关的审查批捕时间,但实质上是一种拘留期限的超期。

三、违法越位行使侦查权

在侦查实践中,越位行使侦查权指的是:本应由公安机关、人民检察院等侦查权主体行使的调查刑事案件的特定职权,被其他机关或个人违法侵越。主要表现为以下几个方面。

(一)无权者违法越位

其他机关或个人行使侦查权,无侦查职权的单位或个人行使本应由侦查权主体所为之各项具体侦查行为。主要表现为:

一是普通公民针对刑事案件进行调查,并采取了可能侵害他人隐私、财产权等强制力度较大的类似侦查行为。如不少行为过激的见义勇为的公民或"私人侦探"调查刑事案件的行为即为此属。私人侦探跟踪、偷拍之类的行为很可能侵犯他人的隐私权,获取证据的手段不合法,私人侦探的类侦查行为势必带来不诚信乃至多种纠纷,甚至违法犯罪。② 经常有报道称某公民"卧底"传销集团等犯罪分子中,调查该犯罪案件,并与警方联手摧毁犯罪集团。该公民没有侦查人员的身份,他所进行的调查刑事案件的行为,伴随着他自

---

① 在一些学者的实证调查中,该问题非常突出。如江西省宜春市公安机关2004年延长至30日的案件有663件,其中三类案件有450件,两者差额213件,延长至30日的案件总数32.13%的非三类案件被不当延长。2005年1~8月延长至30日的案件有396件,其中三类案件277件,仍有119件,占延长至30日案件总数的30.5%的非三类案件被不当延长至30日。参见谢小剑著:《边缘化刑事程序研究——被理论忽视的司法实践》,中国检察出版社2010年版,第132页。

② 金泽刚:"私人侦探阳光化绕不开三个'关系'",载《检察日报》2015年3月17日,第3版。

己深陷犯罪组织的不当行为，很难将之称为警方的“卧底侦查”。知名自由作家慕容雪村也曾在犯罪团伙“卧底”：2009年12月29日，慕容雪村启程去江西上饶，他以一个身家百万“老板”身份，潜伏在地下传销世界。2010年1月22日，慕容雪村逃离传销窝点，凭借翔实的举报材料，协助江西上饶警方端掉了23个传销窝点，抓获传销人员157人。① 公民的见义勇为当然需要鼓励，这样的准侦查行为的风险也显而易见，很难划清他的这种行为与真正犯罪行为的界限，也难保自身不踏入犯罪的泥沼。正如他自己所说：“如果时间再长些，把我终日浸泡在谎言之中，所见无非恶人，所闻无非歪理，我会不会变成一个狂热的传销徒？”②在曾经被北京警方查获的20多家私人侦探性质的非法调查公司中，分别存在非法经营、寻衅滋事、诈骗等违法行为，警方也收缴了一批钢珠枪、仿真枪、管制刀具及大量窃听器、针孔密拍机等警用侦查器材。据警方介绍，“私家侦探的调查手段，不外乎有五种形式。一是信号追踪，利用一些高科技设备，捕捉、监测手机信号，或在车内暗置贴车跟踪器等设备；二是窃取通话记录，借助手机卡解码器等装置，更改手机卡密码，直接到电信营业厅调取通话记录；三是监听，通过鸟鸣器等简单装置，窃听通话内容；四是安装针孔摄像头等警用设备跟踪密拍；五是从电信等部门的内部人员处购买个人信息资料。这五种调查手段几乎全部涉嫌犯罪，而涉嫌犯罪的罪名也各不相同。”③

二是普通公民参与侦查人员的侦查行为，并违法行使了本应属于侦查权力主体的侦查行为。2014年哈尔滨市爆出一起刑讯逼供丑闻。根据哈尔滨市道外区人民法院的判决书，道外区公安分局刑侦一大队政委吴某、侦查员张某等警员，指使程某、潘某、李某、李某4名社会人员对犯罪嫌疑人翟某、梁

① 慕容雪村：“慕容雪村卧底传销23天之一”，载《南都周刊》2010年第14期。

② 同上。

③ 李铁柱、池海波：“私家侦探违法乱象：敲诈当事双方，靠打手搜集情报”，载《北京青年报》2014年08月28日。资料来源 http://www.chinanews.com/fz/2014/08-28/6537832.shtml，最后访问日期：2015年10月20日。

某、王某、李某、张某等其余7人实施刑讯逼供的犯罪事实,手段都是灌芥末油、手摇电话电击等,并且这7次刑讯逼供都发生在了2013年3月这1个月内。①

(二)有权者过期越位

侦查人员超越自身的权限和期间行使本不属于自身的权力,违背了法律法规。主要表现为超时行使法定权利,也就是一些特殊权利只能在特定时间段内行使,该段时间结束后不能继续行使。刑事诉讼法为诸多侦查权力行为规定了严格的程序期间,仅以拘留为例,《刑事诉讼法》第83条规定:“拘留后,应当立即将被拘留人送看守所羁押,至迟不得超过二十四小时。除无法通知或者涉嫌危害国家安全犯罪、恐怖活动犯罪通知可能有碍侦查的情形以外,应当在拘留后二十四小时以内,通知被拘留人的家属。有碍侦查的情形消失以后,应当立即通知被拘留人的家属。”第84条规定:“公安机关对被拘留的人,应当在拘留后的二十四小时以内进行讯问。”第89条规定:“公安机关对被拘留的人,认为需要逮捕的,应当在拘留后三日以内,提请人民检察院批准。在特殊情况下,提请批准的时间可以延长一至四日。对于流窜作案、多次作案、结伙作案的重大嫌疑分子,提请审查批准的时间可以延长至三十日。人民检察院应当自接到公安机关提请批准逮捕书的七日以内,作出批准逮捕或者不批准逮捕的决定。”据此,可以看到在侦查权力运作过程中,拘留的一般最长期限为10天,包括提请逮捕的3天时间和人民检察院批准逮捕的7天时间。特殊情况下,拘留的最长期限为14天,即提请逮捕的时间被延长1至4天,加上人民检察院审查批准逮捕的7天。“特殊情况”是指案件比较复杂或者交通不便的边远地区,调查取证困难等情况。拘留的最长期限为37天,即对于流窜作案、多次作案、结伙作案的重大嫌疑分子,提请逮捕的时间

① “4名特情人员逼供致人死亡警方火化尸体销毁证据”,资料来源http://news.163.com/14/0911/13/A5S7ECPC00011229.html,最后访问日期:2014年9月11日。

延长至30天，加上人民检察院7天的审查批准逮捕时间。“流窜作案”是指跨市、县管辖范围连续作案，或者在居住地作案后逃跑到外省、市、县继续作案。“多次作案”是指3次以上作案。“结伙作案”是指2人以上共同作案。侦查机关可以对犯罪嫌疑人拘留10至14天，针对三类比较特别的案件，羁押期限竟可以达到37天之久。事实上，逮捕后的侦查羁押期间法律限制得更为严格。《刑事诉讼法》规定：“对犯罪嫌疑人逮捕后的侦查羁押期限不得超过两个月。”案情复杂、期限届满不能终结的案件，可以报经上一级人民检察院批准延长1个月。对于交通十分不便的边远地区的重大复杂案件，重要的犯罪集团案件，流窜作案的重大复杂案件，由于犯罪涉及面广、取证困难的重大复杂案件，在上述期限内不能侦查终结的，经省、自治区、直辖市人民检察院批准或者决定，可以再延长2个月。对犯罪嫌疑人可能判处10年有期徒刑以上刑罚，经省、自治区、直辖市人民检察院批准或者决定，可以再延长2个月。因为特殊原因，在较长时间内不宜交付审判的特别重大复杂案件，由最高人民检察院报请全国人民代表大会常务委员会批准延期审理。由此可见，逮捕后的侦查羁押期限自然而然可以延长至7个月之久，因为特殊原因在较长时间内不宜交付审判的特别重大复杂案件，由最高人民检察院报请全国人大常委会批准延长羁押期限。

但遗憾的是，由于侦查权运作的环境极为复杂，犯罪行为人的反侦查行为也极为复杂，侦查人员往往倾向于将已经捕获的犯罪嫌疑人置于自己的完全控制下，而对她们而言最好的办法就是暂时性的完全限制其人身自由——羁押。进入到媒体以及大众视野中的侦查羁押权超期越位的个案也不在少数，侦查人员越出法定期限上限，对犯罪嫌疑人进行非法拘禁，既严重侵害了犯罪嫌疑人的自由权，也严重影响了社会公众对侦查权的信任。最典型的案例莫过于“谢洪武超期羁押案”，谢洪武是广西玉林市兴业县高峰乡农民。1974年6月24日他被公安部门以私藏反动传单为由送入看守所。在之后的28年里，公、检、法三家谁也不知道谢洪武犯了什么罪。据调查卷宗显示，除了一张1974年6月由当时县公安局长签发的拘留证外，谢案并无他物。1996年检察机关在调查《刑事诉讼法》落实情况时发现谢洪武的冤情，后经6年查证，终将这一"四无案"(无卷宗、无判决、无罪名、无期限)事实查清。[①] 2003年灵宝市检察院在依法监督犯罪嫌疑人建某被超期羁押一案中，发现该市阳店镇派出所所长李某、民警郭某在建某不被检察机关批准逮捕、亦未被劳教委批准劳教的情况下，不依照检察机关不批准逮捕的决定及时释放犯罪嫌疑人。在检察机关发出纠正违法通知书后，李、郭二人仍坚持错误意见，致使建某被非法羁押3个月。2003年7月河南省灵宝市检察院以涉嫌非法拘禁罪对灵宝市公安局阳店派出所民警郭某提起公诉，还对同案涉嫌非法拘禁罪的该派出所所长李某依法作出不起诉决定。[②]

但在侦查权运作实践中，侦查羁押期间的上限频频被突破。据最高人民检察院数据显示，侦查、起诉、审判各环节新发生的超期羁押从2003年的24921人次下降至2007年的85人次。自2013年3月以来在政法机关清理纠正久押不决案件专项活动中，截至2013年4月30日，全国羁押3年以上的久押不决案件共计1845件4459人。[③] 如果再加上那些逐年累积下来未能及时清理的个案，超期羁押人数极为可怖。以至于2015年8月4日，最高人民检察院公布《人民检察院刑事执行检察部门预防和纠正超期羁押和久押不决案件工作规定》(试行)规定："超期羁押超过三个月和羁押期限超过五年的久押不决案件，将由省级检察院刑事执行检察部门负责督办；超期羁押超过六个月和羁押期限超过八年的久押不决案件，将由最高人民检察院刑事执行检察部门直接督办"。

---

① 检察日报社："案例一：谢洪武：非法超期羁押'第一人'？"，载《检察日报》2008年7月25日。

② 袁正兵："检察机关首次对超期羁押案件责任人追究刑事责任"，资料来源http://www.chinanews.com/n/2003-07-17/26/325326.html，最后访问日期：2015年10月18日。

③ 郭洪平、徐盈雁："最高检：预防纠正超期羁押和久押不决"，载《检察日报》2015年8月5日，第3版。

四、滥用侦查权履行不端

侦查人员滥用侦查权为非作歹，指的是侦查人员不是为了维护公共安全、维持社会秩序而行使职权，或者在权力范围内行使权力，而是滥用职权，不符合法律赋予其权力的目的。可总结为以下几种：受支配于不正当的目的和动机而使执法行为与法定的利益和目的相背离；不合法的考虑而影响行为结果的准确性；强人所难，违背执法客观性；任意无常，背离执法的平等性和统一性；不正当的不作为和延迟。在侦查权力运作过程中，具体表现为：

（一）滥用侦查启动权力

在刑事司法实践中，存在侦查人员利用手中的侦查权力，随意立案侦查，以侦查权打压调查对象，介入民商事经济纠纷，这一点在经济犯罪侦查领域体现得特别严重。自 1999 年经济犯罪侦查机关组建以来，公安机关经济犯罪侦查部门专事侦查我国刑法中“破坏社会主义市场经济秩序罪”所规定的各类经济犯罪，有力地打击了中国经济犯罪，维护了社会主义市场经济秩序。与此同时，由于公安部门所侦查管辖的经济犯罪与民商事纠纷密切相关，有时界限难明，难免在立案过程中存在一些失误。所以，立法者以及司法机关高度关注经济犯罪侦查权力的合法自律问题，三令五申经侦部门不得随意插手民商事经济纠纷，要慎重启动侦查权。在上海等一些地方的经侦部门中，甚至通过内部规定要求经侦案件立案前必须进行仔细的初查，力争达到“有犯罪事实存在，需要追究刑事责任”的标准。①

但不可忽视的是：有不少负责经济犯罪侦查的公安民警缺乏基本的法治素养，甚至故意混淆犯罪与民商事纠纷，在缺乏有效立案监督和侦查监督的情况下，滥用侦查权力，违法介入民商事纠纷，甚至以刑侦为名帮忙讨债或干预纠纷。侦查人员轻率地启动侦查权，对涉案的犯罪嫌疑人轻率地调查账

---

① 郑荣昌：“经侦乱象，滨州经济纠纷变刑事案件”载《法律与生活》2015 年第 6 期。

户、查封扣押财产、冻结企业流动资金，对当事人造成信用受损、限制出境、经营等不利影响，甚至将企业拖上绝境。这不仅侵害了公民和企业的正当权益，也严重损害了国家司法公信力。①

（二）滥用权力刑讯逼供

我国《刑事诉讼法》第 50 条规定："……侦查人员必须依照法定程序，收集能够证实犯罪嫌疑人、被告人有罪或者无罪、犯罪情节轻重的各种证据。严禁刑讯逼供和以威胁、引诱、欺骗以及其他非法方法收集证据，不得强迫任何人证实自己有罪。必须保证一切与案件有关或者了解案情的公民，有客观地充分地提供证据的条件，除特殊情况外，可以吸收他们协助调查。"第 54 条规定："采用刑讯逼供等非法方法收集的犯罪嫌疑人、被告人供述和采用暴力、威胁等非法方法收集的证人证言、被害人陈述，应当予以排除。"

虽然，法律确认了侦查权力运作不得以牺牲犯罪嫌疑人的程序权利为代价，不得逼取供信。但刑事司法实践中，侦查人员滥用权力刑讯逼供的个案并不鲜见。河南赵作海强奸杀人案被纠正后，6 名警察因刑讯逼供或玩忽职守被起诉，最高获刑 2 年。2005 年纠正的河北李久明故意杀人案，有 7 名警察被起诉并被认定犯有刑讯逼供罪。2010 年纠正河南张振风强奸杀人案后，1 名警察因隐匿证据、玩忽职守获刑 3 年。②

即使是精通侦查全运作规则的警察，一旦沦为侦查对象时，也难免不遭遇刑讯逼供。2000 年被公众周知的云南杜培武冤案即刑讯逼供的产物，1998 年 4 月 20 日昆明市公安局通信处民警王甲与昆明市路南县原公安局副局长王乙被枪杀在车上。昆明市公安局决定成立"4・22"专案组，由当时的昆明市公安局刑侦支队政委秦某、刑侦三大队大队长宁某具体负责侦破工作。被

---

① "经侦乱象该治治了"，载《人民日报》2015 年 2 月 11 日，第 18 版。

② "冤案追责率不到三成，多指向刑讯逼供"，资料来源 http://news.163.com/14/0416/02/9PTVQ6EE00014Q4P.html#from = relevant#xwwzy_35_bottomnewskwd，最后访问日期：2014 年 5 月 14 日。

害人王甲的丈夫、昆明市公安局戒毒所民警杜培武被昆明市公安局直属分局以涉嫌故意杀人刑事拘留。在昆明市公安局刑侦三大队办公室，被告人秦某、宁某采用连续审讯、拳打脚踢或指使、纵容办案人员对杜培武拳打脚踢，并用手铐将杜吊挂在防盗门、窗上，然后反复抽垫凳子或拉拴在脚上的绳子，让其双脚悬空全身重量落在被铐的双手上。杜培武后被判处死缓。因2000年时杀人真凶浮出水面而被无罪释放。[①] 自2014年4月起，重庆打黑期间警察涉嫌刑讯逼供、故意伤害的案件相继被公诸于众，王立军主政下的重庆市公安局曾掀起长达3年多的"打黑风暴"，在王立军叛逃美领馆后，重庆打黑过程中的违法违规甚至犯罪的问题逐渐浮出水面。"所有重庆涉黑的案子，当时一、二审的时候，几乎每个人都提到刑讯逼供，但是法院没有在(任何)一起判决当中确认存在刑讯逼供现象。"[②]2013年10月重庆市公安局沙坪坝分局陈家桥派出所所长吴某被检方带走后刑事拘留。吴某涉嫌对警察王某多次刑讯逼供，致其锁骨断裂。[③] 2010年4月17日时任九龙坡区公安分局文保科副科长忻某，被"091专案组"带走。4名自称是重庆市公安局专案组的便衣男子，未出示任何证件，即宣布对忻某实施"双指"，在重庆市大竹林的打黑基地"碧湖山庄"，被铐在铁制的审讯椅上，9天9夜不让睡觉。专案组人员要求其检举重庆政法系统历届多位领导的"违法违纪问题"。2011年3月21日，在被关押339天后，专案组未能找到忻某的违法事实，只得将其释放。[④]

(三)滥用侦查裁量权限

在侦查权运作过程中，由于侦查活动的应变性，加之侦查对象的特殊性，

---

① "公正驱散阳光下的阴影——杜培武错案纠正纪实"，资料来源 http://news.china.com/zh_cn/law/1008/20001027/7626.html，最后访问日期：2015年10月18日。

② 刘长："重庆追诉首批打黑刑讯逼供案——焦点：警察个人承担多大责任"，载《南方周末》，2014年4月24日。资料来源 http://www.infzm.com/content/100105，最后访问日期：2015年10月18日。

③ 同上。

④ 刘长、雷磊、贺涛、张宝丹："重庆警界低调纠偏告别黑打"，载《南方周末》2012年12月13日，资料来源 http://www.infzm.com/content/83853，最后访问日期：2015年10月18日。

侦查人员经常使用威胁、引诱、欺骗等侦查谋略。如在侦查讯问中利用同案犯的供述来威胁被讯问者,用坦白从宽来引诱犯罪嫌疑人,用“隐真”的展示证据策略来打开侦查局面,在毒品犯罪侦查中使用卧底侦查,使用机会提供型的诱惑侦查,这些都无可厚非。

但是一些侦查人员无视法律强行性规定,滥用侦查裁量的权力,表现得最为突出的就是在侦讯过程中对犯罪嫌疑人进行诱供、骗供:一是以利益为诱饵,促使侦查对象做出有利于侦查的行为或供述,或是以金钱、毒品等利诱之,或是非法许诺或“开空头支票”,引诱人犯招供;二是侦查人员隐瞒目的或隐瞒身份进行侦查,通过虚构事实和证据使犯罪嫌疑人陷入错误认识,造成侦查对象在不知情的情况下作出不真实、非自愿的意思表示。这些引诱或欺骗,造成司法诚信败坏的恶果。

如在2014年爆出的内蒙古呼和浩特市呼格吉勒图冤案新闻报道中,呼市检察院检察官刘某和彭某于1996年5月7日晚上9时20分所作的一份讯问笔录曝光,在该讯问笔录中,呼格吉勒图表示:“今天我说的全是实话,最开始在公安局讲的也是实话……后来,公安局的人非要让我按照他们的话说,还不让我解手……他们说只要我说了是我杀了人,就可以让我去尿尿……他们还说那个女子其实没有死,说了就可以把我立刻放回家……”①

2014年判决的湖南郴州市公安局禁毒支队侦查员王某、余某涉嫌徇私枉法罪一案,二人被指控通过诱供等方式为毒贩开脱。2009年7月19日被告人王某(时任郴州市公安局禁毒支队三大队侦查员)、被告人余某(时任郴州市公安局禁毒支队二大队侦查员)协助原郴州市公安局禁毒支队三大队大队长黄甲查处曹某、邓某贩卖毒品的犯罪事实时,王某得知邓某系其朋友的朋友,找到余某“帮忙”,利用职务之便试图为毒贩开脱。王某在讯问曹某时,采

---

① “内蒙古呼格吉勒图案:18年前关键证据莫名丢失原办案人员多升迁要职”,载《兰州晨报》2014年11月5日,第9版。

取诱供等方式，暗示曹某非法持有毒品罪比贩卖毒品罪轻，诱导曹某否认之前向黄甲所作"贩卖毒品"及"替邓某贩卖毒品"的供述。王某根据曹某的新供述将邓某从"物品持有人"更改为"见证人"，以达到替其开脱的目的。被告人余某则在讯问邓某时，故意将邓某之前供述的曹某向其贩卖毒品的情节隐瞒。之后，王某、余某在与黄甲商量处理意见时，提出对曹某以非法贩卖毒品罪立案刑拘，对邓某以吸毒人员采取强制戒毒，并不顾黄甲反对，向原郴州市公安局禁毒支队副支队长黄乙请示并征得同意。最后，王某、余某办理曹、邓二人的卷宗时，用重新制作的笔录、清单替换了之前卷宗。①

（四）利用权力徇私枉法

刑警利用侦查权帮助罪犯逃脱法网的丑闻也并不鲜见。中国警界高层官员公安部原部长助理、经侦局局长郑某，副局长相某，上海市公安局原副局长朱某利用手中的侦查权力徇私枉法，为他人谋取不乏利益。2010 年 5 月 18 日，"问题首富"黄光裕案一审宣判，黄光裕系列案殃及公安经侦者众多，如原公安部部长助理、经侦局局长郑某，原公安部经侦局副局长兼北京直属总队总队长相某，原公安部经侦局直属上海总队总队长、反洗钱处处长吴某，原上海市公安局分管经侦的副局长朱某，原北京市公安局经济犯罪侦查处四大队副大队长靳某等。② 作为该案首位受审的官员，相某于 3 月 22 日在北京市二中院到庭受审，被指控涉嫌受贿 660 余万元。③ 陕西省西安市中级人民法院于 2010 年 8 月 24 日对公安部原部长助理、经济犯罪侦查局原局长郑某受贿一案作出一审判决，认定郑某犯受贿罪，判处死刑，缓期 2 年执行，剥夺政治权

① 湖南省资兴市人民法院："郴州市公安局禁毒支队原侦查员王斌、余菁徇私枉法案一审宣判"，资料来源 http://zxsfy. chinacourt. org/public/detail. php? id = 1209，最后访问日期：2015 年 10 月 18 日。

② 张家港市人民法院："相怀珠经侦弊案"，资料来源 http://www. zjgfy. gov. cn/Article/Show-Article. asp? ArticleID = 8377，最后访问日期：2015 年 10 月 18 日。

③ 资料来源 http://news. xinhuanet. com/politics/2010 - 07/23/c_12367025. htm，最后访问日期：2015 年 10 月 18 日。

利终身,没收个人全部财产。经审理查明,2001～2007年10月,被告人郑某利用其担任广东省公安厅副厅长、公安部部长助理兼经济犯罪侦查局局长的职务便利,为他人在案件查处等方面谋取利益,索取、收受他人款物共计折合人民币826万余元。案发后,赃款赃物已全部退缴。因郑某案件的牵连,上海市公安局前副局长朱某,因涉嫌收受国美集团前主席黄光裕贿赂,也被逮捕归案,涉案款额高达2000万元。① 2012年8月20日合肥市中级人民法院对重庆市公安局原副局长郭某等4人徇私枉法案作出一审判决。法院认定,被告人郭某等办理尼尔·伍德死亡案件过程中,明知薄谷开来有重大作案嫌疑,为使薄谷开来不受追诉,伪造、隐匿、毁灭证据,引导死者亲属作出不解剖尸体的决定,均已构成徇私枉法罪。②

在中国现实的社会生活中,居然存在手握侦查大权的相关人员利用这种特殊公权力,滥用技术侦查等手段,将之用于实现其不可告人的非法目的。据2015年10月12日的《湖南日报》报道:湖南岳阳市公安局经济犯罪侦查支队民警顾某因一名女性拒绝与其继续交往,便用技术侦查手段定位该女子,并进行跟踪殴打,挟持其逃离现场,继续殴打并非法拘禁该女子长达6个多小时。其间,顾某企图强奸未遂。③

第二节 侦查启动权的异化——以立案考核不当为中心

一、绩效考核与侦查管理

为适应社会发展、提高管理能力,现代政府部门普遍建立起了绩效管理

① 新华网:"郑少东被判死缓",资料来源 http://news.iqilu.com/china/gedi/2010/0825/308255.shtml,最后访问日期:2015年10月18日。

② "重庆打黑英雄今何在",资料来源 http://news.163.com/special/cqdahei/,最后访问日期:2014年5月14日。

③ 顾怡:"有权的小人更可怕",载《南方周末》2015年10月15日第A2版。

机制,运用各项指标对公职人员进行考核。尽管侦查权的本质属于司法权还是行政权仍存在争议,但仅就侦查主体的组织形式来看,其无疑属于科层制的行政管理体制。"科层制试图以一系列细化的规则和量化的指标规范组织成员的行动",[①]在公安机关的日常工作中,同样存在为数众多的绩效考核项目,其中就包括对侦查工作的考核。同其他领域的绩效考核一样,侦查绩效考核对于提高办案效率、锻炼侦查队伍、打破平均主义等方面确实具有一定的积极作用。

从考核的方式来看,由于逐案考核既不现实也不必要,通常采用以"数"和"率"为计算因子的量化标准,如立案数、破案率、拘留转捕率等,以此将考核结果直观地呈现在组织管理者和一线侦查人员面前。然而,形式单一的考核指标、高度浓缩的考核结果是否反映了客观实际,对于侦查主体的良性发展是否具有促进作用,这些都是存在疑问的。例如,在一些侵财类犯罪和经济犯罪中,案值的大小与破案难易程度、侦查人员的能力及工作量并不必然成正比例关系。案值大、领导关注的案件可以使侦查员动用较多的侦查资源,帮助其在较短时间内完成侦查任务。相反,一些小案子或许更能考验侦查员独立办案的能力。

应当认识到,量化的绩效考核方式并不针对职务行为的具体过程,尤其对于侦查工作而言,每一起案件都有不同的特点,有不同的侦破途径可供选择。对于"数"和"率"的追求,使侦查人员着眼于破案率的提高而不顾有些案件讲究的是"适时破案",着眼于拘留逮捕数的提高而不顾是否具有羁押必要性,着眼于尽快消化案件而不顾发现隐案降低犯罪黑数的职责,着眼于用足侦查措施以尽快破案而不顾比例原则。因此,现行的考核方式仅仅起到鼓励侦查人员追求"低投入、高产出"的效果,不能激发侦查人员通过侦办案件实现程序正义的动力,而只能以追求有利的考核结果作为侦查活动的目标。

---

① 郭晶:"'科层制'司法与法律人之异化",载《云南大学学报》(法学版)2013年第4期。

无论是从我国刑事诉讼法的体例设置,还是在实践中侦查权启动形式的考量,立案环节都处于独立且重要的位置。正因为如此,在侦查工作考核的各项指标中,首当其冲的就是立案数。在侦查机关的内宣材料以及公开的新闻报道中,立案数始终是绕不开的话题。立案数据既是一个地区一段时间内治安形势的反映,又是侦查组织乃至具体侦查人员工作量的反映,还是侦查机关发现犯罪、控制犯罪能力的反映。在我国特定的考核体系语境下,立案数字从来不是被孤立地看待的,立案与否是侦查主体对已发生事件性质的主观判断,将其往前追溯与受理违法犯罪线索的数量相比可以得出成案率的指标,同时立案作为刑事诉讼的起点,向后延伸则影响刑事拘留数、拘留转捕率、起诉率、有罪判决率等指标,上述各项指标的完成情况与侦查人员的晋升与福利则密切相关。

值得一提的是,除了以上列举的以“求高”为目标的考核指标,还有一项以“求低”为目标的撤案数(率)指标,将撤销案件数作为扣分项目予以统计。控制撤案数其本意是为了防止“错误立案”,错误的使用侦查资源,从而对公民的各项权利予以不当限制或剥夺。然而侦查是一个从已知到未知、从知少到知多的渐进式认识过程,侦查机关受理案件后,认为存在犯罪事实且需追究刑事责任,故而作出立案决定,经过侦查发现不存在犯罪事实或者不应当追究刑事责任,故而撤销案件,这一过程实属正常,通过撤销案件来保障无罪的人不受刑事追究,也是刑事诉讼的基本任务。而现行的考核机制则不论立案、撤案之时是否有情势变化,也不论是否对公民权利造成不良影响,一律将撤销案件视为错误立案的结果,其合理性难免不受到质疑。

二、侦查启动权异化表象

立案承载着开启刑事诉讼闸门的作用,通过立案后的侦查、起诉、审判、执行工作,国家的刑罚权得以实现。同时,“立案就像过滤器一样”,[①]及时把不应追究刑事责任的人和事排除出刑事诉讼程序,有效地保障公民的合法权益。立案程序既是侦查权开始行使的标志,也成为实践中制衡侦查权的重要手段。立案程序是否合理运行,关系侦查程序能否正常启动,从始发意义上决定了打击犯罪与保障人权的目的能否顺利实现。

如果说追求数字是绩效考核的先天不足,导致侦查人员将追求有利的考评结果作为侦查活动的目标,那么以下两大“硬伤”的存在,与现行的考评制度结合所产生的“化学反应”,直接造成了立案程序的异化。

其一,立案条件过高。《刑事诉讼法》第110条(原第86条)规定:“人民法院、人民检察院或者公安机关对于报案、控告、举报和自首的材料,应当按照管辖范围,迅速进行审查,认为有犯罪事实需要追究刑事责任的时候,应当立案……”即立案需要满足两个条件:有犯罪事实并且需要追究刑事责任,前者是事实要件,后者是法律要件。只有满足这两个条件,才能够进行侦查活动。然而,侦查是一个渐进的认识过程,侦查的任务就在于查明案情、收集犯罪证据、查获犯罪嫌疑人,在正式实施侦查行为前就要求侦查人员判断是否存在犯罪事实并且是否需要追究刑事责任,这等于是要求先有认识的结果后有认识的行为,显然违反了认识规律。尤其是在一些经济犯罪、职务犯罪中,无证人、无被害人、无可供勘验的犯罪现场,侦查机关在接获犯罪线索后,仅靠一般意义上的书面审查难以判断罪与非罪,必须通过一定的调查手段才能予以甄别。

其二,缺乏退出机制。有学者提出,“我国现行的追诉机制具有一种内在的前冲力,一个普遍的现象是:程序要么不开启,一旦开启就很难停顿,存在向前的惯性”,[②]其突出表现就在于案件分流机制及疑案处理机制的阙如。前

---

① 刘根菊著:《刑事立案论》,中国政法大学出版社1994年版,第14页。

② 姜涛著:《刑事程序分流研究》,人民法院出版社2007年版,第52页。

者以“非犯罪化”或“非刑罚化”的方式来缓解案件数量激增与司法资源有限之间的矛盾,从而使部分轻罪案件当事人及早摆脱讼累;后者对于经过一段时期的侦查仍然无法查明事实的案件予以程序上的中止,从而有效节省司法资源。然而由于缺乏案件分流机制,进入刑事司法程序的案件很少再有机会降格处理;由于缺乏疑案处理机制,久攻不破或者缺乏侦查条件的案件逐渐积压。因此,侦查程序启动后的“消化不良”,倒逼着在做出启动决定之时“有所取舍”。

归纳来说,刑事诉讼法对于立案提出了超出认识规律的要求,而在严格的考核机制下,侦查人员既有侦查破案的内在动力,又要承担破不了案、诉不出去的心理压力。因此,严格的立案程序经常被侦查人员规避。

从法律规定来看,立案是侦查的前置程序,侦查机关在实施侦查行为前,必须经过立案这道门槛,即先立案后侦查。但是在实践中,侦查人员为了避免错误立案后的被动局面,转而将工作重心放在立案前,或者说将立案手续往后推移,通过侦查手段掌握了过硬的材料才正式立案。其具体表现就是背离程序要求,在接获犯罪线索后边侦查边立案,先侦查后立案,在实施侦查行为后制作《立案决定书》,甚至是在案件破获后补办立案手续,倒签立案日期,形成了“不破不立”、“先破后立”的习惯做法,使法律规定的立案程序沦为一道纸面上的手续。由于“立案要求有必需的基本犯罪事实与证据,而获取证据最有效的方式是侦查措施的运用,侦查措施的运用又以立案为前提”,①为了破解这个悖论,突破立案前不得实施侦查行为的限制,公安部、最高人民检察院分别通过制定部门规章和司法解释的形式进行自我授权,对《刑事诉讼法》规定的“立案前审查”进行扩大解释,所形成的“初查”制度更是架空了立案程序。

---

① 李超、胡绍宝:“职务犯罪的立案条件辨析”,载《法治研究》2008年第4期。

三、侦查启动权异化弊病

通常认为,我国的立案制度效仿了苏联的"提起刑事案件"程序。该程序源于1934年4月第一届全苏法院与检察署工作人员会议通过的一个专门决定:"为了消灭无根据地追究犯罪与加强对于此事的监督起见,兹特规定仅只根据相当侦查机关所作的,经检察长核准的附有理由的处分书,才能追究犯罪和开始侦查。"①苏联专家对设计这样一个独立的侦查启动程序的原因解释为:"在苏维埃刑事诉讼中,开始每一个刑事案件时,要制作明确地叙述提起追究刑事责任的文件。与此相反,在资产阶级的诉讼中,却完全没有这种文件,所以资本主义国家的检察机关便有广泛的可能开始并进行刑事案件,因而在正式文件中也就看不出来有提起案件的充分依据。当然,这样一种处理案件的程序,其所带来的一切痛苦,都是压在劳动阶级代表的身上的。"②由此可见,苏联设计的"提起刑事案件"更多的是一种意识形态的对比在立法层面的反映,我国对此制度的借鉴则是由于受到当时特定政治环境的影响,同时此种制度设计也契合了中国传统文化中"师出有名"的心理需求。

然而,这样一种程序设计在侦查实践中非但处于被架空的状态,所产生的异化还带来了相当大的危害。

(一)滥用初查手段

由于初查与侦查的主体同一、目的相同、手段相似,导致两者之间的界限模糊,侦查人员将侦查手段提前到初查阶段使用的现象屡见不鲜,"大量的侦查行为、侦查措施在初查中被使用,初查行为已变成事实上的侦查行为"。③

---

① [苏]拉达索夫·罗吉奥诺夫著:《侦查手册》,王增润译,人民出版社1954年版,第62~63页。笔者认为,该"处分书"其实就类似于我国的立案决定书。

② [苏]蒂里切夫等编著:《苏维埃刑事诉讼法》,张仲麟译,法律出版社1984年版,第204页。

③ 山东省济南市人民检察院检察理论课题组:"论职务犯罪侦查启动程序的构建",载《人民检察》2007年第5期。

这一点突出表现在职务犯罪的初查过程中，侦查部门借用其他部门的名义接触调查对象，以“配合调查”的名义扣留涉案物品，其调取证据的手段和权限突破了《人民检察院刑事诉讼规则》对初查的种种限制，使初查行为与侦查行为无实质上的区别，在初查阶段已经完成了侦查的任务，甚至在立案之时的证据标准已经达到了起诉的标准。

（二）侦查功能被弱化

由于在立案前的初查阶段已经查明了犯罪事实，犯罪嫌疑人已经到案，主要犯罪证据已经获取，甚至达到了侦查终结所要求的“案件事实清楚、证据确实充分”，这使立案后的侦查行为无用武之地，侦查行为对于揭露犯罪、证实犯罪的法律功能被严重削弱，侦查权在实际上处于被虚置的状态。尤其是初查阶段，检察机关自侦部门经常借用纪检、监察机关的“双规”、“两指”手段通过长时间限制被查对象人身自由的方式以达到获取有罪供述的目的，使侦查部门自身独立突破案件的能力大为降低，有些地方的检察机关，甚至不得不长期依靠纪检、监察机关的“喂食”。

（三）嫌疑人权利难保障

在初查阶段被查对象实际上已经成为侦查机关刑事追诉的目标，但是其并不具有犯罪嫌疑人的身份，也就并不享有法律赋予犯罪嫌疑人的各项权利，其在侦查机关强大的攻势面前丧失了基本的抵御能力。尽管在立案后，犯罪嫌疑人的法律地位得以确认，享有获得律师帮助等权利，但此时“大势已去”，有罪证据材料基本坐实。即犯罪嫌疑人最需要获得帮助、行使权利的时候并不享有相关权利，而当享有这些权利的时候为时已晚，形成了权利受限与权利保障的脱节现象。

（四）背离侦查实践

在打击行业性犯罪的专项行动中，由于各涉案对象之间存在关联，需要使用技侦手段对嫌疑人定位以便同时抓捕。同时随着犯罪行为隐蔽化、智能化程度的提高，仅靠外围调查难以获取有价值的材料，而通过技侦手段获取的材料可以为侦办工作指明方向，减少对口供的依赖。新《刑事诉讼法》正式将技术侦查纳入其调整范围，并且将该手段获取的材料赋予了证据能力，可谓是一大进步。然而新法同时明确采取技术侦查手段必须在立案后才能进行，而无论是定位还是秘密获取证据，都属于立案前的准备工作，因此侦查机关往往会借用其他已立案件的名义实施技术侦查。

（五）容易放纵犯罪

过高的立案标准并不能有效阻止公安机关假借侦查权插手经济纠纷，相反这一高标准成了不依法履职的借口。实践中，侦查机关为了避免“立错案”，对报案人、举报人提出不切实际的要求，当报案人、举报人无法提供充分的证据时，“往往以缺乏证据为借口对一些实质上可能构成了犯罪的行为不予立案侦查”。[①] 如此一来，“错误立案”的风险虽在一定程度上被降低，却导致了放纵犯罪的客观后果，形成了犯罪黑数，导致人民群众对侦查机关失去信任感。

第三节　侦查讯问权的异化——以有罪推定为分析对象

一、无罪推定与权利保障

无罪推定是现代刑事诉讼的基本原则之一，也是衡量一个社会司法制度文明与民主程度的重要标尺，该原则要求一个公民在经过正当程序被证明有罪前，在法律上应当被认为是无罪的。诚如贝卡里亚所言，“在法官判决之前，一个人是不能被称为罪犯的。只要还不能断定他已经侵犯了给予他公共保护的契约，社会就不能取消对他的公共保护”。[②] 这种公共保护应该包括一

① 许细燕、张学斌：“论我国侦查程序的启动与法律规制”，载《中国人民公安大学学报》2004年第4期。

② ［意］贝卡里亚著：《论犯罪与刑罚》，黄风译，中国大百科全书出版社1993年版，第31页。

个人在面临刑事指控时,所享有的与其他公民相同的各种权利以及相应的防御性权利。例如,在接受讯问的时候,其身体健康权、休息权受到保障,还应当被告知其参与诉讼的权利义务、享有辩护权、不被强迫自证其罪的权利。

无罪推定原则反对罪刑擅断和刑讯逼供,促使被追诉人从诉讼客体向诉讼主体的地位回归,贯穿刑事诉讼过程的始终。然而,有一种观点认为,该原则不适用于侦查阶段,理由在于侦查是一个提出假说并加以证明的过程,侦查工作就是围绕证明某人有罪展开的,其与无罪推定原则存在着根本性的矛盾。其实,侦查假说和无罪推定是分属于"不同领域、不同层次的不同问题"。[①] 前者是一种认识事物的科学方法,属认识论范畴;后者是一种法律拟制,意在保障被追诉者作为人的基本权利和尊严,属价值论范畴。提出并证实侦查假说并不改变犯罪嫌疑人的法律地位,坚持无罪推定原则也并不影响侦查机关查明案件真相的职责,两者的界限就是侦查人员应当依照法定程序办理案件,不能以无罪推定为理由消极侦查,同时也不能以侦查假说为借口剥夺犯罪嫌疑人的权利。

"侦查假说要成为侦查结论,必须经过严格的验证。"[②]但是,不少实务工作者从权力本位的角度出发,以侦查假说的需要来否定无罪推定的合理要求,导致本应"严格的验证"陷入空转。首先是验证途径单一,习惯于通过长时间控制犯罪嫌疑人并进行讯问的方式来获取有罪供述,难以跳出由供到证的窠臼。其次是验证手段粗暴,遇到犯罪嫌疑人拒绝作出有罪供述,就本能地认为犯罪嫌疑人对抗侦查,遂通过种种法外手段获取有罪供述,直至采取刑讯逼供的方式。最后是验证结果草率,一旦获取有罪供述即视为破案,无视其他可能证明嫌疑人无罪的证据。近年来所暴露出的冤案,无一不是在侦查阶段紧咬住最先出现的嫌疑人不放,不考虑其他可能性,将工作的重心全

① 毛立新:"侦查假说与无罪推定辨析",载《新疆警官高等专科学校学报》2005 年第 3 期。
② 同上。

部放在突破嫌疑人的口供上，继而“以‘有罪’、‘定罪’为中心展开一系列侦查、起诉、审判等带有强烈主观倾向的诉讼行为”。[①]

“在中国权力历来受到膜拜和吹捧。因此，权力否定、限制或削弱权利，成为人们观念中的逻辑必然。尤其在刑事诉讼当中，被追诉人往往被视为人民的‘敌人’……国家集合所有手段，用尽全力对其进行追诉和打击被视为理所当然。”[②]而无罪推定理念的提出恰恰是“将被追诉者权利作为掣肘国家权力的因素来考量”，[③]自然会遭到国家权力行使者的本能抵制。权力的运行遵循效用优化原则，除去权力拥有者为自身谋求不法利益的情形，滥用权力的根本表现就是为了提高效率而漠视权利。具体到侦查过程中，侦查人员通过限制、剥夺犯罪嫌疑人的权利，以达到快速定罪的目的。因此，坚持无罪推定对于保障嫌疑人权利、促进实体和程序公正具有重要意义。

二、有罪推定与讯问异化

讯问是侦查人员与犯罪嫌疑人之间的正面交锋，是侦查对抗中矛盾冲突最激烈的场合，也是有罪推定导致犯罪嫌疑人的权利遭受侵犯的重灾区。尽管我国法律明文禁止刑讯逼供等非法讯问行为，近年来侦查机关也越来越注重实物证据的收集和运用，然而有罪推定思想仍像挥之不去的阴影，阻碍着侦查人员的理性判断，也使《刑事诉讼法》中制衡侦查讯问权力的条款趋于失效。

（一）规避程序要求

其一，借用名义讯问。多数犯罪嫌疑人到案后不会立即承认犯罪事实，侦查人员也普遍反映，在规定的时间内完成讯问和制作笔录难度较大，尤其

---

① 张志英：“论有罪推定思想的具体表现及其转变路经”，载《河南师范大学学报》（哲学社会科学版）2009 年第 3 期。

② 韩阳著：《刑事诉讼的法哲学反思》，中国人民公安大学出版社 2012 年版，第 59 页。

③ 徐阳著：《权力规范与权力技术——刑事诉讼中国家权力配置问题研究》，法律出版社 2010 年版，第 66 页。

是遇到重大复杂案件、结伙作案等情形，拘传（传唤）时限往往显得捉襟见肘。因此，侦查机关在使用《刑事诉讼法》规定的传唤或拘传措施外，还会借用《人民警察法》中规定的盘问、继续盘问的手段控制犯罪嫌疑人进行讯问。

其二，用询问代替讯问。讯问和询问的表现形式都是侦查人员与被问人之间的交流，但前者是将问话对象作为被追诉人以获取有罪供述为目的的，后者则是要求他人提供信息用以证实犯罪。由于我国不存在犯罪嫌疑人的身份确认程序，对象的身份何时从证人变成犯罪嫌疑人，全凭侦查机关单方面决断。实践中侦查机关在掌握证据并不充分的情况下，对嫌疑对象以询问之名行讯问之实，这种避实击虚的办案策略剥夺了犯罪嫌疑人在询问阶段的防御权。

其三，讯问形式化。《刑事诉讼法》规定，公安机关对于被拘留以及被批准逮捕的人，应当在拘留、逮捕后的24小时以内进行讯问。在发现不应当拘留或逮捕的时候，必须立即释放。之所以作出这样的规定，是为了及时发现错误拘留、错误逮捕的情形，体现了慎用强制措施的立法指导思想。然而在实践中，侦查人员在讯问时往往只是对犯罪嫌疑人宣布拘留、逮捕决定而不触及具体犯罪事实，或者是将先前关于犯罪事实的笔录进行简单的复制粘贴，形成了"为讯问而讯问"的习惯做法。

（二）获取有罪供述

《刑事诉讼法》规定，"审判人员、检察人员、侦查人员必须依照法定程序，收集能够证实犯罪嫌疑人、被告人有罪或者无罪、犯罪情节轻重的各种证据"。但事实上，侦查人员由于角色定位而产生的强烈追诉倾向，普遍存在嫌疑对象即作案人的确证偏见，[①]将讯问仅仅视为获取有罪供述的工具。

其一，侵犯自由陈述权。犯罪嫌疑人出于趋利避害的心理，会对自己的

① 确证偏见：对有待论证的观点（假说）存在轻信或者偏执的信任，对自己的论点只满足于确证，而不反思它可能是错的，也拒绝承认别的可能性解释。参见张成敏著：《案史：西方经典与逻辑》，中国检察出版社2002年版，第279页。

行为作出一定的辩解。既然《刑事诉讼法》将犯罪嫌疑人的供述和辩解同样视作法定证据，又对侦查人员科以收集有罪和无罪、犯罪情节轻重的各种证据的义务，那么犯罪嫌疑人的辩解理当被如实记录在案。但是侦查人员往往热衷于记录有罪供述，对无罪或者罪轻的辩解作淡化处理或者直接回避，对犯罪嫌疑人提出的记录罪轻情节的要求以“下次再说”、“法庭上会给你机会说的”为由进行推诿搪塞。《刑事诉讼法》第118条(原第93条)规定：“侦查人员在讯问犯罪嫌疑人的时候，应当首先讯问犯罪嫌疑人是否有犯罪行为，让他陈述有罪的情节或者无罪的辩解，然后向他提出问题。”之所以作出这样的规定，就是为了保障犯罪嫌疑人享有自由陈述的权利。然而在侦查人员制作的第一次讯问笔录中，多以“你是否知道为何找你到公安机关来吗”这种预设有罪的提问方式作为开始。

其二，笔录不能反映整个讯问过程。通常情况下一场完整的讯问要经历试探摸底、对抗相持、动摇反复、交罪供述四个阶段。犯罪嫌疑人被带至讯问场所后，先是由侦查人员进行一番“政策攻心”、“思想教育”，犯罪嫌疑人在心理防线被攻破后，才会初步承认犯罪事实。此时，侦查人员开始正式制作笔录，详细记录犯罪的起因、动机、经过、手段、同案犯等情况。因此，呈现在检察官、法官面前的讯问笔录是经过“过滤”的，难以反映犯罪嫌疑人到案当时的认罪态度，更重要的是体现不出侦查人员在“政策教育”阶段是否存在违法行为。

(三)非法获取供信

《刑事诉讼法》规定，“严禁刑讯逼供和以威胁、引诱、欺骗以及其他非法的方法收集证据”。然而，当通过正当途径难以获取犯罪嫌疑人的有罪供述时，种种非法取供行为便可能产生，其中刑讯逼供是侦查人员违法实施侦查行为的极端表现。近年来，出于遏制刑讯逼供、保护侦查人员的需要，看守所的提讯室逐步实行了物理隔离的改造，越来越多的提讯室中安装了栅栏将犯罪嫌疑人与侦查人员隔离开来，因此，在提讯室内发生的刑讯逼供已经大为减少。但是,犯罪嫌疑人到案后的第一次讯问通常是在侦查机关进行的,送看守所前仍然存在刑讯逼供的现实空间。"与其烈日下为证据疲于奔命,毋宁于树荫下撒红椒于嫌疑犯之双目"的想法在一线侦查人员中仍占有一定市场。

随着国家对刑讯逼供的治理力度的加大,尤其是已经暴露出的杜培武、佘祥林、赵作海等冤案的发生,都与刑讯逼供存在直接关系,社会舆论对刑讯逼供的关注度也是空前集中。而且,随着人身检查制度的日渐完善,留下明显伤痕的刑讯逼供已不多见。但是,通过威胁、引诱、欺骗等方式获取口供的行为逐渐取代了刑讯逼供,有的侦查人员以采取羁押性强制措施(刑事拘留)进行威胁,利用犯罪嫌疑人对失去人身自由的恐惧(而不是利用扎实的证据)迫使其招供。有的侦查人员为了方便办案,干脆对犯罪嫌疑人进行指供、诱供,导致在庭审阶段证据体系被推翻。有的侦查人员为了在报捕前获取有罪供述,对犯罪嫌疑人许诺招供就可办取保候审,结果在批捕后犯罪嫌疑人因感觉被骗而产生抗拒情绪,导致下一步的侦查工作受阻。由于威胁、引诱、欺骗的行为方式更为隐蔽,犯罪嫌疑人作出有罪供述的"自愿性"相对增强,治理难度也更大。

三、侦查讯问权异化成因

(一)侦查讯问科技含量较低

我国现阶段社会治理水平相对低下,导致"证据的客观化生成机制不足",①案件的现场勘查率、痕迹提取率不高,发现、提取、运用物证的能力有待加强。与之对应,讯问"具有获得侦查'线索'与证据'链条'这些优于其他证据的特殊功能",②不少侦查人员习惯将侦破案件的希望寄托在讯问上,试图

① 刘方权著:《侦查程序实证研究》,中国检察出版社2010年版,第15页。

② 郭华:"侦查讯问权的正当性及其制约机制",载《中国刑事法杂志》2011年第1期。

毕其功于一役通过讯问来获取其他定案证据。而且客观来说，部分案件的特点决定了口供是最重要甚至是唯一的证据，如在"一对一"贿赂案件中，行、受贿双方作案通常挑选隐蔽处所或者是支开他人，此类案件往往缺乏其他旁证。而时至今日，多数反贪侦查部门仍难以跳出两条腿、一支笔、一张嘴的办案模式。同时，我国的"犯罪构成要件对故意、意图、目的等主观性要件的证明要求较高"，①侦查人员不得不把大量的精力用在证明犯罪嫌疑人具有主观故意上，而证明的最佳手段就是讯问。因此可以说，"由证到供"的观念尚未真正形成，"由供到证"的习惯做法仍然大行其道。

（二）行为的单向性与封闭性

从其他法治国家的做法来看，多采取如下三项措施来保障犯罪嫌疑人的权利：一是赋予犯罪嫌疑人沉默权；二是讯问时允许律师在场；三是讯问全程连续录音录像。② 反观我国的现实情况：首先，犯罪嫌疑人不享有沉默权，相反还有如实回答的义务。其次，我国并未规定讯问时律师在场制度，讯问时律师在场到目前为止还仅仅处于个别地区的试点。最后，我国全程录音录像起步较晚，目前检察机关已经全面推行讯问职务犯罪嫌疑人全程录音录像，而负责绝大多数案件侦查的公安机关，限于财力及装备上的不足，全程录音录像仅在重大案件中使用，而且由于经济发展水平的不平衡，存在明显的地域性差异。因此，我国的讯问程序具有极强的单向性与封闭性的特点，对于侦查机关来说，其为了获取犯罪嫌疑人的有罪供述会动用各种"高压方式"，造成犯罪嫌疑人的权利受到侵害；对于犯罪嫌疑人来说，"单向性与封闭性的侦讯系统又无法提供救济的机会与可能"，③讯问的异化也就难以避免了。

---

① 孙长永主编：《侦查程序与人权保障》，中国法制出版社2009年版，第57页。

② 当然，各国在采取上述措施时各有侧重，有的以沉默权为主，在场权为辅；有的以在场权为主，沉默权为辅；有的以录音、录像为主，在场权、沉默权为辅。参见朱奎彬："比较与实证：律师讯问在场权透视"，载《四川大学学报》（哲学社会科学版）2008年第3期。

③ 孙长永主编：《侦查程序与人权保障》，中国法制出版社2009年版，第482页。

(三)缺乏程序违法惩戒机制

“一项完整和独立的刑事程序规则是由实体性规则和实施性规则构成的。所谓实体性规则,是指规定在什么条件下进行什么诉讼行为的规则……所谓实施性规则,是指规定如何实现实体性规则内容的规则。”①我国《刑事诉讼法》的一大弊端就在于大量的实施性规则缺位。其一,虽然法律规定严禁刑讯逼供,通过刑讯逼供获取的被告人供述不得作为证据使用,但是对非法证据的认定与排除却并没有具体规定,直至2010年才出台了第一部关于非法证据排除的规定。② 其二,尽管各侦查机关都禁止侦查人员在讯问犯罪嫌疑人时进行刑讯逼供,但是只有构成犯罪或者造成严重社会影响的才会对侦查人员予以惩戒。两起发生在2012年8月且同样引发全国关注的案件可以折射出这种惩戒的力度:因刑讯逼供酿成赵作海冤案的6名警察被法院以刑讯逼供罪判处最高2年有期徒刑,其中1名被免予刑事处罚。而发生在重庆的薄某故意杀人案中,因隐匿证据包庇薄某的4名警察被法院以徇私枉法罪处以最高11年有期徒刑,甚至超过了该杀人案中另一名被告人9年的刑期。而在杜培武冤案中,刑讯逼供的2名责任人最高也仅被判处有期徒刑1年6个月、缓刑2年的刑罚。其三,检察机关、法院对于排除非法证据通常持消极态度,一个极端的例子就是杜培武在庭审中出示血衣以证明自己曾遭受刑讯逼供,但被法官以“不要再纠缠这些问题了”打断,最终杜培武被法院以故意杀人罪判处死缓,直至真凶落网才洗清冤屈。

---

① 毛立新著:《侦查法治研究》,中国人民公安大学出版社2008年版,第154页。

② 2010年5月30日,最高人民法院、最高人民检察院、公安部、国家安全部和司法部联合发布了《关于办理死刑案件审查判断证据若干问题的规定》和《关于办理刑事案件排除非法证据若干问题的规定》。

第四节 侦查羁押权的异化——以传统司法惯性为中心

一、权力制衡与司法惯性

侦查是国家专门机关对公民发动的追诉活动。从力量对比上看，侦查机关拥有强大的人力和技术保障，具有限制和剥夺公民基本权利的物质条件，法律也赋予了侦查机关采取各项强制性措施的权力，同时侦查机关以维护正义之名追诉犯罪享有天然的道德优势。因此，侦查权力存在被滥用的危险，而一旦侦查权力被恣意行使，将使犯罪嫌疑人的基本权利受到不当侵害，甚至导致无辜的公民成为刑事追诉的对象。

为此《刑事诉讼法》和相关司法解释均明确规定，侦查行为应当依照法定程序进行，严禁以刑讯逼供等非法手段获取证据。从刑事诉讼的流程来看，检察机关通过审查决定是否将犯罪嫌疑人交付审判，法院通过审理决定是否对被告人作出有罪判决。即侦查的结果要分别接受检察机关和法院的检验，以此构成对侦查权的制衡。在侦查机关的侦查、检察机关的审查起诉以及法院的审判这三道工序中，应当存在一个过滤机制，将不符合继续追诉条件的案件剔除出刑事诉讼程序，使无罪的公民免受公权力的侵害。

然而从实践情况来看，过滤机制并未有效发挥作用。从个案角度而言，一旦侦查机关决定立案，犯罪嫌疑人最终很难摆脱被定罪的命运；①从整体视角来看，侦查机关向检察院输送的案件，以及其后检察院向法院输送的案件，很少有中途退出的。正如有学者所比喻的："我国刑事追诉制度的规模从总体上看是圆柱形、而非漏斗形的，是立足于追诉、立足于求刑的刑事程序。"②

---

① 此处包括以事立案和以人立案两种情况，在以事立案中指的是某人被确定为犯罪嫌疑人之后。

② 姜涛著：《刑事程序分流研究》，人民法院出版社 2007 年版，第 52 页。

根据刑事诉讼的角色定位,侦查部门承担着发现犯罪、打击犯罪的控诉职能,侦查人员具有强烈的定罪动机实属正常。但问题在于,承担法律监督职能的检察机关似乎是本能地站在侦查机关的立场做出批准逮捕、提起公诉的决定,而作为"维护公正最后一道屏障"的法院也往往倾向于作出有罪判决。由此形成了一种司法惯性,即"在惩罚性追诉意识驱动下,刑事司法程序一旦启动就很难停止的特性"。①

那么这种司法惯性,或者说承担侦查、检察、审判职能的司法官员的惩罚性意识从何而来呢?在刑事司法人员的潜意识中,自己所身处的部门是出于打击犯罪的需要而存在的,相应地,自己的本职工作就应当是惩治犯罪。对于检察官、法官而言,既然作为前道工序的侦查阶段认定犯罪嫌疑人有罪,那么"政法共同体"的角色意识使其本能地倾向于作出相同的决定。而现行的考核指标也是为了实现高批捕率、高起诉率、高定罪率制定的,为了追求对自己有利的考核结果,司法人员自然会作出对犯罪嫌疑人、被告人不利的决定。我国重视案卷的诉讼文化导致检察机关的法律监督以书面审查为主,而法官在开庭审理前就已经收到了全部移送的侦查案卷,对于其形成有罪心证不无影响。

值得注意的是,司法惯性对于程序方面与实体方面的影响是一体的。例如,作为强制措施的取保候审和逮捕,仅仅具有一种诉讼保障的程序功能,然而实际情况是"取保候审已经成为实体法的附庸,也就是只要作出了取保候审,法院往往会本能地对被告人适用缓刑",逮捕则"从一种不具有实体处分性质的强制措施,变成了对嫌疑人定罪量刑的预演"。② 在证据审查方面,侦查机关获取的证据可以畅行无阻地进入审判程序,即便存在瑕疵哪怕是重大缺陷,侦查机关可以通过提交"情况说明"的方式予以补正,而这种法理上的

① 黄海波、黄学昌:"刑事司法的惯性",载《当代法学》2012 年第 4 期。

② 陈瑞华教授就"反思转型社会中的刑事程序法失灵"主题研讨撰写的导言。参见"研究刑事程序失灵的意义与方法",载《北大法律评论》2007 年第 8 卷第 2 辑。

"一面之词"多数情况下都会被法院采纳。相反,辩护方提出的证人哪怕是当庭所作的证言,只要与公诉方提出的证据存在矛盾,"法庭几乎普遍要求辩护方提出证据证明证人当庭所作新证言的可信性"。[①] 从中可以看出,检察机关和法院都不愿意推翻侦查阶段所形成的结论,侦查阶段所采取的措施将直接影响法院对被告人的处理决定,而并非由法院的审判活动来检验侦查行为是否合乎法律规定,立法者精心设计的权力制衡在强大的司法惯性面前显得不堪一击。现代刑事诉讼的各程序环节本应呈现出"跨栏赛跑"的形式,而我国的司法人员借助惯性可以轻松地跨越栏杆,甚至在奔跑过程中直接推倒栏杆而不被其绊倒。

二、司法惯性与审查批捕

在我国刑事强制措施体系中,逮捕是最为严厉的强制措施。从权力制约的角度来看,逮捕是唯一需要经过检察机关批准方可采取的侦查措施。从权利保障的角度来看,逮捕是最能体现国家强制权力与公民自由权利紧张冲突的法律现象。因此,逮捕的审查与运行能否达到立法者预期的目标是关系侦查权能否得到有效制衡的关键一环,然而现实中逮捕措施极易受到司法惯性的影响。

(一)存在"够罪即捕"的倾向

根据刑事诉讼法的规定,逮捕的适用需要满足三个条件:有证据证明有犯罪事实、可能判处徒刑以上刑罚、采取取保候审不足以防止发生社会危险性,即证据要件、刑罚要件和必要性要件。检察机关的侦查监督部门应当严格按照法律要求,对公安机关提请批准逮捕的案件,从上述三个方面进行严格审查,只有同时满足这三个条件的才能依法批准逮捕。尽管从三要件的递

---

① 陈瑞华教授就"反思转型社会中的刑事程序法失灵"主题研讨撰写的导言。参见"研究刑事程序失灵的意义与方法",载《北大法律评论》2007年第8卷第2辑。

进关系来看，证据要件是基础，但出于遵守刑事诉讼的比例原则以及贯彻少捕、慎捕的刑事政策的需要，对于刑罚要件和必要性要件同样应当严格把握。

然而检察机关往往只注重对证据要件的审查，对刑罚要件的把握不够准确，忽视必要性要件的审查，使“本来三位一体的法定逮捕条件在实践中没有被同等对待，而是厚此薄彼”。① 具体表现在检察官在撰写《审查逮捕意见书中》时并不专门论述可能判处的刑罚以及逮捕的必要性，只要达到了“有证据证明有犯罪事实”即得出批准逮捕的审查意见。在检察机关内部的案件讨论中也少有对刑罚要件以及必要性要件进行分析的。这说明检察机关注重从实体角度认定犯罪嫌疑人是否构成犯罪，而对于刑罚要件、必要性要件这两个作为逮捕区别于其他强制措施的特质关注不够。由于我国长期以来奉行侦查中心主义的诉讼模式，侦查机关运用强大的侦查资源收集到存在犯罪事实的证据并非难事，加上检察机关事实上的“够罪即捕”倾向，导致了批捕率过高，大量的犯罪嫌疑人在审前遭到羁押。有些本可以判处缓刑的犯罪嫌疑人，因审前处于逮捕状态，从而被法院判处实刑，有些由羁押时间过长，甚至超过了原本应当判处的刑罚，使法院的量刑只得迁就羁押期限，出现了“关多少判多少”的现象。

（二）滥用附条件逮捕制度

侦查机关对一些重大疑难案件的犯罪嫌疑人采取刑事拘留后，出于多种原因可能在提请逮捕时尚未能提供确实充分的证据证明犯罪。在这种情况下检察机关如若批捕，因证据存有瑕疵会存在错捕的风险；若不予批捕又存在放纵犯罪的风险。为解决这一矛盾，附条件逮捕制度应运而生。《人民检察院审查逮捕质量标准》（试行）第2条规定：“有证据证明有犯罪事实”，一般是指证据所证明的事实已构成犯罪。对于证据有所欠缺但已基本构成犯罪、

---

① 郭松著：《中国刑事诉讼运行机制实证研究（四）——审查逮捕制度实证研究》，法律出版社2011年版，第164页。

认为经过进一步侦查能够取到定罪所必需的证据、确有逮捕必要的重大案件的犯罪嫌疑人,经过检察委员会讨论决定可以批准逮捕。同时应当向侦查机关发出补充侦查提纲并及时了解补充取证情况,在羁押期限届满时侦查机关仍未能取到定罪所必需的充足证据的,应当及时撤销批准逮捕决定。

应当说,附条件逮捕如若运用得当,既能满足现实中侦查机关查证犯罪的需要,又能体现对处于羁押状态的犯罪嫌疑人的权利保障。然而在实践操作中,由于附条件逮捕在客观上为承办检察官在审查逮捕案件时"提供了在捕与不捕之外的第三种选择",①越来越多的检察官为了规避办案风险,在遇到两难抉择时往往愿意采用附条件逮捕。如此一来,附条件逮捕制度遭遇了异化:首先,适用范围扩大化。附条件逮捕的适用对象应为"重大案件的犯罪嫌疑人",但是各地检察机关对于重大案件的标准的理解与把握不尽统一,甚至在部分轻微刑事案件中也适用了附条件逮捕。其次,决定程序被虚置。附条件逮捕的适用必须经检察委员会讨论决定,然而检察机关审查逮捕的期限只有7天,因此部分检察机关对该决定程序进行变通,由办案部门或分管检察长决定,或者事后由检委会办公室补办手续。最后,证据标准被降低。附条件逮捕本身已对"有证据证明有犯罪事实"的证据标准进行了降低,但是部分承办检察官突破"基本构成犯罪"的底线,对证据缺口较大的案件仍然适用附条件逮捕,为侦查机关"以捕代侦"创造条件。

(三)逮捕功能被误读

在司法惯性影响逮捕的过程中,伴随着逮捕的功能被严重误读。逮捕作为最严厉的强制措施,其功能虽然仅仅是保障诉讼的顺利进行,但是逮捕措施在现实中被赋予了多重功能。其一,公安机关、检察院"以批准逮捕的案件数量来表明打击犯罪的力度"。② 公安机关把检察机关对于呈捕案件的批捕

---

① 吴祥义、王宏平:"附条件逮捕制度的异化",载《中国检察官》2011年第10期。

② 刘计划:"逮捕功能的异化及其矫正——逮捕数量与逮捕率的理性解读",载《政治与法律》2006年第3期。

作为考核指标,检察机关把批捕案件的数量作为一项重要的工作成果来对待,每年各级检察机关工作报告中的重要内容就是上一年度批准逮捕了多少犯罪嫌疑人。其二,逮捕被视为惩治与震慑犯罪的工具。尽管公开执行死刑已经明令禁止,但各地召开公捕大会的势头依然不减,既是一场生动的法制教育,也是对犯罪嫌疑人的心理折磨。同时,被逮捕的人因逮捕所遭受的痛苦程度不亚于甚至超过了自由刑所带来的痛苦,而这一痛苦被用作了惩罚的工具。其三,逮捕被视为维稳的工具。在"稳定压倒一切"的价值观念下,通过运用逮捕手段化解社会矛盾成为某些地方的制胜法宝。一些基层检察院的领导表示"现在党委和政府都高度重视社会的稳定,如果我们不批捕的犯罪嫌疑人过多,出了问题,党委与政府就会批评我们或者不满,这会影响检察机关的利益"。①

三、司法惯性与羁押期限

犯罪嫌疑人被批准逮捕后,侦查机关赢得了 2 个月的羁押期限,但司法惯性的影响却并未停止。在惯性作用下,侦查羁押期限处于随时可以被延长的状态。《刑法》规定,"判决执行以前先行羁押的,羁押一日折抵刑期一日",部分司法人员据此认为,犯罪嫌疑人、被告人在判决以前受到长期羁押甚至是超期羁押"并不吃亏",由此消除了心理障碍,使羁押成了"预支刑罚"的工具。

(一)侦查羁押期限的顺向延长

从多数法治国家的做法来看,逮捕仅仅具有强制犯罪嫌疑人到案接受调查的功能,到案后是否予以羁押则需要由中立的司法官员根据案情进行裁决。而在我国,逮捕与羁押是一体的,犯罪嫌疑人一经逮捕,侦查机关便拥有

---

① 郭松著:《中国刑事诉讼运行机制实证研究(四)——审查逮捕制度实证研究》,法律出版社 2011 年版,第 173 页。

了2个月的侦查羁押期限。而且，羁押期限可以根据法律的规定进行延长：案情复杂、期限届满不能终结的案件可以延长1个月；在此基础上，交通十分不便的边远地区的重大复杂案件、重大的犯罪集团案件、流窜作案的重大复杂案件、犯罪涉及面广、取证困难的重大复杂案件可以延长2个月；而可能判处10年有期徒刑以上刑罚的，可以再延长2个月。

在延长羁押期限的运作过程中，公安机关提交的《提请批准延长羁押期限意见书》大多只是《提请批准逮捕意见书》的简单重复，对于延长羁押期限的理由也只是强调一下"案情复杂"这样的"法定事由"，疏少有具体论证的，而人民检察院在审查延长羁押期限时往往只作形式上的审查，在审查过程中缺乏律师的参与，只是单方面做出批准或不批准延长的决定。而且根据法律规定，作出"一延"和"二延"、"三延"决定的分别为"上一级"和省级人民检察院，由于层级过高通常不具备对案件进行实质审查的条件。

（二）侦查羁押期限的逆向延长

对于侦查羁押期限而言，司法惯性会造成两种结果：其一，如前文所述，机械地套用法律规定以案情复杂等理由进行延长；其二，强大的惯性在阻碍之处形成反弹，使"公安司法机关将案件倒回到前一个诉讼阶段并进行相应的诉讼行为"。① 由于我国的羁押期间依附于办案期间，且补充侦查完毕移送人民检察院后，人民检察院重新计算审查起诉期限，因此通过退回补充侦查这一程序倒流的方式可以使侦查机关获得额外的羁押期间，从而可以积聚力量蓄势再发，直至犯罪嫌疑人最终被定罪。

退回补充侦查制度的设计初衷是对于事实不清、证据不足或者在程序上存有瑕疵的案件，由检察机关退还给侦查机关进行实体或程序上的补救，以期能达到起诉所需要的事实以及证据要求。退回补充侦查应当作为移送审查起诉程序的例外而并非常态，因为"若过度强调运用补救型程序甚至用补

① 汪海燕："论刑事程序倒流"，载《法学研究》2008年第5期。

救型程序替代正式程序，则会极大地破坏法律程序的安定型和权威性”。① 然而实践中该制度却遭到了异化，适用比例偏高，主要表现在两点：一是以退查名义“借时间”。一方面，检察机关在法定期限内未能完成审查起诉工作，便与公安机关协商将案件退回，“补充侦查”后再次移送审查起诉；另一方面，公安机关在侦查羁押期限内未能收集到确实充分的证据提供给检察机关，于是先勉强移送起诉，借用检察机关1个半月的审查期限以及1个月的补充侦查期限，完成侦查取证的工作，若时间仍然不够用，还可以第二次退回补充侦查。二是以退查名义“消化”案件。出于种种原因，检察机关与公安机关对案件的看法存在分歧，若检察机关直接作出不起诉决定会冒一定的风险，于是在《补充侦查提纲》中提出一些过高的要求，经过两次退回补充侦查，如果公安机关仍未能提供检察机关所要求的证据时，检察机关便可以此为借口作出不起诉决定，或者由公安机关“主动”撤回案件。

第五节 侦查搜查权的异化——以监督缺位为研究对象

一、外部监督的乏力

作为国家法律监督机关的人民检察院，其通过审查批捕、审查起诉等途径参与到刑事诉讼中，行使对侦查行为是否合法进行监督的权力。作为侦查权外部监督主力军的检察机关，在行使监督权力时主要存在以下几个方面的不足。

从监督范围来看，视阈狭窄且侧重于打击犯罪。就侦查监督的原初意义而言，其主体部分应是侦查违法监督而不是立案监督，但左卫民教授等人的

---

① 蔡笑：“程序倒流视角下的退回补充侦查问题实证研究”，载《吉林公安高等专科学校学报》2010年第6期。

实证研究表明实际情况恰恰相反。而且,尽管《人民检察院刑事诉讼规则》补充规定了对不应立案而立案侦查的也应当提出纠正,但实践中不立案监督仍然是主要方面。[①] 在审查逮捕与审查起诉阶段,检察机关对于应当逮捕、应当追究刑事责任而侦查机关未提请逮捕、未移送起诉的犯罪嫌疑人,分别有通知侦查机关追捕(追加提请逮捕)和追诉(追加移送起诉)的权力,并将其作为检察官的重要考核项目。相比之下,对于侦查程序违法的监督力度明显不足。

从监督方式来看,无论是审查批捕还是审查起诉,基本上都是通过审核侦查机关移送的案卷的方式进行的。一方面,即使侦查行为存在较为明显的缺陷,在案卷被移送前,侦查机关有充足的时间和条件将程序和实体上的瑕疵予以补正,检察机关很难仅仅从书面审查中发现侦查行为的"硬伤";另一方面,在案件进入法庭审判程序前,从理论上讲检察机关作为居中裁判者,应当综合评判侦查机关、犯罪嫌疑人(辩护人)的意见,进而作出是否批捕和提交审判的决定。而事实上这一过程带有强烈的行政程序特征,封闭性较强,律师参与程度不高,警检之间配合有余而制约不足。

从监督效果来看,检察机关缺乏制约侦查机关的有效措施。在实体方面,除逮捕外的侦查措施均由侦查机关自行决定与实施。尤其是与逮捕效果无异的刑事拘留,实践中侦查人员倾向于用足30日的最长期限,而不论是否存在这个必要、延长的理由是否严格合乎法律的规定。[②] 尽管检察机关可以对不符合延长拘留条件的提出纠正违法通知,但实际损害已经形成。另外,由于公安机关同时具有行政处罚权,假如被刑事拘留满30日的嫌疑人最终被降格,处以行政处罚,该刑事案件相应撤销,该拘留行为以及此案的其他侦查

---

① 左卫民、赵开年:"侦查监督制度的考察与反思——一种基于实证的研究",载《现代法学》2006年第6期。

② 笔者曾遇到过一货车司机从A地运货至B地,在B地交通肇事致人死亡,因被侦查机关认定为"流窜作案"而被延长拘留期限至30日的案例。

措施均不会进入检察机关的监督视野。在程序方面，对于违法侦查行为，检察机关有权制发《纠正违法通知书》，但侦查机关是否及时纠正、落实情况如何，检察机关缺乏深入跟进的渠道。由于缺乏对违法侦查的惩戒措施，只有违法侦查造成法定严重后果的，检察机关才可以对相关侦查人员的渎职侵权行为立案侦查。

侦查机关与审判机关并不直接接触，但后者对前者的制衡同样存在。人民法院在审判过程中，对侦查机关收集的证据是否采纳、对其查明的事实是否认定，即构成对侦查权的制衡。然而，出于"政法系统"共同利益的考虑，法官往往更愿意站在控诉方的立场审视案件。对于被告人、辩护人提出的排除非法证据的动议，即使该证据明显存在疑点承办法官也不敢轻易排除，更不敢据此作出无罪判决。这样一种状况虽不至于使侦查人员"有恃无恐"地非法取证，但对于侦查权力的制约效果则大打折扣。同时法律规定，公安机关的刑事侦查行为不属于法院行政诉讼的受案范围，因此法院无法通过另行"司法审查"的方式对侦查权构成有效制约。

另外，法律自身的一些矛盾缺陷也使外部监督无法起到应有作用，主要表现在以下三个方面：(1)《刑事诉讼法》规定："犯罪嫌疑人不讲真实姓名、住址，身份不明的，侦查羁押期限自查清其身份之日起计算。"从该条文的体例安排来看，侦查羁押期限应为逮捕后的羁押期限。换言之，只有在批准逮捕后，侦查机关对于身份不明的犯罪嫌疑人的侦查羁押期限才能从查清身份之日起算。但是，《公安机关办理刑事案件程序规定》却将查清身份后起算羁押期限提前到了拘留阶段，绕开了检察机关批准逮捕这一法定流程。(2)《国家赔偿法》并未将非法搜查造成的损失纳入刑事赔偿范围，况且刑事赔偿的前提是作为赔偿义务部门的侦查机关先自行确认违法，这对于维权的当事人来说可谓是不可能完成的任务。(3)辩护律师收集证人证言需要"经证人或者其他有关单位和个人同意"，向被害人收集材料需要"经人民检察院或者人民法院许可"，这些条款不仅是对律师职业的一种歧视，更限制了律师的调查取证权，不利于从辩护方的角度对侦查权进行制衡。

二、内部监督的缺陷

学者在论及对侦查权的监督时往往侧重于外部监督，尤其是作为“国家法律监督机关”的人民检察院对公安侦查部门的监督。事实上，公安机关内部对于侦查权的行使同样具有一套较为完备的监督体系。公安部于 1999 年颁布了《公安机关内部执法监督工作规定》，将“刑事立案、销案，实施侦查措施、刑事强制措施和执行刑罚等刑事执法活动是否合法和适当”列入执法监督的范围。侦查实践中，无论是立案、不予立案、撤销案件、侦查终结等程序性事项，还是采取拘留、提请逮捕、搜查、扣押等强制性侦查措施，侦查机关都是通过层级审批的方式进行内部监督的。因此有学者指出，“公安内部监督是外部监督的必要补充，它和外部监督相比，具有直接性、具体性、广泛性和迅速性的特点”。①

搜查是侦查机关经常使用的一项侦查措施，对于及时查获犯罪嫌疑人和犯罪证据意义重大，是顺利侦破案件不可或缺的一项手段。从法律性质来看，搜查属于一种强制性侦查措施，包含人身搜查、住处搜查和场所搜查，其后通常附带扣押措施，对公民的人身权、隐私权、财产权、住宅权会造成一定程度的威胁，因此《刑事诉讼法》以及相关的司法解释对于搜查权的行使作出了一系列程序上的规定，以防止滥用搜查权导致公民权利遭受损害。以下将以搜查为例对我国侦查权内部制衡进行简要考察。

与其他侦查措施的审批方式相同，侦查人员在实施搜查前需先制作《呈请搜查报告书》，经侦查部门领导同意搜查后，连同案卷材料报法制部门审核，最后经分管局领导审批后，签发《搜查证》并持证进行搜查，此即通常所说

---

① 王祎：“试论公安机关对侦查行为的内部监督”，载《中国人民公安大学学报》（社会科学版）2006 年第 1 期。

的四级审批制。当然也有公安机关对侦查措施的审批不经法制部门审核，即侦查人员提出意见，经部门领导和分管局领导签字同意后实施的三级审批制。另外，根据《公安机关法制部门工作规范》的要求，办案部门在对案件作出处理前，包括提请逮捕和移送起诉前，需将全部案卷材料送交法制部门进行审核，法制部门提出审核意见后报分管局领导审批。这种审核既包括实体方面，也包括程序方面，如搜查法律文书是否正确填写、搜查笔录中的记载事项是否与其后的扣押对象匹配等。

上述审批和审核构成了侦查权内部监督的主要方面，从运行机制及实施效果来看，存在审批流于形式的问题。

在三级审批的情形下，侦查部门领导出于对案情的熟悉以及提高办案效率的考虑，通常不会在意搜查要件是否完备。而汇总到分管局领导处的案件数量太多，本人又有大量的事务性工作，其没有精力对每一起案件仔细审核。由于法制部门并不直接承担侦查破案任务，相对而言具有中立性，因此在四级审批制的情形下，实际起到把关作用的是法制部门的审核。但是从公安机关内部建制来看，侦查部门的级别和地位普遍高于法制部门，且两者可能属于同一领导分管，法制部门在履行审核职能时并不能做到完全超然。

根据公安侦查文书格式要求，作为审查载体的《呈请报告书》应当写明犯罪嫌疑人基本情况、基本案情、采取侦查措施的事实依据和法律依据。但由于刑事诉讼法对于搜查只规定“为了收集犯罪证据、查获犯罪人”这一目的性条件，对于事实性条件未做任何规定，导致了侦查人员制作的呈请文书普遍内容简略，对于实施搜查的理由往往简略地表述为“因案件侦查需要”，或者是直接引用刑事诉讼法关于搜查的规定。由此出现了所谓的“万能呈请模板”，使侦查人员只要变换呈请报告书的抬头和引用的法条，就可以相应的制成各项侦查措施的呈请报告。

侦查工作的一个特点就是时效性强，对于一些必须采取紧急措施的案件，按照常规步骤进行层层审批，很可能导致贻误战机。因此实践中在采取部分紧急措施时，允许侦查人员通过口头汇报的方式获得许可，但应当控制在严格的范围内，然而有些侦查人员渐渐养成了事后补办审批报告的习惯。在一些重大案件的侦破过程中，审批者很可能本身就在现场，甚至由其直接作出搜查的指令，很难想象侦查人员在事后补办搜查手续时会遭到拒绝。

三、侦查搜查权异化弊病

每一项侦查措施的采取，都可能对公民的权利造成侵害，为了将这种侵害控制在最小范围内，需要通过外部监督与内部监督相结合的方式，对侦查权力进行制衡，尤其是强制性侦查措施的采取必须通过有效监督来确保同时满足实体和程序上的要求。然而，现行的侦查权外部监督机制受限于监督范围和监督方式，处于监督乏力的状态，而内部监督措施同样难以施展拳脚，导致刑事诉讼法对于侦查措施的规制部分落空。对于搜查措施而言，由于监督缺位突破了持证搜查这一基本原则，产生了以下异化现象。

（一）有证搜查数量稀少

作为一项常规性侦查措施，搜查在查获犯罪嫌疑人、收集犯罪证据中起到重要作用，搜查措施的有效运用又是扣押措施得以运用的前提。作为法律文书的《搜查证》，不仅仅是侦查人员在搜查过程中权力宣示的载体，也应当发挥规范及限制权力的功能。从《刑事诉讼法》第 136 条（原第 111 条）的文字表述来看，似乎可以看出以有证搜查为原则，以无证搜查为例外的意味。然而在实际情况中，有证搜查的比例相当低。某省三个区县各 80 起抽样案件中，搜查证的使用数量分别为 2 张、8 张、2 张，而扣押文书的数量则分别高达 72 份、92 份、77 份，远高于搜查的使用次数。① 某地在 2007 年、2008 年各发案 200 余起，当地公安机关使用搜查的次数分别为 70 次和 63 次，②不足案件数

① 左卫民："规避与替代——搜查运行机制的实证考察"，载《中国法学》2007 年第 3 期。
② 黄少石："刑事搜查运行状况整体分析"，载《江西公安专科学校学报》2010 年第 2 期。

量的1/3。某省检察院2009年办理的大量运输毒品类二审案件,都是在不具备无证搜查条件的情况下进行了开包甚至人身检查,且检查后制作有《搜查笔录》装卷的仅占全部案件的29.41%。[①] 尽管以上三项研究的年份、地域及研究结果有所差异,样本选择及统计方式也不尽相同,但我们仍然可以得出如下结论:大量的搜查行为发生在未使用搜查证的情况下。

(二)无证搜查大行其道

我国《刑事诉讼法》所规定的无证搜查必须同时满足两个条件,即"在执行拘留、逮捕的时候"和"遇有紧急情况",适用条件过高且超越了现实需要,[②]而实践中大量的搜查行为并不满足上述条件。在未取得搜查证的情况下,出于查获犯罪人和获取证据的目的,对相关场所和人身进行检查,产生了事实上的"无证搜查"。其一,犯罪嫌疑人无论以何种形式到案,侦查人员都会对其人身进行检查。其二,为了扩大战果或者获取证据,侦查人员会到犯罪嫌疑人的住处进行查看,通常情况下家属、同住人或房东都不会表示异议。其三,当犯罪嫌疑人交代了赃款、赃物或其他物证书证的去向后,侦查人员会前往相关场所取证。严格来讲,上述几种情形中侦查人员所采取的措施,从实施目的与方式来看与搜查无异,分别属于人身搜查、住所搜查、场所搜查的范畴。但在具体操作中,除非查获犯罪人或者犯罪证据,否则侦查人员并不出示搜查证,也不制作搜查笔录,搜查无果即视为未曾搜查。因此,大量的搜查行为并不属于有证搜查,也不符合法律关于无证搜查的规定。另外,实践中被大量使用的秘密搜查,"甚至成为某些重、特大刑事案件侦破的重要手段",[③]却并不受刑事诉讼法的规范。

---

① 孔兵、李崇涛:"困境与完善:论我国无证搜查制度",载《西南科技大学学报》(哲学社会科学版)2011年第5期。

② 犯罪嫌疑人被拘留时,已经处于侦查机关的实际控制之下,所谓执行拘留只是在办理手续后被送往看守所。而执行逮捕之时犯罪嫌疑人通常已在看守所被拘留一段时间了。因此,无论是拘留还是逮捕,不会出现紧急情况。

③ 徐茂:"论我国现行搜查制度缺陷及完善对策",载《政法学刊》2010年第6期。

（三）搜查异化为行政检查

搜查是一种侦查措施，采取搜查措施必须以刑事立案为前提，以收集犯罪证据为目的；而盘查、检查则是相关部门行使行政管理权的需要，是一种行政执法手段。虽然两者的法律性质截然不同，但盘查、检查等行政措施同样具有获取犯罪线索、收集犯罪证据的功能，其力度与效果并不低于搜查，“同样是贯彻了‘由表及里、仔细彻底’的操作方法”。[①]“当多个措施项下包含的权能一致或互有重叠时，侦查人员倾向于优先使用启动标准最低的措施。”[②]因此，以盘查、检查来替代刑事搜查，就是侦查人员的“理性选择”。无论是获取犯罪线索，还是收集犯罪证据，以行政手段来替代正式的搜查程序，在具有目的正当性的同时可能欠缺手段正当性，但是可以通过证据转化来弥补这一缺陷，以再次提取或讯问确认的方式予以证据固定、以开具调取证据清单或制作情况说明来表明证据来源，具有“进可攻退可守”的优势。例如，海关的缉私部门同时具有行政执法权和刑事侦查权，其在甄别犯罪线索时，需要在涉案公司查阅财务账册等材料，但通常是以海关检查的名义进行的，发现走私证据并达到刑事立案标准的，即宣布立案并补充相关手续。这种以行为结果来倒推行为性质的做法，提高了办案效率却带来了逻辑上的混乱。

---

① 谢川豫：“我国警察检查权剖析”，载《中国人民公安大学学报》2005年第3期。

② 艾明：“论我国侦查措施立法中的权能复合主义及其改革进路”，载郝宏奎主编：《侦查论坛》（第9卷），中国人民公安大学出版社2010年版。

第四章　侦查权制衡机制运作的域外范本研究

第一节　美国侦查权制衡机制运行考察：以“后9·11”体制范本为分析对象

一、美国侦查权的配置与发展

(一)美国侦查权运行模式

美国侦查权的运行十分复杂，主要体现在其享有侦查权的机关特别多，除警察组织机构外，检察机关、大陪审团、内政部、国土安全部、财政部、海关总署、联邦贸易委员会以及私人侦探等都享有一定的侦查权。但总体上，美国往往把犯罪侦查分为街道犯罪案件的侦查(investigation of street crimes)和复杂犯罪案件的侦查(investigation of complex crimes)。街道犯罪主要包括杀人、抢劫、低层次的毒品交易等普通刑事犯罪，侦查权归属各地方警察局。复杂犯罪主要指欺诈(fraud)、公共腐败(public corruption)、高层次毒品交易(high-level drug distribution)等犯罪,以及美国《反欺诈和腐败组织法》(Racketeer Influenced and Corrupt Organizations Act)所规定的包括公职人员的职务犯罪及其他欺诈性有组织犯罪(various forms of racketeering carried out by ongoing criminal associations)在内的各类犯罪,其侦查权主要归属检察机关和联邦调查局。①

1. 警察机构

美国联邦系统没有警察局,警察的犯罪侦查职能由联邦调查局行使,受总检察长领导。② 联邦调查局是联邦系统最重要的侦查机关之一,除法律另有规定外,联邦调查局有权调查任何违反联邦法律的犯罪。③ 联邦调查局主要负责普通犯罪调查,国家安全调查和外国情报收集的侦查工作,现有的侦查范围已超过200种联邦罪行,分成八大类(按侦查的重要程度由重到轻排列):恐怖犯罪、间谍犯罪、网络犯罪、公共腐败犯罪、侵权犯罪、白领犯罪、有组织犯罪、主要的盗窃和暴力犯罪。联邦调查局在各种犯罪侦查中都享有广泛的侦查权,既有普通的逮捕权、搜查权,也有窃听(有线监控)、电子侦控等技术侦查权和卧底侦查、特情侦查、诱惑侦查等秘密侦查权,在行使侦查权时,除了依照有关法律规定和判例规则外,还必须遵照总检察长的有关规定和政策,比如,在行使秘密侦查权时,要严格依照1981年1月5日总检察长Civiletti签发的《总检察长关于联邦调查局秘密侦查的行为准则》。除联邦调查局外,美国还有其他机关设立享有侦查权力的警察机构。如司法部下属的移民和规划局(The Immigration and National Service)、美国缉毒署(Drug Enforcement Administration),内政部下属的印第安事务局(Bureau of Indian Affairs)、林务局(Forest Service)、国家公园管理处(National Park Service),国

① 王晓霞著:《职务犯罪侦查制度比较研究——以侦查权的优化配置为视角》,中国检察出版社2008年版,第75页。

② 同上。

③ 黄豹著:《侦查权力论》,中国社会科学出版社2011年版,第238页。

防部下属的陆军犯罪调查司令部(Army Criminal Investigation Command)、海军犯罪调查局(Naval Criminal Investigative Service)以及外交安全局(Bureau of Diplomatic Security)等,这些专门的警察在各自领域范围内可以行使一定的侦查权。

美国各州法律制度不同,其警察机构体制不尽相同,王大伟教授称其“复杂多变、混乱无章”,①的确如此。多数学者认为美国警察机关存在“巡警模式”、“执法模式”和“巡警—执法”三种模式。② 实践中,美国州警察机构与市镇警察机构相对独立,市镇警察是美国警察的最主要力量,称为“自治警察机构”,而州警察机构一般避免介入市镇警察机构的管辖范围,把主要力量集中在没有建立自治警察机构的地方和州际公路上。

2. 检察机关

美国检察机关分别建立在联邦系统和地方系统中,二者平等,互不隶属。根据《美国联邦法典》第28编相关条款规定,联邦检察官“对其司法区内实施的违反联邦法律的犯罪行为,有权要求进行或者继续侦查”。虽然联邦调查局受总检察长指导,但总检察长同时兼任司法部长,且其内部职责已经没有任何检察机关的控诉职能,而随着1999年《1978独立检察官法》未获续期,美国独立检察官制度③也退出历史舞台。因此,我国许多学者一度认为,美国检察机关原则上不直接行使侦查权。④ 然而,“为了回应公众对‘水门事件’及地方公务员腐败行为泛滥的不满,联邦检察加强了对白领犯罪及政治腐败的

---

① 王大伟编著:《英美警察科学》,中国人民公安大学出版社1995年版,第119页。

② 黄豹著:《侦查权力论》,中国社会科学出版社2011年版,第165页。

③ 美国独立检察官不是常设的职位,而是专门对高级行政官员的违反犯罪进行侦查和起诉的临时性官员。它起源于“水门事件”,参议院任命了一个超然独立、不属于现行检察系统的法律界人士担任独立检察官,从而产生了这一侦查主体。独立检察官享有充分、独立的调查权,以及无限的财政资源,后因对克林顿总统的无休止调查花费过多而遭到美国民众反对,1999年6月30日期满前,国会没有批准它延期。

④ 王云海著:《美国的贿赂罪——实体法与程序法》,中国政法大学出版社2002年版,第105页。

刑事追诉,位于合众国大都市的联邦检察开始重视对案件的侦查,许多地方的联邦检察也开始将一些传统上是由联邦警察进行侦查的案件变为由自己直接侦查"。[①] 实践中,联邦总检察长或联邦各地区的检察长在收到有关公职人员职务犯罪等犯罪线索后,除了检察机关自行侦查外,往往指派2名联邦检察官同联邦调查局的调查人员组成专案侦查组联合侦查案件。同样,联邦调查局在收到犯罪线索后,也向联邦检察机关报告并同联邦检察机关联合侦查,联合侦查中的检察官除负责主导侦查、收集证据外还直接负责案件的出庭公诉工作。[②]

3. 其他机构

除警察机构和检察机关外,美国一些执法机关和司法组织也享有一定的侦查权,如在一些州,州政府的总巡视员(Inspectors General)享有特定腐败犯罪案件的调查权;大陪审团对复杂的有组织犯罪、政府犯罪以及需要判处死刑的刑事案件或检察官认为棘手的案件或者检察官不愿出面的案件享有侦查权。[③] 此外,美国私人侦探队伍在美国的侦查权运行中还占有一席之地。目前,私人侦探业或私人保安业已成为美国侦查权运行中不可缺少的组成部分。[④]

(二)9·11事件后美国侦查权的运行动态

2001年9·11事件发生后,美国的侦查运行机制受到极大冲击。一方面,为了国家安全和打击恐怖犯罪的需要,美国政府迅速通过一系列法案调整和扩大侦查权,并为"大侦查权"的构建提供了新的正当性基础;另一方面,

---

① James F. Holderman, "Preindictment Prosecutorial Conduct in Federal System", *The Journal of Criminal Law and Criminology*, Vol. 71(1980), p. 1. 转引自王云海著:《美国的贿赂罪——实体法与程序法》,中国政法大学出版社2002年版,第105~106页。

② 王晓霞著:《职务犯罪侦查制度比较研究——以侦查权的优化配置为视角》,中国检察出版社2008年版,第80~82页。

③ [美]爱伦·豪切斯泰勒·斯黛丽、南希·弗兰克著:《美国刑事法院诉讼程序》,陈卫东、徐美君译,中国人民大学出版社2002年版,第391页。

④ 何家弘著:《从它山到本土——刑事司法考究》,中国法制出版社2008年版。

面对公民自由权和隐私权可能受到侵害的现实，美国政府又在积极探寻制约新调整的侦查机制和新技术侦查措施的有效路径。

1.《爱国者法》对侦查权力的扩张

2001年10月26日，布什总统签署了《爱国者法》(Uniting and Strengthening America by Providing Appropriate Tools Required to Intercept and Obstruct Terrorism Act of 2011)。为了更为有效地打击恐怖犯罪，该法案大大扩大了侦查机关的侦查权限，如授权联邦执法部门通过监视、监听来侦查与恐怖有关的犯罪活动；在未经司法审查的情况下有权通过秘密侦探窃听得到的信息；可以搜查、扣押保存在电子通讯设备中存储的信息；可以在未经司法审查的情况下要求电脑和网络服务部门提供客户的详细情况以及有权获得“暗中进行”的搜查令等。[①] 但《爱国者法》在颁布之日起，就因公民权利可能受到侵害而饱受质疑。其中联邦执法机关可以要求电脑和网络服务部门提供客户的详细情况的条款，在2004年裁定违宪。但多数民众认为《爱国者法》对侦查权的扩张是符合确保美国安全的实际需要的，其多数条款也是可以接受的。[②] 因而在2006年3月的众议院表决中该法案得到延期(其中14项条款得到永久化，争议较大的漫游窃听条款和搜查记录条款延长4年)。

2.《国土安全法》对部分侦查机构的整合

2002年11月25日，美国总统布什签署《2002年国土安全法》，并根据该法成立国土安全部(Department of Homeland Security)，将原隶属于不同部门的警察机构和研究机构进行了整合，被称为是美国自1947年成立国防部以来最大规模的一次政府机构调整。[③] 当前美国国土安全部的侦查机构主要包

---

① 秦策：“‘9·11事件’后美国刑事司法诉讼与人权保护”，载《江苏警官学院学报》2003年第6期。

② 刘卫东：“《爱国者法》及其对美国公民权利的影响”，载《美国研究》2006年第1期。

③ 黄豹著：《侦查权力论》，中国社会科学出版社2011年版，第163页。

括:美国海岸警卫队(U. S. Coast Guard)、美国海关与边境保护局(U. S. Customs and Border Protection)、美国移民与海关执法局(U. S. Immigration and Customs Enforcement)、美国公民与移民局(U. S. Citizenship and Immigration Service)、美国特工局(U. S. Secret Service)、交通安全管理局(Transportation Security Administration)。

3.《总检察长对联邦调查局国内调查行动的指南》对侦查运行模式的调整

如前所述,美国联邦调查局主要展开的侦查行动因调查对象的不同分属:普通犯罪调查,国家安全调查和外国情报收集,分别受不同的行动指南规制,必须适用不同的程序和调查方法。9·11 事件后,面对各界的广泛批判和质疑,作为联邦系统主要的侦查机构,联邦调查局也开始调整其侦查权的运行模式。2008 年 9 月,美国司法部颁布《总检察长对 FBI 国内调查行动的指南》(The Attorney General's Guidelines for Domestic FBI Operations)。从指南的内容来看,联邦调查局侦查权力的配置紧紧围绕"事实发现"这一目标展开,从横向整合侦查职权和纵向扩张侦查权内涵的两个维度致力于"大侦查权"的构建。[①] 一方面,将原分属于犯罪侦查、国家安全事务调查和外国情报事务调查的职权进行了整合,新的侦查权不因调查对象的不同而被人为切割,而是结合成一个整体;另一方面,完整的侦查活动不仅着眼于具体案件本身,而是包括调查活动,情报收集活动、情报分析和规划活动、协作活动的统一体,侦查权应当贯穿其中,具体包括:调查及强制处分权、情报收集权、情报分析与规划权、协作权。因此,在具体的部署活动中,联邦调查局可以运用所有的法律授权。

在积极构建"大侦查权"同时,美国司法部门也在制定行动指南中探寻强

① 艾明:"'9·11'后美国联邦调查局侦查权的运行模式——以《联邦司法部长对 FBI 国内调查行动的指南》为例的分析",载《中国人民公安大学学报》(社会科学版)2010 年第 6 期。

化行政审批监督程序和事后报告程序等传统侦查权制约手段外的新途径。其中最突出的亮点是通过程序严格化和职权精细化的方式规范侦查权的运用。指南依据不同的调查目的,将调查分为评估性调查、预测性调查和组织调查,并相应规定了各类型调查可使用的调查方法,既保证了调查的必要性,也体现了调查的节制性。指南又依据调查启动标准的不同,将调查分为初步调查和全面调查,并对初步调查设置了时间和方法的限制。除了统一指南外,美国司法部和联邦调查局还先后制定了《总检察长对联邦调查局运用秘密人力资源的指南》、《总检察长对联邦调查局卧底行动的指南》、《刑事案件机密调查技术运用程序》等规范性文件对相关法律和判例具体细化,以为侦查权的运行提供较为清晰、明确、一致的指引。①

二、美国侦查权制衡之路径选择

(一)中立、超然的法官控制:令状原则

令状主义(令状原则)是英美刑事司法的重要特色之一,它产生于英国普通法,旨在通过令状的方式实施法律上的强制处分,并对个人权利给予适当的救济,本质上是一种权利救济原则。② 侦查阶段的令状原则只是令状主义的一个环节。美国侦查权运行的令状原则,主要是指搜查令状、扣押令状和监听令状等。该原则来源于美国《宪法》第四修正案。“第四修正案对美国警察和检察官的要求相当简单:‘你必须持有令状,除非这样要求是不现实的’。”③或者,像有学者所言,“如果获得令状是切实可行的,那么,进行任何

---

① 艾明:“‘9·11’后美国联邦调查局侦查权的运行模式——以《联邦司法部长对FBI国内调查行动的指南》为例的分析”,载《中国人民公安大学学报》(社会科学版)2010年第6期。

② 孙长永著:《侦查程序与人权——比较法考察》,中国方正出版社2000年版,第28页。

③ Dyson v. State, 712 A. 2d 573, 577(Md. App. 1997), *rev' d*, Maryland v. Dyson, 527 U. S. 465(1999). 转引自[美]约书亚·德雷斯勒、艾伦·C. 迈克尔斯著:《美国刑事诉讼法精解》(第1卷·刑事侦查),吴宏耀译,北京大学出版社2009年版,第165页。

搜查和扣押必须依据令状"[①]依据美国联邦最高法院1948年的约翰逊案(Johnson v. U. S.)[②]判例解释,司法令状只能由"中立及超然的地方法官(neutral and detached judicial officer)做出,而不是由为了发现犯罪而由具有竞争冒险精神的执法官员进行判断。"如果令状是由执法部门官员签发(在美国检察官为执法人员),而非司法机关的成员,那么,该令状就不能满足该项法律要件。令状原则理论即要求侦查机关在对人民基本权利进行侵犯前,先由司法机关审核实质理由,以防止无相当理由的强制处分。台湾学者王兆鹏认为美国实行司法审查令状原则的理论基础包括:[③]其一,警察不能够作出正确的判断;其二,预防无实质原因理由的强制处分;其三,避免事后判断的偏颇;其四,警察伪证(说谎)的防止;其五,书面记录的建立;其六,以申请程序筛减无必要的强制处分。但美国侦查活动中的令状原则与大陆法系国家的司法令状原则存在较大差别。不仅存在紧急情形、[④]同意搜查和依附于合法逮捕的搜查[⑤]例外,而且各界对于令状原则的必要性颇有争议,因此美国多数令状原则的拥护者认为,在宪法意义上,美国并不存在令状原则,而是存在令状优先原则。[⑥]

① Bradley, Note 1, *supra*, at 1471. 转引自[美]约书亚·德雷斯勒、艾伦·C.迈克尔斯:《美国刑事诉讼法精解》(第1卷·刑事侦查),吴宏耀译,北京大学出版社2009年版,第166页。

② 333 U. S. 10(1948), 13-14.

③ 王兆鹏著:《美国刑事诉讼法》,北京大学出版社2005年版,第89~96页。

④ 美国联邦最高法院通过"Minnesota v. Olson"判例对搜查的"紧急性"情形作了解释,即警察有相当理由相信下列4种情形发生时,就具有搜查的紧急性,可以无令状进入公民住宅搜查:(1)实行追缉逃亡之重犯;(2)证据即将被湮灭;(3)防止嫌疑犯脱逃;(4)防止住宅内、外之警察或公民遭受危险。

⑤ 简称为附带搜查(search incident to lawful arrest),即警察在进行合法逮捕后,可以同步实施以下搜查措施:(1)搜查被逮捕人的身体;(2)搜查被逮捕人可以迅即加以控制的区域;(3)如果逮捕是在住宅内实施的可以搜查紧挨逮捕实施地因而可以据以实施猝然袭击的壁橱以及其他类似空间。

⑥ [美]约书亚·德雷斯勒、艾伦·C.迈克尔斯著:《美国刑事诉讼法精解》(第1卷·刑事侦查),吴宏耀译,北京大学出版社2009年版,第169~170页。

(二)侦查主体内控依据:相当理由及一览无余原则

“相当理由”(Probable Cause),亦译为“合理根据”。美国法原则上以“相当理由”为搜索、扣押或者逮捕的发动原因,[①]也是无证搜查、无证扣押、无证逮捕或无证监听的合理依据。《美国联邦宪法第四修正案》第1款(合理性条款)规定,人民有不受不合理搜索扣押的权利,“非有相当理由不得签发令状”,无相当理由不得对人民为搜索或扣押(包括物的扣押与人的逮捕)。所谓“相当理由”或“合理根据”,是指仅根据执法官员亲身感知的事实及其相关情形或者根据他所掌握的合理可靠的信息,就足以保证具有合理谨慎的人相信:(1)就逮捕而言,一项犯罪行为已经发现而且是由被逮捕人实施的;(2)就搜查而言,在被搜查的地点将会找到具体记载的被扣押物。[②] “相当理由”时一种客观的证据标准。对此,侦查人员在申请司法令状时,必须提供本人宣誓担保的证据材料。在无证逮捕、无证搜查和无证窃听的情况下,侦查人员必须以采取该项措施以前获得的证据材料向法官证明“合理根据(相当理由)”的存在,接受司法审查。[③]

所谓“一览无余”原则(plain view doctrine),亦译作“一目了然法则”,是指如果依法在场的侦查人员可以“一览无余”地看见具有归罪性质的物品(证据),那么侦查人员有权对其实施无证扣押。它主要是指侦查人员在合理搜索或者逮捕时,发现需要扣押的合法扣押之外的证物,如果再次申请令状,会导致第一时间搜集证据的丧失或证据湮灭,甚至其他危害结果发生的情形。该原则是美国侦查人员实施无证扣押的正当性依据。但为了防止侦查人员对该原则的滥用,对此,适用时必须遵循以下要件:(1)从法律允许的位置看见;(2)有权进入该物品所在的区域;(3)“显而易见”有权予以扣押。当前多

---

① 王兆鹏著:《美国刑事诉讼法》,北京大学出版社2005年版,第68页。

② Brinegar,338 U. S. at 175－176. 转引自[美]约书亚·德雷斯勒、艾伦·C. 迈克尔斯著:《美国刑事诉讼法精解》(第1卷·刑事侦查),吴宏耀译,北京大学出版社2009年版,第120页。

③ 孙长永著:《探索正当程序——比较刑事诉讼法专论》,中国法制出版社2005年版,第39页。

数美国法学家认为,“一览无余”原则,并不适用于电子证据的取证。[①]

(三)程序性制裁手段:非法证据排除规则

非法证据排除规则(Exclusionary Rule)是美国控制侦查程序有效运行的程序性制裁方式之一,是指违反《美国联邦宪法第四修正案》取得的证据不得在法庭审理中用作不利于被告人的证据。非法证据排除规则的理论基础为“吓阻理论”[②],即当执法人员违法第4增修条文取得证据时,其目的无非在审判中使用该证据,若将该证据于审判中排除,就等于出去政府违反人民第四增修条文权利的动机,也达到限制政府权力行使的目的。因此,该规则存在“善意的例外”(因执法人员善意而非故意违法收集的证据有效)、大陪审团调查程序中的例外和私人违法搜查的例外。[③] 非法证据排除规则不仅适用于侦查过程中非法行为的直接取得,而且适用于由此派生的证据——“毒树之果”。但为了打击犯罪和保障侦查权有效运行的需要,“毒树之果”如符合独立来源原则、[④]最终必然发现原则[⑤]或稀释原则[⑥]的要件,则亦具有可采性。

(四)救济权的制约:正当程序保护、反对强迫自证其罪及有效的律师帮助

美国联邦宪法赋予犯罪嫌疑人广泛的宪法权利和富有实效的救济权利,这些权利对侦查程序的有序运行起到十分重要的作用。具体而言,包括不受无理搜查、扣押和拘捕的权利;不被强迫自证其罪的权利;有效的律师帮助权;不被收取过重的保释金的权利;受正当程序保护的权利;等等。其中尤以

---

① RayMing Chang,“Why the Plain View Doctrine Should Not Apply to Digital Evidence”. *Suffolk Journal of Trial and Appellate Advocacy*, Vol. 12, 2007, pp. 31 - 67.

② 王兆鹏著:《美国刑事诉讼法》,北京大学出版社2005年版,第29页。

③ 王彬著:《刑事搜查制度研究》,中国人民公安大学出版社2008年版,第221页。

④ 独立来源原则,是指受到质疑的证据最先是由警察的合法搜查行为发现的,或独立于最初不合法行为的其他方式合法取得的。

⑤ 最终必然发现原则,是指受到质疑的证据通过合法的手段最终或必然也能够被发现,那么在刑事审判中,与此前非法行为具有因果关系的证据依然具有可采性。

⑥ 稀释原则,是指如果警察的违法行为与受到质疑的证据之间的关联性已经变得十分微弱,以至于足以净化受到的污染,那么通过违法行为所获取的证据依然具有可采性。参见308 U.S. 338(1939);371 U.S. 471(1963)。

正当程序保护、反对强迫自证其罪及有效的律师帮助最为突出。例如,《美国联邦刑事诉讼》规定必须“在无不必要拖延”的情况下将被逮捕者立即送往“最近的法官处”,由法官对嫌疑人实施“初次聆讯”。这种初次聆讯以开庭形式,负责逮捕的警察或检察官出庭提出控告,解释逮捕理由,法官要告知嫌疑人享有的权利,并就其是否允许保释作出裁决。《美国联邦宪法第五修正案》规定了反对自我归罪的条款,且在1966年的“米兰达案”中,美国确立了讯问的米兰达规则,除非犯罪嫌疑人自愿地、明确地放弃沉默权和律师帮助权,否则警察不能对犯罪嫌疑人进行讯问;已经放弃权利的犯罪嫌疑人如果在讯问过程中又主张沉默权或者律师帮助权,警察必须立即停止讯问。①

三、法文化视野下美国侦查权制衡理念的特征

法律文化是不同民族、不同地域、不同阶层的人们对法律及司法机构、法律职业家等的态度,对于解决冲突方式的选择、法律价值尺度等,法律把文化的基本价值和主要精神传送到法律制度中去,并型塑制度。② 美国侦查权制衡机制的构建离不开其自身法律文化的影响,并在制度构造中彰显其特有的法律文化特征。

(一)分权制衡的政治文化特质

在政治学的知识图谱中,权力制约始终是一个无可回避的议题。③ 著名启蒙思想家洛克和孟德斯鸠的分权制衡学说在美国制宪先驱们天才般的不懈努力下最终成为美国宪法及宪政实践的思想基础和灵魂,④成为美国政治体制的核心所在。这种鲜明的政治文化特质也深深地体现在侦查权制衡机

---

① 孙长永著:《探索正当程序——比较刑事诉讼法专论》,中国法制出版社2005年版,第40~41页。

② 高鸿钧:“法律文化的语义、语境及其中国问题”,载《中国法学》2007年第4期。

③ 周义程:“从分权制衡到社会制约:西方权力制约思想的范式转换”,载《社会主义研究》2011年第4期。

④ 黄金桥:“美国宪政中的分权制衡机制”,载《行政论坛》2009年第2期。

制的构造中。例如，在搜查、逮捕及监听等刑事侦查强制措施的令状申请中，必须坚持"签发者中立、超然"的原则。在美国，侦查权具有行政权的性质，依据美国联邦最高法院1948年判例解释，司法令状只能由"中立及超然的地方法官(司法人员)"做出。

(二)程序优先的法律文化特性

从诉讼模式上来看，美国是对抗制的典型代表国家，奉行"程序优先于权利"的法律原则，尤其体现在对侦查程序的规制中。如前所述，美国联邦宪法前几条修正案，都十分明确地对侦查程序作了具体的规制，如《美国联邦宪法第四修正案》第1款和第2款不得无理搜查、扣押和拘捕及令状原则；《美国联邦宪法第五修正案》反对强迫自证其罪条款等。此外，美国侦查机关内部也是通过程序严格化和职权精细化的方式规范和制约侦查权的运用，如前文所介绍的规范联邦调查局侦查工作的行动指南，依据不同的调查目的，将调查分为评估性调查、预测性调查和组织调查，并相应规定了各类型调查可使用的调查方法。美国将如此多的侦查规则规定于宪法当中是美国侦查制约机制的一大特色，这在包括英国在内的世界其他国家都是少见的。

(三)尊重个体意志的自由文化特色

在美国法律文化中，自由经历了重要的转变，从放任的自由转向调控的自由，在权威与自由的关系上，美国通过宪政机制防止政治权威滥用权力，并尝试通过大众自由文化消解政治权威。① 在侦查程序的制约中，美国通过制定公民广泛的宪法性权利，如缄默权、获得律师帮助权以及申请人身保护令等来对抗和消解政府权力。此外，美国还利用公众投票对检察官进行制约。时至今日，除了少数州及哥伦比亚特区外，美国州检察官均采取选举制，大约97%的州检察官都是经选举产生。② 如前所述，美国检察官享有侦查指导权

---

① 高鸿钧："美国法律文化的自由及其局限"，载《清华法学》2009年第1期。

② 吴常青："美国检察侦查权监督制约机制评析"，载《人民检察》2011年第19期。

和直接侦查的权力，而公众投票直接决定检察官无疑对此具有十分关键的制约作用。作用的大小往往与社会媒体的媒介作用不可分割。

（四）迅速扩张的“反恐文化”特征

“9·11事件”后，“反恐”成为美国社会和政治生活的主要意识形态，全民被动员起来，参与到这一新的意识形态的建构中。① “反恐”改变着美国文化，也逐渐成为一种的新的实践文化影响着美国侦查权的构造。鉴于恐怖主义犯罪对美国安全造成的威胁，美国通过《爱国者法》等系列法案来调整和扩张侦查权的运行，构建“大侦查权”赋予侦查活动更多的自主权，特别是扩充了联邦政府拦截、共享与使用私人通讯，尤其是私人电讯等秘密侦查权力。而多数美国民众认为《爱国者法》对于确保美国安全是十分重要的，因而许多涉嫌侵犯公民隐私的条款也是可以接受的。但随着美国国家安全局“棱镜计划”的曝光，越来越多的反对者开始指责在“反恐”政策下政府强大的侦查权对公民人身自由权和隐私权的侵犯，并要求加强司法审查。

第二节 法国侦查权制衡机制运行考察：以乌特罗案后的相关制度变革为对象

与海洋法系联邦制警察管理体制的代表美国不同，法国是典型的大陆法系中央集权制警察管理体制国家。不仅世界宪兵制度起源于法国，现代意义上的检察制度也起源于法国。② 法国的侦查主体、侦查制度与侦查制约机制都是比较有特色的，且与美国相比，更为统一、清晰。自进入21世纪以来，《法国刑事诉讼法》进行了几次重大修改，改革的内容涉及警察拘留权监督、预审制度改革以及犯罪嫌疑人权利保障等方面，在镇压犯罪与正当程序中摇

---

① 王炎：“‘反恐’改变着美国文化”，载《天涯》2006年第1期。

② 施长征、肖晓峰：“论检察权的配置”，载《中国政法大学学报》2011年第5期。

摆前进，这不仅值得关注，而且对我国侦查体制的完善也不乏可借鉴之处。

一、法国侦查权的配置与发展

(一)法国侦查权运行

按照《法国刑事诉讼法》的规定，在需要追诉收集犯罪证据的案件中，侦查程序被分为初步调查(enquête préliminaire，也称"非正式侦查")和侦查(information，也称"正式侦查")，即通说所认为的"二步式侦查模式"。其中初步调查，是指在没有预审法官的领导、指挥下，由共和国检察官指挥司法警察对发生的案件进行调查；而侦查是指，决定是否将犯罪嫌疑人提交审判法庭进行审判前，由预审法官受理案件并对案件进行深入调查(enquête)。① 法国刑事诉讼程序中享有侦查权的主体较为明确，即司法警察(la police judicaire)、检察院(le ministère public)和预审法官(le juge d' instruction)。《法国刑事诉讼法》第一卷"提起公诉及预审"(De l' exercice de l' action publique et de l' instruction)第一编分三章对侦查主体的人员构成及权限范围等进行立法说明。

1. 司法警察

《法国刑事诉讼法》第一卷第一编第一章对司法警察的人员组成、权力范围及其限制做了详细而明确的规定。根据该法第15条之规定，法国的司法警察(la police judicaire)包括：司法警察警官；司法警察警员；助理司法警察警员；依法负有司法警察职责的官员或人员。而根据第16条之规定，下列人员可具有司法警官资格：(1)市(镇长)及其助理；(2)经司法部和国防部提名并征得某个委员会同意的宪兵军官、授衔军士和在宪兵队服役3年以上的宪兵；(3)国家警察总监察、副总监察、总督察、警务专员及各级警官；(4)经过一

---

① [法]贝尔纳·布洛克著：《法国刑事诉讼法》，罗结珍译，中国政法大学出版社2009年版，第343页。

个委员会同意后，依司法部长和内政部长发布的条例指名的，至少在国家警察的基层管理和执勤人员中服役3年的公务员。[①] 这可能包括行政部门和公共事业部门中的公务员和工作人员，如税务机关工作人员、海关工作人员、劳动就业监察员，竞争委员会、消费委员会、打击欺诈委员会及环境部门的工作人员等。[②] 法国司法警察隶属内政部领导，接受共和国检察官的监督与指导（在部分违警罪及森林案件犯罪中，由警察分局局长、市长及相关技术官员行使检察职权）。法国宪兵组织较为特殊，他们一般在宪兵队辖区的社区内行使国家警察职权，属于军队层级的一部分，但平时归属内政部管辖，战时移交国防部。

法国司法警察在侦查开始前后的职权不同：侦查开始前，司法警察的职权是查证违反刑事法律的犯罪行为、搜集犯罪证据、查找犯罪行为人；侦查开始后，其职权是执行预审法庭的委托事项，按照预审法庭的要求办案，司法警察在检察官的指导下执行公务。[③] 因而在法国，司法警察本身并不是司法机关，而是享有有限调查权限和在共和国检察官授权下开展案件侦查活动的行政机关。

2. 共和国检察官

《法国刑事诉讼法》第1条开宗明义地指出："为适用刑罚之公诉由司法官（les magistrats）或法律授权公诉的官员（les fonctionnaires auxquels elle est confiée par la loi）发动（mise en mouvement）与进行（exercée），公诉亦可由受到损害的当事人依本法规定的条件发动。"而第31条规定，检察院是代表社

---

① Code de procédure pénale（Version consolidée au 11 octobre 2013），A16. 该范围根据法国2003年第2003－239法律（Loi n°2003－239 du 18 mars 2003－art. 8）和2011年第2011－525法律（Loi n°2011－525 du 17 mai 2011－art. 156）调整，其中除了第（1）、（3）类是特定职务人员外，其他两类的司法警察资格均需授权。

② 潘晓辉："法国司法警察：活动在刑事执法第一线"，载《检察日报》2007年11月19日第4版。

③ Code de procédure pénale（Version consolidée au 11 octobre 2013），A14.

会行使公诉权,要求"适用法律"的机关。因此,是否提起追诉的决定原则上是由共和国检察官做出。法国实行"审检合署",检察院分别设立于各刑事法院中①,但并不表示检察系统依附于法院。法国检察院隶属于司法部,由其进行领导,实行全国一体化原则。因而法国共和国检察官具有司法和行政官员的双重身份,成为一个矛盾的载体而广受质疑。②

如同所有的侦查运行设置一样,法国对警察在侦查期间的拘留权进行规制的主要方式是司法官的监督,在多数情况下,这是检察官的责任。他的义务是侦查和起诉犯罪,并且对警察拘留的实施进行监督。③ 共和国检察官辖区内的所有司法警察所搜集的所有笔录的原本及副本和所有与之相关的文书、文件材料包括他们接受的告诉(la plainte)与告发(la dénonciation)都应直接报送共和国检察官,由其进行审查。④ 共和国检察官在知悉犯罪或接到告诉并进行审查后,应按照具体情况,依据"追诉的适当性",⑤分别作出发动追诉、不予立案或适用刑事诉讼法第41-1条和第41-2条实行追诉替代措施的决定。而根据发动追诉决定作出的立案侦查意见书(réquisitoire à fin d' informer)是共和国检察官向预审法官提出的用以发动追诉的文书,也是预审法官开展正式侦查的依据。预审开始后共和国检察官依职权行使监督权。

---

① Code de procédure pénale(Version consolidée au 11 octobre 2013),A32.

② 欧洲人权法院曾在梅德维耶夫诉法国(Medvedyev v. France)一案质疑法国共和国检察官的司法性,具体详见本节第二部分。

③ 《法国刑事诉讼法》第41条规定,检察官的责任是"领导"警察履行期侦查和起诉犯罪的义务。1993年的改革明确,其责任还包括对警察拘留进行监督。参见[英]杰奎琳·霍奇森著:《法国刑事司法——侦查与起诉的比较研究》,张小玲、汪海燕译,中国政法大学出版社2012年版,第200页。

④ Code de procédure pénale(Version consolidée au 11 octobre 2013),A19.

⑤ 追诉适当性制度(system de l' opportunité des poursuites),源于《荷兰刑法典》第167条第2款,与法定追诉(légalité des poursuites)相对,即共和国检察官可以按照法律规定,对司法警察部门或其他任何公务助理人员向其转达的笔录与其他材料"完全自由"地做出评判。刑事法院不得批评检察院在评判提起诉讼的适当性方面行使权利,否则即是越权。参见[法]贝尔纳·布洛克著:《法国刑事诉讼法》,罗结珍译,中国政法大学出版社2009年版,第329页。

3. 预审法官

预审法官只有根据共和国检察官的立案侦查意见书才能开始侦查，案件一旦进入正式侦查阶段，预审法官就成为侦查的主要负责人。预审法官可以前往现场进行勘验、搜查、扣押，但应通知共和国检察官。共和国检察官也可以要求列席参与其要求进行的侦查活动。《法国刑事诉讼法》一方面将涉及剥夺人身自由的司法令状或司法裁判性质的决定原则上赋予预审法官，如预审法官可以依法签发通缉令、传唤通知书、拘票以及逮捕令等；另一方面赋予预审法官依法亲自或委托司法警察警官进行其认为有益于查明事实真相的一切侦查行动，查找犯罪有、无的证据。① 因此，预审法官可以采取询问证人、讯问受审查人、听取民事当事人的陈述（根据法国刑事诉讼法受害人可以在预审进行过程中的任何时刻成为民事当事人②）、搜查、扣押、司法监听（只有预审法官可以作出）、司法监督、③先行羁押等措施。同时拥有两种不同性质的权力使预审法官的地位受到质疑（具体详见本节第二部分的论述）。在侦查终结时，预审法官应作出极为重要的司法裁判性质的“侦查终结裁定”（ordonnance de réglement），并应通知受审查人或有律师帮助的证人。

（二）法国侦查权制衡的主要路径

1. 对司法警察的监督

法国刑事诉讼法虽然规定应由预审法官开展正式的侦查活动，但同时也赋予了司法警察在初步调查、对“现行犯罪”（infraction flagrante）④案件中进行搜查、扣押、勘验以及拘留、逮捕等广泛的侦查权力和必要的强制措施。法

---

① Code de procédure pénale（Version consolidée au 11 octobre 2013），A80 – A81.

② Code de procédure pénale（Version consolidée au 11 octobre 2013），A87 – 1.

③ 笔者注：实行司法监督的决定（décision de mise sous contrôle judiciaire）是为了预审程序开展的必要性，即查明事实真相和维护公共秩序的需要，而为受到指控的人保留最大限度的自由采取的保安处分措施，如提供人保、物保、定期向法官指明的机关或部门报到等。

④ 现行犯罪是指正在实行或刚刚实行的重罪与轻罪，在实行犯罪活动之后很短时间内，犯罪嫌疑人因公众呼喊而受到追捕，或者发现其持有赃物或者带有犯罪痕迹或线索，亦为现行犯罪。参见 Code de procédure pénale（Version consolidée au 11 octobre 2013），A53.

国对司法警察职权的监督主要包括内部监督、检察监督以及预审法官、预审法庭监督。

司法警察的内部监督主要为上级机关的内部纪律惩戒。共和国检察官对司法警察的监督除前文所述的材料审查外，主要体现在对其具体侦查行为的监督和对其职业生涯的影响两个方面。例如，警察开始实行拘留时，应当立即报告共和国检察官；[①]检察长对经授权办案的司法警察警官所做的评语，在做任何晋级(avancement)决定时，均应在考虑之内，该项措施直接规定在法国刑事诉讼法中。[②] 但在实践中，在一些地区共和国检察官的匮乏，导致其对大多数案件的侦查监督是通过电话询问完成的，他们很难做到亲莅指导，获取案件侦查的信息存在很大的局限性，完全依赖于警察的汇报，存在较大风险，"检察官只能监督警察向其报告的案件"[③]而反受司法警察限制。

《法国刑事诉讼法》第224条规定，预审法庭对司法警察警官及警员的文职与军职人员以此身份开展的职务活动实行监督。在不妨碍上级有可能对司法警察警官或警员给予纪律制裁的情况下，预审法庭可以向警官或警员提出意见，或者决定该警官或警员暂时或最终不得在本上诉法院管辖范围内或全国范围内担任司法警察警官职务及预审法官的委派代表职务，或者不再享有司法警察资格，并且该决定一经做出，立即生效。[④] 此外，对任何案件，上诉法院预审法庭均可在侦查过程中受理由预审法官、共和国检察官或当事人以及由律师帮助的证人撤销某一诉讼行为或文书的请求。当某项实质性手续违反刑事诉讼法或其他刑事诉讼程序条款规定，已经危害到与诉讼有关的当事人的利益时，以"侦查行为无效论处"。[⑤] 如果预审法庭在审查提交的案卷

---

① Code de procédure pénale(Version consolidée au 11 octobre 2013),A63.

② Code de procédure pénale(Version consolidée au 11 octobre 2013),A19－1.

③ [英]杰奎琳·霍奇森著:《法国刑事司法——侦查与起诉的比较研究》,张小玲、汪海燕译,中国政法大学出版社2012年版,第224～235页。

④ Code de procédure pénale(Version consolidée au 11 octobre 2013),A227.

⑤ Code de procédure pénale(Version consolidée au 11 octobre 2013),A170－A174.

是否符合程序中发现存在无效事由,得宣告受此影响的文书无效,以及如有必要,宣告此前进行的程序全部或部分无效(tout ou partie de la procédure ultérieure)。[①]

2. 对共和国检察官监督与指导权的监督

共和国检察官作为法国侦查的监督与指导者,在侦查中占据极其重要的地位,其中许多权力因带有很大程度上的主观色彩如"追诉适当性"原则而存在权力滥用的担忧。鉴此,法国法律亦规定了一系列措施来监督检察权。首先,共和国检察官必须服从上级的监督。如果检察长认为共和国检察官作出的不予立案决定违背社会利益,就可以向其发出指示意见,或直接发出发动公诉的命令。[②] 其次,在共和国检察官作出不予立案的决定时,受害人仍然可以向刑事法庭提起诉讼而发动公诉。最后,预审法庭对于被移送诉讼案卷中有关联的未予涉及的罪状或者部分未被提起追诉的,预审法庭可以依职权或者依检察长之申请命令进行侦查或补充侦查。[③] 然而这仅限于共和国检察官提交对某一犯罪行为提交案卷材料的情形,如果其作出全部不追诉的决定,那预审法庭则不能发挥此审查作用。

3. 对预审权力的制约

预审标志着正式侦查程序的启动,以便预审法官能够对案件展开侦查,对于重罪案件,预审是强制性的,而对于轻罪和违警罪则是裁量性的。[④] 对预审权力的制约与监督是法国侦查权制衡机制的主要内容。首先,共和国检察官对预审法官的侦查行为依法享有监督权。除上文所提及的共和国检察官可以要求列席预审法官的侦查行为外,共和国检察官也可以自行或者应当事人的请求,以说明理由的意见书要求预审法官放弃案件管辖,转由另一预审

---

① Code de procédure pénale(Version consolidée au 11 octobre 2013),A206.

② Code de procédure pénale(Version consolidée au 11 octobre 2013),A36.

③ Code de procédure pénale(Version consolidée au 11 octobre 2013),A202 – A205.

④ Code de procédure pénale(Version consolidée au 11 octobre 2013),A79.

法官管辖。对预审法官的任何裁定,检察院都有权向上诉法院预审庭提出上诉。对于预审法官所审查的犯罪证据,如果检察院认为其不构成轻罪或违警罪,或认为犯罪嫌疑人仍未查明,可以作出“不起诉裁定”(ordonnance de non-lieu)。其次,受审查人和民事当事人可以对预审法官的侦查行为提出请求或上诉。预审法官每6个月均应向民事当事人告知调查的进展情况。① 再次,上诉法院预审庭可就预审法官开展的侦查行为进行合理审查,并依据当事人的请求或依职权命令预审法官进行其认为有益的任何侦查行为,并始终可以命令释放受审查人或在法定期限内依法宣告侦查行为无效。最后,法国刑事诉讼法赋予上诉法院预审庭庭长特有权力,根据这些权力,其可以监督预审法官的权力行使。② 如巡视管辖区内的所有拘留所并查看先行羁押人的状况,并让预审庭就当事人的“继续羁押的适当性”作出审理裁判。

二、乌特罗案后法国侦查制衡机制之主要变化

21世纪后的法国司法改革,以镇压犯罪和正当程序的辩证为特色,并在二者之间不断摇摆前进。一方面,随着被称为“司法系统切尔诺贝利事件”的乌托罗案③丑闻曝光和来自欧洲人权法院的指责,对预审法官的制约、对检察

---

① Code de procédure pénale(Version consolidée au 11 octobre 2013),A90 - 1.

② Code de procédure pénale(Version consolidée au 11 octobre 2013),A219 - 223.

③ 笔者注:2001年预审法官比尔戈以涉嫌重大儿童性交易案的理由,下令逮捕了德莱夫妇,多明尼克·维埃尔神父等总共18名被告,但嫌疑人对此拒不认罪。由于社会影响较大,所涉人员较多,案件的预审持续3年半时间,共传讯几十名犯罪嫌疑人或证人。在整个预审过程中,比尔戈法官始终固执地认为相关犯罪嫌疑人犯有性侵害的罪行,对于辩方的意见不予理睬。随后,18名犯罪嫌疑人分别以聚奸、狎猥和毒害儿童等罪名被提起公诉。2004年7月2日,圣·奥梅尔重罪法庭作出一审判决,除1名犯罪嫌疑人在审前先行羁押阶段因不堪重负自杀外,有7名被告人被无罪释放,10名被告人被判有罪。在媒体的不断呼吁下,案件引起法国司法部的高度重视,随即由巴黎重罪法院予以重审。2005年12月1日,巴黎重罪法院作出二审判决,撤销了一审判决中对6名被告人的有罪判决。至此,除4名被告人被最终判定有罪之外,其余13名被告人均被无罪释放。在该案件长达四十多个月的预审期限中,14名无辜者除1人自杀、1人因怀孕得保外候审外,其余都长期被先行羁押。不少犯罪嫌疑人因此而蒙受了巨大的精神痛苦,妻离子散、众叛亲离。

官的合理定位以及扩大律师帮助权等呼声越来越大;另一方面,受"9・11事件"等国际恐怖主义犯罪的影响,为了维护国家安全和保护被害人的权利,扩大警察侦查权成为趋势。

(一)预审法官侦查权与裁判权之争

乌特罗案集中暴露了法国预审法官制度的弊端,即集侦查权与裁判权两种性质不同的权力于一身,使其权力得不到有效的监督和制约。该案件也充分说明了通过创立一个自由与羁押法官(juge des libertés et de la détention)[①]以及增加被告人的诉讼权利的制约措施也明显存在困难。对此,法国国会在2005年成立了一个关于司法功能障碍的调查委员会,以查明案件引起司法功能障碍的原因并对司法改革提出报告。根据该报告,法国在2007年3月5日颁布《加强刑事程序平衡法》(loi n°2007 – 291 du 5 mars 2007 tendant à renforcer l' équilibre de la procédure pénale),设置了一系列的制约预审法官的措施,其中最为显著的是第6条和第7条关于预审法官和预审合议制的规定(dispositions relatives aux pôles de l' instruction et à la cosaisine des juges d' instruction.)。

根据该规定,法国建立预审合议制度,即规定了预审中心和预审法官共同审理等事项。除将《法国刑事诉讼法》中一些涉及管辖权的法条中的"预审法官"改成了"预审中心"外,而且还建立了预审"合议庭"审理制度,将一些条文的"预审法官"改为"预审合议庭",原来由预审法官行使的部分职权现改为由预审合议庭行使。如根据该法第7条及其相关规定,将《法国刑事诉讼法》第83条改为:法院院长,或者在法院院长因故不能履行职责时,替代院长的司法官,得为每一案件的侦查指定由3名预审法官组成的预审(合议)庭行使侦查权,且其中1名职位最高的司法官行使协调法官职责。该合议组织行

① 法国2000年6月15日第2000 – 516号法律设置了"自由与羁押法官"以限制预审法官在决定羁押方面的权力。

使本法规定的预审法官各项特权:决定(对嫌疑人)实行审查、对有律师协助的证人实施审查、实行司法监督、向自由与羁押法官提出申请、提出终结侦查意见以及作出终结侦查裁定(如不移送起诉裁定)。这些决定均由该合议庭作出。预审法官的其他职权行为,可以委托合议庭内的1名预审法官完成。[①]由此看来,法国在保留了预审法官侦查权、裁判权的基础上对侦查权进行了再次分离,即通过率先建立多个预审中心及配套实施共同审理(管辖)机制来解决预审法官不足的问题,然后通过合议制对预审法官的侦查权进行抗衡。[②]

但预审合议制的实行被之后的法律一拖再拖,[③]2009年1月,时任法国总统萨科齐在《关于刑事司法改革计划》中,特别提到将取消现行"预审法官",将预审法官之前所主导的刑事侦查权交由共和国检察官行使。但该措施随着奥朗德政府的上台未能得到实现,而是在2014年1月1日和2015年1月1日颁布的《法国刑事诉讼法》将确实施行预审合议制。然而法国法律拥有诸多不确定的因素,作为最具有法国刑事司法象征性的角色——预审法官,已经被证实存在激烈争论,[④]其何去何从,将作如何改变,值得我们关注。

(二)检察官司法性之质疑

乌特罗案的发生,不仅说明法国预审法官的主体性质存在矛盾,也证明法国共和国检察官司法监督功能存在缺陷,以至其司法定位深受质疑。根据《法国刑事诉讼法》,共和国检察官负责侦查和起诉,包括指挥警察的侦查活动和监督警察对犯罪嫌疑人的拘留与审讯。虽然《法国宪法》将共和国检察官定义为司法官,但其实行层级领导,司法部长可以自由地对检察院作出书

---

① Loi n° 2007-291 du 5 mars 2007 tendant à renforcer l'équilibre de la procédure pénale, A7.

② 肖军、刘静坤:"法国预审法官制度改革新动向",载《人民法院报》2012年8月24日,第08版。

③ 根据2010年12月29日第2010-1657号法律第163条,预审合议制的实行期限至少延至2014年。

④ Jacqueline S. Hodgson, "The French Prosecutor in Question", *Washington and Lee Law Review* 67.1361(2010).

面的指示,也可以依职权对共和国检察官进行罢免或任命他人担任。欧洲人权法院在梅德维耶夫诉法国(Medvedyev V. France)一案中指出:“司法官必须为独立于行政机关以及当事人提供必要的保障,防止其以后代表追诉机关介入刑事诉讼……”很显然,法国共和国检察官须向行政机关负责,同时还是案件中的控诉一方,从这两方面来看,均超出了这一定义,因而使法国检察官的司法性受到质疑,但法国政府拒绝承认这一点。① 但法国检察官的独立性已经在进一步得到增强。如根据 2004 年 3 月 9 日法律规定,虽然司法部长有权利发出有关追诉的一般性指示,但对于个案,司法部长只能要求共和国检察官提起追诉而不得要求其放弃追诉。

(三)警察侦查权与参与式侦查之发展与抗衡

受 9 · 11 事件和国际反恐的严峻形势影响,2004 年 3 月法国司法部长递交《使司法适应犯罪发展的法律》(又称“贝尔本二号法律”,La loi du 9 mars 2004 portant adaptation de la justice aux évolutions de la criminalité, dite loi Perben II),根据该部法案,警察在毒品交易、恐怖主义犯罪、有组织犯罪等案件中适用例外性侦查措施,如犯罪嫌疑人可以在拘留所被羁押 96 小时,并且其获得法律建议的时间可以被延迟到 48 小时后,而在调查刑事诉讼法第 706 – 73 条第 3 项(《刑法典》第 222 – 34 条至第 222 – 40 条规定的毒品走私之重罪与轻罪)和第 11 项(《刑法典》第 421 – 1 条至第 421 – 5 条规定的恐怖活动之重罪与轻罪)适用范围的犯罪时,被延迟到 72 小时后。法案还规定了许多非常规性搜查措施以及卧底侦查、跨区域窃听等侦查措施,②而且以往只在预审程序中可以采用的措施,现在检察官也可以在普通的侦查中要求采用。③

---

① [英]杰奎琳 · 霍奇森著:《法国刑事司法——侦查与起诉的比较研究》,张小玲、汪海燕译,中国政法大学出版社 2012 年版,第 3 页。

② 施鹏鹏:“正当程序视野下的反有组织犯罪:法国的经验与教训——以‘贝尔本二号法律’为中心”,载《中国刑事杂志》2011 年第 11 期。

③ [英]杰奎琳 · 霍奇森著:《法国刑事司法——侦查与起诉的比较研究》,张小玲、汪海燕译,中国政法大学出版社 2012 年版,第 200 页。

与此同时,受《欧洲人权公约》和欧洲人权法院的影响,法国律师和当事人扩大辩护权的呼声日益高涨。法国掀起了一系列加大侦查阶段律师帮助权的司法改革计划,我国有学者称其为法国式的"参与式侦查"改革。[①] 如2010年3月司法部接受勒热委员会的建议宣布改革警察拘留程序"在拘留12小时后,嫌疑人有权再次会见律师,有权查阅审讯的记录,而且如果拘留被延长超过24小时,警察拘留过程中包括对其当事人的任何审讯过程中律师都可以在场"。[②] 2011年6月根据法国司法部的改革法案,任何人在没有机会咨询律师并获得律师帮助的情形下所做的供述,不得作为确定其有罪的根据。[③] 此外,2007年3月5日的法律还加强了当事人的侦查参与和监督权。除了规定向鉴定人提出问题以及对鉴定报告提出意见的权利外,各方当事人还可以就共和国检察官提出的侦查意见书提出书面意见,他们也可以在1个月或者3个月的期限内根据第81条第9款、第82-1条、第156条第1款与173条第3款的规定提出请求与申请。这一期限经过后,各当事人还可以在10日内向预审法官提出辩解。[④]

三、法文化视野下法国侦查权制衡理念的特征

法国是欧洲文化的中心,[⑤]三权分立学说、社会契约论等资本主义社会制度文化源于法国。但法国在立法权、司法权与行政权的分立设置与美国相比截然不同,其强调的是各自职能的独立行使,而不注重机构的统一分离设置,并在侦查权制衡理念凸显法国浓郁的欧陆文化特征。

---

① 刘计划:"法国、德国参与式侦查模式改革及其借鉴",载《法商研究》2006年第6期。

② [英]杰奎琳·霍奇森:"法国检察官的独立性:基于新近扩权改革的多重质疑",朱奎彬译,载《交大法学》2011年第1期。

③ [英]杰奎琳·霍奇森著:《法国刑事司法——侦查与起诉的比较研究》,张小玲、汪海燕译,中国政法大学出版社2012年版,第6页。

④ [法]贝尔纳·布洛克著:《法国刑事诉讼法》,罗结珍译,中国政法大学出版社2009年版,第435页。

⑤ 王海冬:"法国的文化政策及对中国的历史启示",载《上海财经大学学报》2011年第5期。

（一）司法配合主义特征

法国司法机关的职能设置亦以配合为主，兼顾审查，同时带有一定“官僚化”的国家集权历史特征。例如，前文所论述的，《法国刑事诉讼法》要求共和国检察官既指导侦查又对其进行审查，要求预审法官既指挥重大案件的侦查又有享有一定的司法裁判权，这种要求既介入其中又超然于物外的中立立场，使监督职能几乎成为不可能。而且共和国检察官与法官之间在具体职能与权责方面存在混同。而法国立法者不断通过添加新的法律规范来修改法国刑事诉讼法，而这些新的规范既缺乏足够的配套手段，也缺乏对刑事司法系统内部如何协调的整体反思。“这样的修修补补，甚至偶尔还要加上这些立法上的摸索，看起来都是那么的不切实际和毫无用处。”同时，在司法人员任免与培训上，预审法官和庭审法官的选拔及培训方式相同，且在职业生涯中可能相互调换。但是，这种封闭性和同属“一伙”的感觉，也可能对相互的独立性不利。正如在乌特罗案中所证明的那样，当司法官们对他们的同事过于信任，不加批判地采用同样方法、同样观点时，可能会带来问题。①

（二）主观性色彩浓厚，强调职业自律

不同于大革命时期的“法定追诉”之规定，《法国刑事诉讼法》实行“追诉适当性制度”、“当事人可惩罚性制度”以及自由心证制度等一系列主观色彩较重的制度措施。如前所述，根据《法国刑事诉讼法》第 40 条第 2 款之规定，共和国检察官可以完全自由地对司法警察部门或其他任何公务助理人员或公务员向其转送的案件材料进行评判。同时共和国检察官应当在司法警察的帮助下，收集有关犯罪人人格方面的各种必要情况，以便其做出当事人是否有追诉必要的决定或采取有利于当事人回归社会的措施。根据该法第 81 条第 6 款及其相关规定，预审法官也应对受到追诉的人人格及其生活环境进

---

① ［英］杰奎琳·霍奇森：“法国检察官的独立性：基于新近扩权改革的多重质疑”，朱奎彬译，载《交大法学》2011 年第 1 期。

行调查。而根据当事人人格制定的“受指控人的人格案卷(dossier de personnalité de l’inculpé)作为“当事人可惩罚性”证据。该法第427条还规定了自由心证制度,即犯罪得以任何证据形式(mode de preuve)认定,并且法官依照其内心确信并做出判决。如此主观的制度规定,法国十分强调和依赖司法机关内部制约和司法官内心自律的作用,并始终注意培养司法官的职业道德信仰和职业文化。在最高司法官委员会的监督下,每个司法官都是法国司法机关和司法公正的代表(强调整体利益和意识),任何人违反司法公正的行为都是对整个职业信誉的损害,将受到内部纪律处分。

同时,一样的思维模式和司法文化特征,在具体证据的认定上,法国司法非常重视犯罪嫌疑人内心“自白”。一位检察官对自白在法国刑事诉讼程序中所具有的重要性进行了描述:“对我们来说,自白,在具有拉丁传统的国家,总是具有非常重要的地位,而盎格鲁—萨克森总是试图对它进行限制。其由来是历史性的,并且我要说,几乎是思想意识和宗教的。”①

(三)法国文化的衰落以及外来文化的影响

自从20世纪70年代中期以来,法国的文化软实力在逐渐衰落。引用法国评论家阿兰·哥曼(Alain Quemin)的话称:“20世纪四五十年代,法国毫无疑问是世界艺术之都,那些渴望出人头地的艺术青年全都慕名而来,而如今,他们纷纷涌向了纽约。”②近年来随着欧盟经济一体化的成熟和政治一体化的发展,欧盟文化对法国文化的发展产生了重要的影响。随着这一文化趋势的发展,法国司法改革频繁而反复,受到欧洲人权法院以及来自美国等海洋法系的影响。法国1993~2000年的司法改革以《欧洲人权公约》为蓝本,强调加强正当程序的保护,如犯罪嫌疑人被羁押后会见律师权利的具体规定;2000~2004年则强调安全是“根本的权力和最重要的自由”,个人权利和自由

① [英]杰奎琳·霍奇森著:《法国刑事司法——侦查与起诉的比较研究》,张小玲、汪海燕译,中国政法大学出版社2012年版,第237页。

② 王海冬:“法国的文化政策及对中国的历史启示”,载《上海财经大学学报》2011年第5期。

不再受到正当程序权利条款的保护，而是通过对犯罪行为的镇压来获得保护。[1] 在2006年后，特别时2010年后的数次改革中，在受美国9·11事件的影响加大警察对特殊案件的侦查权的同时，当事人的监督权和律师帮助权逐渐得到加强，如参与式侦查制度改革和预审制度改革等。但从法律传统文化上讲，在法国对律师辩护权的强化被视为对检察官职能以及司法监督的诉讼传统的直接攻击，梅德维耶夫诉法国案未获得法国国内接受就是最有力的证明。[2] 因而，法国现阶段司法改革中律师辩护权的扩大，从本质上是为了增强检察官的独立性。

第三节 荷兰侦查权制衡机制运行考察：以当代尼德兰相关制度为分析对象[3]

在荷兰，“刑事诉讼程序的核心不再是传统意义上的审判，而是审前的侦查程序。在审前的侦查程序中，警察或预审法官已经与犯罪嫌疑人、证人和鉴定人充分接触，调取相关证据并定案；法院的主要审判活动则被弱化为对警察、预审法官所调取证据可靠性和充分性进行确认”。[4] 在中国的刑事诉讼过程中，侦查权所主导的程序运作也存在同样的情形。有学者认为：如果单

---

① [英]杰奎琳·霍奇森著：《法国刑事司法——侦查与起诉的比较研究》，张小玲、汪海燕译，中国政法大学出版社2012年版，第54~65页。

② 法国政府认为该案件的判决是对法国法律文化的公然反对。在法国大多数人都不信任律师，认为他们有利于那些从事有组织犯罪的富人，律师还被认为是为犯罪分子服务的人，而检察官作为司法官，是为社会利益服务的人。参见[英]杰奎琳·霍奇森：“法国检察官的独立性：基于新近扩权改革的多重质疑”，朱奎彬译，载《交大法学》2011年第1期。

③ 荷兰王国由四部分组成，是荷兰本土、阿鲁巴、库拉索和圣马丁。从法理上看，荷兰王国下属的各部分皆具“国家”地位，各部分皆有完全的自治权，各自拥有自己的宪法，其中欧洲大陆荷兰的宪法称为 Nederlandse Grondwet，直接沿袭自1815年的王国宪法，其名称虽然保留称为“王国宪法”，但法理上只对欧洲大陆荷兰有效。所有侦查所依据的相关刑事诉讼法律，都是在该宪法框架下完成的。本书选择将欧洲大陆荷兰的侦查权制衡制度作为研究对象，并不涉及荷兰王国的其他海外领地。

④ P. J. P. Tak, *The Dutch criminal justice system*, Willem-Jan van der Wolf, 2008, p. 32.

从追究犯罪的效果这个角度来观察中国的刑事程序,侦查毫无疑问是中国程序的中心,在一定意义也可以说,真正决定中国犯罪嫌疑人和被告人命运的程序不是审判,而是侦查。[①] 总体而言,侦查程序俨然也成为刑事诉讼的核心,而侦查权又赫然成为侦查程序运作的核心内容。必须在侦查权运行与人权保障之间寻求平衡,这一平衡需要通过侦查程序制衡机制来实现。“正义是对社会整体的、后天的非正义的征服”,要“依靠外力才能实现”,[②]而仅靠侦查权力主体的自律——侦查权内部监督,难以确保对侦查对象权利的充分维护,必须建构起侦查权的外部制衡机制。在中、荷相关制度的对比研究中,我们发现:尽管两国侦查制度存在诸多不同,但在侦查权制衡机制方面仍存在一些共同的规律。从某种角度而言,荷兰侦查权制衡机制对于中国侦查程序的改革具有借鉴意义。

一、荷兰侦查权的内部制衡机制

在现代法治社会中,世界各国大体上都将侦查权与司法权分开。法官必须中立而独立地进行司法审判工作,刑事侦查权被配属给了警察和检察官。在中、荷两国,由于不同的历史背景、立国思想、政府组织框架、社会文化等因素,中、荷两国检、警侦查权制衡机制存在较大差别。

(一)检察的侦查控制权

1. 检察机关的法律地位和组织

中、荷两国的检察机关都被定位为实行科层制组织的司法机关,而非一般意义上的行政机关。检察官制度起源于法国,随即传入同为大陆法系国家的荷兰。荷兰检察署是司法机关,它是驻地方法院、上诉法院的全国性组织。检察署的最高统帅机构是总检察长委员会,虽然不是荷兰公共安全与司法部

① 孙长永著:《侦查程序与人权》,中国方正出版社2000年版,序言第5页。

② [英]齐格蒙.鲍曼著:《后现代性及其缺憾》,郇建立译,学林出版社2002年版,第54页。

(Ministerie van Veiligheid en Justitie)[①]的下属机构,但荷兰公共安全与司法部部长对检察署的运作负总责。

中国也在20世纪初清末刑事司法体制改革过程中引入检察官制度,并在1949年对检察机关及其组织形态依列宁的"大检察"思路进行重大改革。中国检察机关拥有无所不包的立法、执法、司法、守法等领域的监督权。检察机关从中央到地方设置了四级机构组织,与各级人民法院相对应,但独立于各级法院分署办公。各级检察院在检察长的领导下从事各项事务,与司法部没有隶属关系,司法部长无权干涉检察机关的任何事务。

2. 检察机关的侦查控制权

两国检察官都有权代表国家对犯罪进行追诉,检察官都处于控方的诉讼地位,都拥有一定的侦查权。在侦查实践中,两国检察机关对警察侦查活动进行监督和控制,但是这种侦查控制权存在以下不同。

在荷兰的刑事司法体制中,法律明确规定了侦查权属于检察机关,[②]检察机关对侦查程序运作结果负责。在《荷兰刑事诉讼法》实施过程中,法律上的侦查权由检察机关行使,警察作为检察官的助手,在检察官领导和指挥下实施具体侦查活动。但必须认识到,在侦查技术和策略方面,警察比检察机关掌握更多的专业人才和专门技能。[③] 实践中大多数案件的侦查活动一般都是由警察独立实施,但检察机关有权随时指派检察官参与警察正在进行的任何侦查活动,充当领导者。重大刑事案件的侦查,警察必须向检察官详细汇报,由检察官决定侦查措施的采取。在侦查过程中,警察若需使用自动步枪等武

---

① 荷兰公共安全与司法部(Ministerie van Veiligheid en Justitie)是主掌荷兰司法的政府部门,原名为"司法部"(Ministerie van Justitie),吕特内阁上任后(2010年),原内政部掌管的部分公共安全职权转移至司法部,10月14日正式改名。资料来源 http://www.government.nl/ministries/venj#ref-justitie,最后访问日期:2013年11月27日。

② 荷兰《刑事诉讼法》第132a条规定:"刑事侦查,是指根据第67条第1款的规定,因……在检察官主持下在刑事诉讼中所尽心规定调查。"

③ 姜明川:"关于荷兰、奥地利司法制度的考察报告",载《山东审判》2007年第2期。

器,须获得检察官的事先授权,授权书是由司法部长签署的书面文件。① 警察若需要逮捕、拘留犯罪嫌疑人,也必须获得检察官的批准。秘密侦查力量——卧底、特情人员的派遣,也需要在事前获得检察官的批准。从事侦查事务的警察必须服从检察官的侦查指挥,《荷兰刑事诉讼法》第148条规定:若警察不执行检察官的指令将会导致纪律制裁。② 在侦查终结时,检察机关不论是否参与具体的侦查活动,都必须对侦查的成果和证据承担最终的责任。

在中国的刑事司法结构中,检察机关也有用一定的侦查控制权。一方面,中国检察机关拥有完整的职务犯罪侦查权。人民检察院直接侦查的案件包括贪污贿赂犯罪,国家工作人员的渎职犯罪,国家机关工作人员利用职权实施的非法拘禁、刑讯逼供、报复陷害、非法搜查的侵犯公民人身权利的犯罪以及侵犯公民民主权利的犯罪。对于国家机关工作人员利用职权实施的其他重大的犯罪案件,需要由人民检察院直接受理的时候,经省级以上人民检察院决定,可以由人民检察院立案侦查。2012年《刑事诉讼法》增强了检察机关侦查权,尤其是增强了强制侦查权,包括强制措施的扩充、侦查手段的扩张和取供条件的改善。③ 另一方面,中国检察机关有权监督所有侦查活动的合法性。检察机关有权对立案进行监督,有权审查批准对犯罪嫌疑人的逮捕,有权要求侦查机关补充侦查,有权通知侦查机关纠正违法侦查行为。特别值得注意的是,修改后的《刑事诉讼法》第115条首次规定建立对各种违法侦查行为的投诉受理机制,规定检察院为申诉或控告的处理机关。另外,新修的其他条文还规定了检察机关对指定居所监视居住的决定和执行是否合法实行监督,设立逮捕后羁押必要性审查程序,检察机关排除非法证据的环节,明

① *Politie in Nederland engels*. p. 31.

② P. J. P. Tak, *The Dutch criminal justice system*, Willem-Jan van der Wolf, 2008, p. 44.

③ 龙宗智:"理性对待法律修改慎重使用新增权力——检察机关如何应对刑诉法修改的思考",载《国家检察官学院学报》2012年第3期。

确检察机关对查封、扣押、冻结等侦查措施履行法律监督等。① 但“检察机关的诉讼监督作用具有有限性”。②

3. 中荷检察官侦查控制权结构比较分析

虽然,从表面上看,中、荷两国检察机关都有侦查控制权。但是,从本质上看,这两种侦查控制权差别极大:首先,性质是不一样的。荷兰检察机关的侦查控制权,本质上是侦查权。检察机关必须对侦查程序进行全程控制,有权指挥警探从事侦查事务,并对警探侦查的结果承担责任。而中国检察机关的侦查控制权,本质上是法律监督权。我国宪法明确规定了检察机关的性质是法律监督机关,检察机关在侦查过程中无权指挥公安机关等侦查机构,对公安机关的侦查结果也无须负责。其次,侦查控制权的内容也相差较大。荷兰检察机关享有侦查活动的实际领导权,有权命令警察采取实施卧底、监听等重大侦查措施,检察机关还监督侦查活动的合法性。而中国检察机关则无权干涉公安机关具体侦查措施的采用,它对公安机关侦查行为最有效的控制方式就是审查批捕,其他侦查合法性监督往往都以通知或申诉处理的方式作出,缺乏有效的侦查控制措施。

(二)警察的自主侦查权

1. 警察的法律地位和组织

随着警察职业化和正规化的发展,中、荷两国都将侦查犯罪的具体事务交给了警察,并发展出了越来越专业化的侦查部门。在荷兰,警察总署隶属于内务和王国公共关系部门。警察的核心工作任务是巡逻防范犯罪,侦查打击犯罪。警探专司刑事案件的侦破。警察涉及侦查的工作部分,须向司法部负责。内政与王国关系部部长和司法部长共同对荷兰全国警务质量负责,特别是当警察行使侦查职能时,受司法权力代表的检察官的领导,因为荷兰是

① 马永胜:“刑事诉讼法修改与检察机关应对”,载《中国检察官》2012 年第 6 期。

② 程晓璐:“检察机关诉讼监督的谦抑性”,载《国家检察官学院学报》2012 年第 2 期。

一个检察为主导的侦查体制国家。① 荷兰警察组织结构是由 1993 年警察法明确规定的。全国警察,共分为 25 个地方警察局和一个国家警察署,负责执行一系列非常特殊的任务,享有特别权限。在荷兰国家警察署中,设有国家侦查局,负责侦查有组织犯罪和其他重罪案件。荷兰警察系统中的刑事司法事务部门又被进一步专业化细分为侦查执行处、行动技术处、刑事情报处、青少年警务处等。此外,还有设有一些侦查辅助部门,如特情处、地方特别行动队、逮捕队、跟踪队、特别支援组和侦查辅助队。值得一提的是,荷兰警察还设有专门的单位负责性犯罪和环境犯罪的侦查。每一个警察局都有专职警探,负责侦查涉及卖淫、儿童卖淫和色情物品制售等性犯罪。

在中国,警察是一个非常复杂的体系。绝大多数警察隶属于公安部序列,公安部部长有权管辖其属下的警察,无论他们是否从事刑事侦查活动。国家安全部是第二大侦查部门。当依法侦查危害国家安全犯罪案件时,他们享有同公安机关同等的侦查权限。在司法行政序列中,也有司法警察,他们负责监狱内部刑事案件的侦查。不同部门的警察负责不同类型的案件,彼此互不隶属、互不干扰,由各部门首长负责各部门所辖范围侦查事务。与荷兰侦查组织体制差别较大,中国的司法部部长无权管辖非所属机构警察的侦查活动。

中国的警察组织结构是通过 1995 年《警察法》明文规定的。该法规定了警察的侦查权限,侦查方法,武器和强制力的采用,警察招募和培训等内容。2009 年《武装警察法》得以颁行生效,对武装警察的侦查活动有所规范。根据这些法律规范,警察展开各项侦查活动,逮捕危险犯罪嫌疑人、收集证据、讯问犯罪嫌疑人、询问被害人、保护证人等。实际上,中国公安系统的警察负责绝大多数刑事案件的侦查工作,他们侦查的案件占案件总数的 93% 。公安机

---

① 汪建成、黄伟明著:《欧盟成员国刑事诉讼概论》,中国人民大学出版社 2001 年版,第 361 页。

关是最大最重要的侦查力量,34个省份设有省级公安厅局,中央设公安部领导公安工作。公安机关是一个体系完整的警察组织,从中央到地方各级行政区中都设有公安局,在中国所有的乡镇,都设有公安派出所。在所有的公安局中,刑警队都是核心工作部门。同荷兰一样,中国警察也有自己的专业侦查机构。一般而言,所有的公安局及其派出所都有自己的侦查业务人员。此外,所有层级的公安机关都有自己的侦查单位,其中的警探负责侦查刑事案件。

中国刑警部门通常根据案件类型专业化细分为普通刑事警察队、经济犯罪侦查队、网络信息安全处等部门。在一些地方的公安局中,设有专职的禁毒部门。但是,公安局刑侦部门一般不设专门的性犯罪侦查科室,也不专设青少年犯罪侦查科室。取而代之的是设置刑事特别程序给予特殊对象特别保护或限制。《刑事诉讼法》在第五编,用四章初步搭建了我国刑事特别程序的整体框架,包括未成年人刑事案件诉讼程序、当事人和解的公诉案件诉讼程序、犯罪嫌疑人、被告人逃匿、死亡案件违法所得的没收程序以及对实施暴力行为的精神病人的强制医疗程序。① 同荷兰相似,中国建立了侦查辅助组织体系,包括行动技术处、刑事情报处、特警组、刑事科学技术科室等。

2. 警察的自主侦查权

由于警察拥有遍布全国的机构,拥有较为专业的警探组织,在侦查事务中发挥了巨大的作用。为了提高同犯罪作斗争的效能,中荷两国都赋予警察机关广泛的自主侦查权。

在荷兰,虽然检察官拥有侦查控制权,但警察在检察官的指挥下,可以采取各种手段进行侦查。② 首先,警察可以自主采取常规侦查措施。一旦知悉

---

① 陈卫东、杜磊:"刑事特别程序下的检察机关及其应对",载《国家检察官学院学报》2012年第3期。

② P. J. P. Tak, *The Dutch criminal justice system*, Willem-Jan van der Wolf, 2008, p. 82.

犯罪人,警察即可开始侦查。[1] 在侦查过程中,警察可以调查涉案的任何人,可以讯问犯罪嫌疑人、询问证人、勘查犯罪现场。在侦查实践中,由于警察部门拥有专业侦查技术、侦查经验谋略和众多侦查专家,警察可以自主侦查除重大刑事案件外的绝大多数案件。其次,警察可以自主采取紧急侦查措施。对于现行轻罪案件,警察可以直接采取一些紧急性侦查措施,如搜查有关人员的人身、住宅或其他场所,扣押和收取物证、书证,对犯罪嫌疑人进行讯问和身体检查等。在紧急情况下,或者报请检察官批准可能造成不可挽回的恶果时,高级警察官可以下令逮捕人犯,并可进行警察拘留。[2] 逮捕犯罪嫌疑人的时候,可以进行长达 6 个小时的留置。高级警察官可以决定对犯罪嫌疑人进行拘留,但《荷兰刑事诉讼法》第 58 条规定:拘留虽可以报请检察官批准延长,但时间不得超过 3 天。最后,警察可以采取强制性侦查措施和秘密措施。获得合法授权后,警察有权采取 DNA 识别人犯、人身搜查、警犬搜查、扣押、冻结等,还可以采取通讯监听、秘密跟踪、特情派遣、卧底等秘密侦查措施。在法官的授权后,警察还可以对犯罪嫌疑人采取羁押措施。

在中国侦查过程中,警察享有极大的自主侦查权,可以自行采取除了逮捕外的一切侦查措施。首先,警察采取专门性调查措施进行侦查。根据《刑事诉讼法》规定,在侦查过程中,警察可以收集、调取犯罪嫌疑人有罪或者无罪、罪轻或者罪重的证据材料。经过负责人的批准后,可以自主决定采取各项侦查措施,包括监听、卧底、使用特情等重大侦查行为。其次,警察可以采取各种刑事强制措施。可以对犯罪嫌疑人进行拘传、取保候审和监视居住;也可以对现行犯或者重大嫌疑分子依法先行拘留,而拘留可临时性剥夺犯罪嫌疑人的人身自由长达 37 天。最后,警察可以自行预审,预审被视为侦查活动中的最后证明过程,[3]预审不必向检察官或法官负责。警察经过侦查,对有

---

① P. J. P. Tak, *The Dutch criminal justice system*, Willem-Jan van der Wolf, 2008, p. 44.

② Ibid., p. 92.

③ 杨明:“侦查权探析”,载《法学》2001 年第 4 期。

证据证明有犯罪事实的案件，有权进行预审，对收集、调取的证据材料予以核实。

3. 中荷检警侦查权结构对比分析

在中、荷两国检警侦查权的对比研究中，我们可以看到：侦查权配置给检察官和警察。两国检察机关都与警察机关分享侦查权，检察机关都有一定侦查控制权，都在一定程度上发挥侦查权制衡的作用。很明显，荷兰的检察机关拥有完整侦查权，并能够指挥警察从事侦查，实行“检警一体化”体制，检察机关能够高效地制衡警察的侦查权。检察官为侦查人员，负有侦查的法定职责，警察只是检察官的辅助人员。侦查权配置的“检警一体化”仅仅是“任务上的从属关系，非为一般行政法上的‘职务协助’关系”。[①] 警察也具有自主侦查权，并非完全听命于检察官，他们也可以在特殊情况下自行侦查。检察官拥有侦查指挥权，而警察拥有一定范围内的自主侦查权，这两者在侦查权内部形成了权力的分立与制衡。而中国的警察侦查权授权极大，检察机关的职务犯罪侦查权缺乏高效的组织支撑，侦查监督部门缺乏有效的侦查控制权，检察与警察之间的侦查权制衡机制极不平衡。

二、中荷侦查权的外部制衡机制

现代法治国家都非常重视客观公正地处理刑事案件。对于审判机关而言，刑事证据就是为了认定某一案件事实是否存在，而某一事实的存在与否恰恰是法官进行裁判的基础。[②]为了防止侦查活动可能造成的冤假错案，进一步核查证据的合法性和充分性，一般都在审前阶段设置预审程序。预审，某种意义上，是侦查行为的继续。中、荷两国侦查程序中都存在预审，并都是紧

---

① 林灿璋、林信雄著：《侦查管理：以重大刑案为例》，台湾五南图书出版股份有限公司2004年版，第281页。

② Walliam Twining, *Rethinking Evidence Exploratory Essays*, Cambridge University Press, 2006, p. 2006.

随侦查而行,都发挥了进一步调查案情的作用;但是,由于不同的程序法设计理念,两国预审制度差别极大。

(一)荷兰法官对侦查权的制衡

为了制衡侦查权,防止侦查权一家独大,荷兰承袭了法国刑事诉讼的框架设计,把预审规定为衔接侦查和起诉的一个中间环节,并将之设定为辩护律师、检控官和审判官共同参与的程序。在荷兰预审中,主持程序运作的是预审法官(或称侦查法官)。荷兰预审法官主要有三项权力,以此制衡侦查权:

其一,预审法官有权审批侦查人员的强制性侦查措施。在侦查过程中,为了获得证据,检察官和警察等侦查人员往往会采取强制性侦查行为。刑事诉讼法规定,扣押、搜查、侦听、特情和卧底侦查等强制性措施只能在法律允许适用审前羁押的刑事案件(法定 4 年以上有期徒刑的刑事案件)侦查中,强制性侦查措施必须获得侦查法官的许可令状方可进行。[①]

其二,预审法官的另一个重要职责是决定羁押犯罪嫌疑人。在警察逮捕或拘留犯罪嫌疑人后,3 天期满后,被逮捕的人犯必须带到预审法官面前,由预审法官审查警察拘留的合法性,并决定是否进一步羁押。在警察逮捕和警察拘留(6 天 15 小时)后,犯罪嫌疑人若排除嫌疑须释放,否则需要带至预审法官面前,预审法官应检察官的请求,签发为期 14 天的羁押令。[②] 羁押令也可以不经警察拘留阶段,直接由预审法官签发。若是要对犯罪嫌疑人进行长时期的申请羁押,必须在有辩护律师的情形下,由检察官提出相关理由,预审法官最终决定是否进行羁押。

其三,预审法官可以采取侦查措施进一步侦查案件。预审法官完全有权决定是否采取某项侦查措施,有权决定是否应犯罪嫌疑人或其律师的申请进

---

① P. J. P. Tak, *The Dutch criminal justice system*, Willem-Jan van der Wolf, 2008, p. 107.

② Ibid., p. 83.

行专项侦查(mini-investigation),有权决定证人或司法鉴定人是否需要回答辩护律师的问题。预审法官监督下的预审,相比于检控方所主导的侦查活动,具有更多程序公开性,犯罪嫌疑人及其辩护律师具有了更多的程序权利保障。

实际上,在荷兰侦查程序运作过程中,法官预审权有效地发挥了制衡侦查权的功用。法官享有重大侦查行为审批权、审前羁押审批权和进一步侦查权,以法官这一中立主体来约束检察官、警察的强制性侦查行为,使法官能有效地制衡检警侦查权,从而为侦查程序参与者——尤其是犯罪嫌疑人的程序权利——争取更大的保障。

(二)中国法官对侦查权的制衡

中国侦查程序中,也设置了预审。根据《刑事诉讼法》第 3 条规定,预审由公安机关执行。第 114 条的相关规定,预审,指的是侦查后,由侦查部门针对有证据证明有犯罪事实的案件,对收集、调取的证据材料予以核实的专门性活动。但也有人将预审等同于侦查终结,并称:"据其字面含义应是相对法庭审理而言的预先的审理,它应该是侦查工作的总结,是侦查终结的另一个称谓,是侦查机关基本完成收集证据、查获犯罪人后的预备审理,以便将案件证据理顺后形成事实认定移送起诉或做其他处理。"①中国学者对预审的定位虽然存在一些争议,但是有一点却无可争议:预审由侦查机关垄断控制、法官无法参与其中。中国现阶段没有预审法官的设置,预审活动缺乏中立裁判者的参与,因此不存在实质上的控、辩、审三方结构,预审仍只不过是侦查机关针对犯罪嫌疑人涉嫌犯罪的事实进行的单方面调查活动,本质上仍是侦查行为。

中国法官对侦查权的制衡,是通过审判时的证据合法性评价来进行的。《刑事诉讼法》第 54 ~ 58 条确立了非法证据排除规则。规定通过刑讯、体罚、

① 杨明:"侦查权探析",载《法学》2001 年第 4 期。

虐待等非法方法收集的犯罪嫌疑人、被告人供述和采用暴力、威胁等非法方法收集的证人证言、被害人陈述应当排除;违反法律规定收集的严重影响司法公正的物证、书证也应当排除。明确规定了非法证据排除的阶段、程序、证明责任和证明标准等。[①] 总体来看,我国首次从人大立法的层面上确立非法证据排除规则,否定了非法证据的证据能力,在一定程度上能够化解侦查人员非法取证的动力;但是,我国的非法证据排除规则规定"收集物证、书证不符合法定程序,可能严重影响司法公正的,应当予以补正或者作出合理解释;不能补正或者作出合理解释的,对该证据应当予以排除"。"非法证据是不合法的证据,但不能说不合法的证据就是非法证据,形式不合法的证据并不属于非法证据排除的范围。"[②]简言之,中国侦查机关的侦查行为完全不受司法审查,不仅事先不需要经过法院批准,而且事后也不受法院审查,法院仅仅有权对侦查机关所收集证据的合法性进行事后评价。

(三)中荷预审体制比较分析

中、荷两国都在审前阶段设置了预审,并以此复核侦查行为。审判应当发生的作用并非仅仅精确地发现事实,公正才是审判的核心。因而,审判并非像医生诊断那样,把弄清究竟发生了什么作为唯一目的。[③] 但是,荷兰法官有权参与预审,并在其中发挥了主导作用,有效地制衡了检、警侦查权。中国的法官则无权参与预审,预审由侦查机关垄断控制,他们仅仅在审判程序中有侦查取证合法性的事后评价权,难以有效地制衡检、警侦查权。缺乏审判权的有效外部制衡,中国当前侦查权运作存在以下弊病。

首先,侦查措施的采取。不管是拘传、取保候审、监视居住、拘留等刑事强制措施,还是搜查、扣押、冻结等强制性临时处分犯罪嫌疑人权利的侦查措

---

① 陈光中:"再谈刑事诉讼法之修改",载《中国检察官》2012 年第 1 期。

② 杨宇冠:"《刑事诉讼法》修改凸显人权保障——论不得强迫自证有罪和非法证据排除条款",载《法学杂志》2012 年第 5 期。

③ Andrew Ashworth & Mike Redmayne, *The Criminal Process* (*forth Edition*), Oxford University Press,2009, p. 25.

施，侦查机关都可以经过内部审批手续自行决定、自行执行，所有侦查行为的采取无须取得法院的授权和审查。

其次，除了逮捕措施需要向检察机关报批外，窃听、拘留等一些重大侦查行为只要获得领导内部批准即可，当前绝大部分的侦查行为都是单向、不公开进行的。

最后，当前侦查过程中的犯罪嫌疑人权利缺乏有法官主持的司法救济程序。虽然《刑事诉讼法》第 115 条规定，当事人和辩护人、诉讼代理人、利害关系人对于司法机关及其工作人员采取强制措施法定期限届满，不予以释放、解除或者变更的；应当退还取保候审保证金不退还的；对与案件无关的财物采取查封、扣押、冻结措施的；应当解除查封、扣押、冻结不解除的；贪污、挪用、私分、调换、违反规定使用查封、扣押、冻结的财物的行为，有权向该机关申诉或者控告，或向检察机关申诉，但无法经由诉讼途径获得司法救济。

三、中荷侦查权的程序权利制衡机制

在侦查程序运作过程中，侦查程序参与人是与侦查权力机关相对应存在的，是除司法机关外的所有参与侦查程序的犯罪嫌疑人、被害人、辩护人、证人、鉴定人和翻译人员等，犯罪嫌疑人在侦查程序参与人体系中居于核心地位。以犯罪嫌疑人为核心的程序参与者享有法律所赋予的各项程序权利，并在此基础上展开各项诉讼活动，抵御检、警的非法侦查行为，从而发挥制衡检警侦查权的功用。

(一)人身自由不受非法剥夺的权利

作为现代法治国家，荷兰规定了较为严格的诉讼程序规则，保证公民的人身自由不受非法侵害。在侦查过程中，只有警察和检察官可以对涉嫌犯罪的被追诉者适用强制措施，羁押必须经过严格的程序审批。由于荷兰对待国际公约采取的是一元论，国际或区域人权公约在荷兰的刑事诉讼中也具有法律效力。《欧洲人权公约》第 51 条明确规定了对人身自由和安全的保障，并对审前羁押作了规定。[1]《荷兰刑事诉讼法》第57条规定：只有被追诉者涉嫌犯罪的证据确凿时，警察才能拘留犯罪嫌疑人，警察拘留最长时限为3天，且必须获得检察官或高级警察官的授权。第59条规定：拘留时限届满，被捕的犯罪嫌疑人必须带至预审法官庭前，由预审法官审查拘留的合法性，并决定是否进行羁押。在羁押期间，被羁押的犯罪嫌疑人有权预审法官提出申请，请求终止羁押。[2]

中国的《宪法》和《刑事诉讼法》也明确规定：公民的人身自由不受侵犯。非经特定机关，特定程序不受逮捕。法律规定了侦查阶段一切限制人身自由的强制措施规定了具体的条件、程序和期限。对公安机关、人民检察院采取的强制措施超过法定期限的，犯罪嫌疑人有权要求解除强制措施。但是，中国侦查机关可以在拘传过程中，限制犯罪嫌疑人人身自由长达12小时，而其拘留的时间可长达37天。经检察院批准，公安机关可以逮捕犯罪嫌疑人，并羁押2个月以上。不但如此，即便是在缺少司法审查的情形下，羁押还可以被延长。[3] 对于犯罪嫌疑人而言，经过多次延长以后，审前羁押时间可达数月乃至数年之久。

（二）侦查程序事项知情权

在荷兰，虽然没有一条法律明确规定侦查机关有义务告知犯罪嫌疑人各项权利，但是犯罪嫌疑人的程序事项知情权却得到了切实的保障。如《荷兰刑事诉讼法》第29条规定：在第一次讯问犯罪嫌疑人前，必须要告知其无义务回答。为了保障犯罪嫌疑人这项程序权利的实现，国家还应为荷兰语水平

---

① Francis Pakes, *Comparative Criminal Justice*, Willan Publishing, 2010, p. 76.

② Piet Hein van Kempen, The Protection of Human Rights in Criminal Law Procedure in The Netherlands, Esta obra forma parte del acervo de la Biblioteca Juridíca Virtual del Instituto de Investigaciones Jurídicas de la UNAM, p. 634.

③ Francis Pakes, *Comparative Criminal Justice*, Willan Publishing, 2010, p. 79.

不足的犯罪嫌疑人配备翻译。[①] 被捕者有权立即被口头告知逮捕理由。拘留或羁押措施，犯罪嫌疑人所涉嫌的罪名必须在羁押令状中载明。在预审程序中，侦查启动时的指控必须尽可能地具体阐明，犯罪嫌疑人有权进行陈述答辩。

中国《刑事诉讼法》也规定了相似的知情权利，在侦查程序中，犯罪嫌疑人有权及时获知被指控的内容和理由，获知所享有的诉讼权利。侦查机关告知犯罪嫌疑人因何被采取强制措施或被讯问，从何时起有权聘请律师为其提供帮助，有权委托辩护人等。值得注意的是，《刑事诉讼法》第73条更加严格限制了拘留、逮捕、监视居住不通知家属的情形，确保家属的知情权。

（三）获得律师帮助的程序权利

中、荷两国都规定了犯罪嫌疑人在侦查过程中有权获得律师帮助。在荷兰，所有的犯罪嫌疑人（包括未成年人和成年人）都有权获得律师帮助。警察讯问后，犯罪嫌疑人即可聘请辩护律师。除了特殊案件外，律师有权查阅所有案卷。在搜查、勘查、扣押、提取DNA、预审法官讯问等场合，辩护律师可以到场监督侦查权的合法运作。在预审法官决定是否进行审前羁押，律师有权参与并提出专业的辩护意见。《荷兰刑事诉讼法》要求必须保障辩护律师和犯罪嫌疑人之间的私密会谈和秘密通信，不得对他们之间的联系进行电话窃听或拦截电子邮件，与此权相关的律师函件和其他文件不得扣押。[②]

中国侦查程序中，犯罪嫌疑人有权获得律师帮助。但是，在司法实践中的效果并不理想。正如麦高伟教授所述，中国律师实际上是在“黑暗中”工

① Piet Hein van Kempen, The Protection of Human Rights in Criminal Law Procedure in The Netherlands, Esta obra forma parte del acervo de la Biblioteca Juridíca Virtual del Instituto de Investigaciones Jurídicas de la UNAM, p. 632.

② 《荷兰刑事诉讼法》第50～51条之规定。参见郎胜、熊选国主编：《荷兰司法机构的初步考察和比较》，法律出版社2003年版。

作，很难在公诉案件中做出有意义的事。[①]《刑事诉讼法》对辩护制度作出三大修改：(1)明确犯罪嫌疑人在侦查阶段可以委托辩护人。《刑事诉讼法》第33条规定："犯罪嫌疑人自被侦查机关第一次讯问或者采取强制措施之日起，有权委托辩护人；在侦查期间，只能委托律师作为辩护人。被告人有权随时委托辩护人。"大大提前了辩护人介入诉讼的时间。(2)完善律师会见程序。修改后的第37条规定，除危害国家安全犯罪、恐怖活动犯罪、特别重大的贿赂犯罪以外的所有案件，"辩护律师持律师执业证书、律师事务所证明和委托书或者法律援助公函要求会见在押的犯罪嫌疑人、被告人的，看守所应当及时安排会见，至迟不得超过四十八小时"。(3)"辩护律师会见犯罪嫌疑人时不被监听"，取消了该法中的"如果侦查机关认为可能妨碍侦查活动的正常进行，可能泄露案情、出现串供、隐匿罪证等情况，可以派员在场"的规定，从而保证了辩护律师在侦查阶段会见犯罪嫌疑人的权利，但是，该法未规定律师重大侦查行为，如犯罪现场勘查、讯问犯罪嫌疑人等的当场权。

(四)讯问程序中的沉默权

在侦查过程中，警察和检察官一般都会对犯罪嫌疑人进行讯问，此时侵害犯罪嫌疑人权利的违法行为最容易发生。《荷兰刑事诉讼法》第29条明确赋予犯罪嫌疑人沉默权。在讯问前，司法机关必须将被讯问人视为仅有犯罪嫌疑的公民，须提醒告知其没有义务回答问题。若没有获悉沉默权，犯罪嫌疑人所作的供述将不能作为于己不利的证据。犯罪嫌疑人拒绝供述，不能被视为于己不利的证据。沉默权实际上是与不得自证其罪相关的一项制度。不得自证其罪包含了在刑事程序中被讯问时有权拒绝回答。[②]

与荷兰的相关制度差别极大，中国犯罪嫌疑人并没有明确讯问时的沉默权。中国人民大学法学院何家弘教授撰文称，2012年修订的《刑事诉讼法》第

---

① Mike McConville, *Criminal Justice in China: An Empirical Inquiry*, Edward Elgar Publishing Limited, 2011, p. 176.

② Paul Roberts, *Adrian Zuckerman: Criminal Evidence*, Oxford University Press 2004, p. 392.

50 条,新增加的“不得强迫任何人证实自己有罪”,应当视为中国已确立沉默权制度。[①] 但这一观点目前仍存在较大争议,[②]同时《刑事诉讼法》第 118 条保留了“犯罪嫌疑人对侦查人员的提问,应当如实回答”的条款,“既然确立了无罪推定,被追诉者就具有不自证有罪的权利,就应享有自愿陈述的权利,无‘如实回答’的义务”,[③]恐怕这难推动不得强迫自证其罪原则的实现。且对于受刑事指控者的亲友是否能适用该条款仍有值得讨论的空间。但“不得强迫自证其罪原则”对严禁刑讯逼供和保障犯罪嫌疑人权利而言是一大立法进步。

(五)遭受非法侦查行为的救济权

保障无罪的人不受错误刑事追诉可以被看作是精确地发现案件事实的逻辑起点。[④] 侦查机关发现案件事实所采取的侦查措施必须与保障人权相平衡。但是,中国的司法机关往往认为发现事实比保障被追诉者的权利更为重要。[⑤] 在侦查程序中,侦查机关滥用权力非法取证,侵害犯罪嫌疑人等侦查程序参与者权利,两国法律都要求不得非法侦查,并规定了遭受非法侦查行为的救济体制。《荷兰刑事诉讼法》规定法庭有权裁定非法侦查行为违法,并提供相应的补偿。非法手段取得的口供必须排除,不得作为证据使用。严重的非法侦查行为将导致法院裁定整个刑事追诉无效,相关侦查人员将会受到内部纪律制裁或刑罚制裁。在侦查羁押或拘留中,被羁押者权利受到侵害的,

---

① 何家弘:“中国已确立沉默权制度”,资料来源 http://www.chinalawedu.com/new/16900a23301a2012/2012810wangyi155422.shtml,最后访问日期:2013 年 11 月 27 日。

② “专家解刑诉法大修:不得强迫自证其罪并非沉默权”,载《法制日报》2011 年 9 月 19 日,资料来源 http://news.jinghua.cn/351/c/201109/19/n3468730,2.shtml,最后访问日期:2013 年 11 月 27 日。

③ 樊崇义、白俊华:“论刑事诉讼法修改与侦查程序的完善”,载《山东警察学院学报》2012 年第 3 期。

④ Paul Roberts, Adrian Zuckerman, *Criminal Evidence*, Oxford University Press 2004, p. 19.

⑤ K. C. Wang, “Understanding PR China Criminal Justice: Anatomy of ‘Big Spender’ case”, in R. G. Broadhurst(ed), *Crime and its Control on the People’s Republic of China*, The Central Press Ltd., 2004, p. 239.

可以向预审法官申请救济。①

中国法官并没有否定侦查行为的权力,但是中国也规定了侦查行为必须依法进行,刑讯逼供、执法人员非法拘禁行为被严格禁止。《刑事诉讼法》第50条规定:"审判人员、检察人员、侦查人员必须依照法定程序,收集能够证实犯罪嫌疑人、被告人有罪或者无罪、犯罪情节轻重的各种证据。"非法侦查行为所取得的言辞证据,法院将不会将之作为定案证据。虽然,严重的非法侦查行为并不导致侦查无效,但是侦查人员必须承担行政责任,甚至是刑事制裁。根据《国家赔偿法》第15条、第16条的规定,凡是没有犯罪事实或没有证据证明有犯罪重大嫌疑而受到错误拘留或逮捕的,因侦查人员违法采取财产措施受到侵害的犯罪嫌疑人,都可依照规定的程序获得国家赔偿。

(六)被害人的侦查程序权利

在荷兰的侦查程序中,荷兰被害人的程序角色类似于证人、报案人,他无权单独起诉犯罪,也无权获得律师帮助。1993年刑事赔偿法案使被害人的法律地位有了实质性的提高,赋予其调阅警察案卷的权利,有权获得检察官相关事项告知。对检察官所作的撤销案件的决定不满时,可以向上诉法院提起复审请求,也可以申请检察官复审,或者直接写信给检察机关的行政体制中的高级别官员,要求复审下级检察官的决定。②

荷兰司法部设立全国被害人援助组织,分设地区被害人援助中心,分支遍布全国,通过指导他们申请被害人刑事赔偿金来向被害人提供帮助和指导。中心分社各种专业部门,如抢劫被害人援助小组,旅行者受害人帮助小组和性暴力犯罪被害人帮助小组。在大多数刑事案件侦查过程中,警察将被害人送入受害人援助中心。

与荷兰的相关制度差别很大,中国侦查程序中的被害人具有较为重要的

---

① HR 30 March 2004, *NJ* 2004, 376, with case note by Y. Buruma.

② P. J. P. Tak, *The Dutch criminal justice system*, Willem-Jan van der Wolf, 2008, pp. 107 – 109.

法律地位,享有一系列的程序权利:首先,被害人可以要求侦查机关利害关系人回避权。其次,对侦查机关应当立案侦查或追究刑事责任而不予立案侦查或追究的,有权请求人民检察院予以纠正,也可以直接向人民法院提起刑事自诉,这一点与荷兰相关制度差别最大。最后,被害人在侦查程序中有权申请补充或者重新鉴定。

虽然我国1996年《刑事诉讼法修正案》规定把被害人作为诉讼当事人对待,但其在侦查程序中的人权保障并不尽如人意:首先,在侦查程序中,被害人的程序知悉权利没有得到法律全面的保障。没有把程序事项告知作为侦查机关的一项程序义务来规定,被害人无从知悉侦查情况,从而无法积极参加侦查程序。其次,2012年《刑事诉讼法》第33条规定,犯罪嫌疑人自被侦查机关第一次询问或者采取强制措施之日起,有权委托辩护人。没有明确被害人是否有权委托诉讼代理人。第44条规定,公诉案件的被害人等自案件移送审查起诉之日起,有权委托诉讼代理人。那么,在侦查阶段,被害人是否有权委托诉讼代理人呢?可以说没有明确的法律依据,这不利于其合法权利的充分维护。最后,侦查阶段的被害人保护不力。我国并未建立起完善的被害人保护体系和相关的制度支持,被害人的人身权利、名誉权等易受不法行为的再次侵害。

(七)证人的侦查程序权利

在荷兰在检、警侦查和预审法官预审中,证人须配合侦查程序的进行,匿名证人、卧底特工证人、污点证人等证人作证保护制度较为细致,证人享有较为完整的程序保障。在预审中,犯罪嫌疑人及其辩护律师可以请求传召证人和专家证人。《荷兰刑事诉讼法》第226条规定:污点证人与检察官之间的作证协议必须以书面形式载明,仅限于严重有组织犯罪,还须获得预审法官的审批。如果他的证言对于侦查或起诉起到了重要作用,该证人将获得刑期减免或以罚金代替等优待。在预审时的证人作证过程中,经预审法官同意,可以使用视频、通讯连接,来进行犯罪嫌疑人、证人和司法鉴定人的远程听审。

法律为受威胁证人、情报保安总局、军事情报保安局的特工等证人的匿名作证进行了特别程序规定，构建秘密证人的相关制度，使得更易于在刑事审判中运用情报作为证据来定案。此外，《荷兰刑事诉讼法》第190条规定：对部分匿名作证证人进行保护，辩方可以当面质证，但是证人的名字、地址、年龄、职业等信息不能公开，证人也会化装出席质证程序。

在中国侦查程序中，证人须客观充分、如实作证，法律对证人及其近亲属的人身安全提供了基本的保障的权利。目前，中国的庭审很大程度上属于书面审理。这种审理方式对于起诉而言是非常便利的，但是对于辩护而言却有一定的风险。检察机关没有动力改革现在的庭审方式，这也是我国为何证人出庭率低的一个重要原因。[①]《刑事诉讼法》第123条规定："询问证人，应当告知他应当如实地提供证据、证言和有意作伪证或者隐匿罪证要负的法律责任。"《刑事诉讼法》第61条规定了保护证人，人民检察院和公安机关应当保障证人及其近亲属的安全。对证人及其近亲属进行威胁、侮辱、殴打或者打击报复，构成犯罪的，依法追究刑事责任；尚不够刑事处罚的，依法给予治安管理处罚。任何人不得以任何形式干扰证人作证。并在《刑事诉讼法》中增加第62条、第63条，明确了证人保护制度，多项措施加大证人保护力度，[②]初步建立起了中国特色的证人保护体制。未成年证人享有的特殊权利：向未成年人取证，可以通知其法定代理人到场。

但是，中国证人权利维护仍存在一定欠缺：一是现行法律粗疏规定了司法机关应当保障证人及其近亲属的人身安全，仅在涉及危害国家安全犯罪、恐怖活动犯罪、黑社会性质的组织犯罪、毒品犯罪等案件中作出明确规定，却未将范围扩至所有类型案件，也未规定相关专业证人保护组织、证人保护时

---

① Fu, Hualing, "When Lawyers are Prosecuted: The Struggle of a Profession in Transition" (May 2006). 资料来源 http://ssrn.com/abstract=956500 or http://dx.doi.org/10.2139/ssrn.956500。

② 谢佑平："辨证看待刑事诉讼法的修改"，载《中国检察官》2012年第6期。

限,对证人的人身安全缺乏及时有效的保障。二是在现行立法中证人作证的经济补偿制度存在缺陷,仅仅规定弥补证人作证支出的直接物质损失,执行标准缺乏弹性,难以弥补证人的相关支出,造成证人作证义务履行过程中权利义务的严重失衡。三是没有建立污点证人作证豁免制度、特殊证人终身保护制度、作证风险评估制度,相关证人作证的顾虑较大,不利于侦查活动的顺利开展。

第四节 比较与启示

以9·11事件为代表的恐怖主义犯罪在全球范围内的恶性发展,促进了美、法两国侦查权特别是在打击恐怖主义犯罪、有组织犯罪和毒品犯罪等特殊案件中的扩权改革,也从反面推动了侦查权制衡机制的发展与改革。在前文的分析和论述中,我们已经讨论过美、法两个世界上不同政治体制的典型代表国家因其法律文化等因素的不同,决定了两国侦查权的运行管理和制约机制存在较大的差异。但两国侦查权的发展趋势和制衡理念仍有许多相通之处,也在一定程度上代表了侦查权发展与制衡的世界潮流,值得我们持续关注、分析和借鉴。

一、权力制约:检警一体化与审判中心化

值得注意的是,美、法两国都没有把侦查单独作为一个独立的刑事诉讼程序列出。但两国深入探索侦查权制衡机制改革的一个重要理由,在于承认一个案件的侦查工作开展,很大程度上决定了该案件的最终的诉讼走向和诉讼结果。对一个案件追诉包括庭审中绝大多数证据的取得均来自于侦查阶段,有罪判决的依据也主要源于侦查机关的侦查。因而,以检察制约和司法控制合力规制侦查权成为两国,也是现代法治国家侦查权制衡机制建设的一个重要特征。虽然美国联邦检察官不能如法国共和国检察官那样“指挥”警

察侦查,但通过审查警察起草的令状申请、审查证据材料以及行使追诉的裁量权,其"指导"作用在侦查中也是十分突出的。而法国的预审法官虽然在正式侦查阶段同时享有直接的侦查权与裁判权,未能做到美国法官中立、超然的司法地位,但法国一步步的司法改革正在向这个趋势迈进。

我国现代刑事司法制度特别是一些技术规则和形式安排,是在苏联和西方法律的共同影响下建立起来的,但最重要的观念和习惯仍然来自源远流长的封建传统,①与法国的刑事诉讼文化呈现出较多的相似之处。如诉讼理念上重调解轻诉讼、职责分工上重配合轻制约、侦查思维上重口供轻证据、律师帮助权的有限发展以及地方司法机关的中立性广受质疑等。虽然我国2013年施行的《刑事诉讼法》加强了检察机关对侦查程序的监督职责,如完善了审查批捕程序、规范了逮捕的执行程序、规定了捕后羁押必要性审查制度等,但在检、警关系的构造中,也面临"引导"、"指导"还是"强化监督"的改革困境。如何保证检察机关脱离行政阶层的干预而保证其独立性亦成为十八届三中全会后的重要改革议题。

二、权利制衡:强化侦查对象的抗辩权利

美、法两国在侦查权制衡改革上的另一个共同特征是增强侦查对象的抗辩权利。即通过强化犯罪嫌疑人的知情权、人身自由权和沉默权以及律师的帮助权和辩护权等来对抗侦查权力,达到以权利制衡权力的效果。这一改革趋势在英美法系对抗式诉讼制度国家已有较长的历史传统,因而大陆法系国家法国的这一改变显得尤为突出。法国有限引进了英美法系的参与式侦查制度,主要增加了律师在侦查程序中的帮助权和辩护权。但值得指出的是,两国强化犯罪嫌疑人人权保护和律师辩护权的立意不同。前者是在分权制

① 孙长永著:《探索正当程序——比较刑事诉讼法专论》,中国法制出版社2005年版,第61~62页。

衡理论指导下,尊重个体自由意志的充分表现,而后者则是应对外来文化侵蚀的被动选择和维护司法机关权威地位和加强内部的需要。

作为社会主义法系的一员,我国法律体系与法律文化带有浓厚的大陆法系特征,但相较法国,我国刑事诉讼改革更为容易接受英美抗辩式诉讼制度。在逐步迈入世界强国之列与提高国际形象的进程中,我国律师帮助权与犯罪嫌疑人的基本人权得到很大程度的改善。律师团体正成为刑事诉讼中一支不可忽视的力量,在监督侦查权,保障司法公开、公正上发挥重要的作用。然而相比于此,公民的权利保障更依赖于政府改革和法治教育的推广。因此,在司法改革中,执政理念的转变远远比抗辩权利的增加更为直接和重要。执法者与执法对象,政府官员与公民的法治教育仍需同步进行。

三、违宪审查:强化宪法对公民基本人权的保障

美、法两国作为世界上两个最为典型的资本主义宪政国家,都以宪法权利为人权保护的蓝本。对人身自由、财产以及个人隐私等权利可能带来威胁的侦查程序和规则自然成为违宪审查的重点区域,违宪审查亦成为制约侦查权扩张的根本途径之一。如《爱国者法》中联邦执法机关可以要求电脑和网络服务部门提供客户的详细情况的条款,在2004年被联邦最高法院裁定违宪;法国宪法委员会在2010年裁定当时的警察拘留制度因没有规定告知犯罪嫌疑人的沉默权以及警察讯问时律师的在场权,违反了《欧洲人权公约》第6条而构成违宪。但需要指出的是,根据1803年马伯里诉麦迪逊案确立的美国违宪审查制度,美国联邦最高法院有权通过审理有关案件,解释宪法并宣布联邦法律或州宪法和法律是否符合联邦宪法,主要为事后审查。而法国宪法委员会(Conseil Constitutionnel)是法国最高宪法权力机构,它不属于三权分立理论中的司法权范畴,它在立法权、行政权和司法权之外,其裁决对所有公共权力机构,包括立法机关、行政机关和司法机关均具有约束力,主要为事前审查。二者都在维护整个国家的法律制度和保障公民的基本权利方面起着

极其重要的作用。

我国在立法法中也有类似美、法等国违宪审查的规定,①但范围局限于对立法的违宪审查,未包含其他违宪行为,也没有规定全国人大是否可以对自己的立法进行违宪审查。依法治国首先应当是依宪治国。宪法最根本的,是对公民基本权利的保障。有效的违宪审查制度的缺失,公民的宪法性权利易被束之高阁,会使民众失去对宪法法治的信仰,不仅会破坏法制的统一与尊严,而且会危害政治与社会的稳定。

四、程序规制:科学严格的程序规范

在侦查程序中,法律的人本精神表现为一系列的程序权利保障制度,②侦查程序的正当化与侦查程序公开化是现代法治国家刑事诉讼文明的重要标志。从整体上来看,法国侦查程序越来越向英美法靠拢,而美国的侦查权发展也在不断地借鉴法国等大陆法系国家的有益经验,两大法系的侦查程序有逐步接进、不断融合的趋势。虽然美、法两国对侦查监督机关、证据规则等有不同的理解,但都在各自的侦查程序中规定了信息公开、参与制度、回避制度与救济制度等正当程序原则。

我国2012年新修订的《刑事诉讼法》规定和改善了一系列旨在防范刑事程序滥用的措施,如强化了犯罪嫌疑人、被告人的律师帮助权,改革了卷宗制度,改进了证人和鉴定人的出庭制度,强化了犯罪嫌疑人、被告人对刑事程序进程的参与等,在很大程度上提高了我国刑事诉讼程序的法治化水平,在正

---

① 《立法法》第88条规定:全国人民代表大会有权改变或者撤销它的常务委员会制定的不适当的法律,有权撤销全国人民代表大会常务委员会批准的违背宪法和本法第六十六条第二款规定的自治条例和单行条例;全国人民代表大会常务委员会有权撤销同宪法和法律相抵触的行政法规,有权撤销同宪法、法律和行政法规相抵触的地方性法规,有权撤销省、自治区、直辖市的人民代表大会常务委员会批准的违背宪法和本法第六十六条第二款规定的自治条例和单行条例。

② 倪铁:"侦查程序的人本精神探微——兼论侦查程序正当化建设",载《犯罪研究》2006年第3期。

当程序建设与人权保障上取得较大的进步,是我国刑事诉讼现代化进程中的一个重要里程碑。但任何国家刑事法治的完善都是一个艰难和漫长的过程,我们在肯定新《刑事诉讼法》修订取得重要进步的同时,应该更清醒地认识到改革后所面临的新的实践难题与立法漏洞,如对技术侦查的立法存在技术侦查措施的含义及适用条件不明确、没有指明批准机关、缺乏对犯罪嫌疑人相关权利的保障、缺乏对违法适用技术侦查措施的制裁措施等问题。这就需要我们立足我国司法实践,扎根本土,洞悉域外刑事司法改革动态,把握现代法治发展的脉搏,积极稳妥地推进司法改革,努力实现公平正义。

第五章　司法鉴定视角中的侦查权制衡机制研究

第一节　侦查权力场中的司法鉴定现状与问题

一、侦查权力场中的司法鉴定客观现状

随着现代社会的飞速发展与高新技术的日益涌现，新的事实确认方式已经开始在社会各个领域（包括司法领域）挑战传统的事实认定法。越来越多对诉讼程序非常重要的事实现在只能通过高科技手段查明。[①] 与科学技术相比，即使上下层所有法官都意见一致，其决定的内在说服力也要比科学的一致判断的内在说服力少很多，因为法官的研究方法比起科学家

① ［美］米尔建·达马斯卡著：《漂移的证据法》，李学军、姚永吉、刘为军译，中国政法大学出版社2003年版，第200页。

的方法要薄弱多了。[①] 这一历史性变革,使浸润着浓厚科技色彩的司法鉴定成为了任何国家侦查制度中不可或缺的重要元素,进而奠定其在刑事诉讼与证据制度中的显著地位。长期以来,司法鉴定均被视为国家司法活动的有机组成部分。作为国家权力的一种具体运行方式,司法鉴定基本上也是在权力场中运行。[②] 基于上述理念支配,《刑事诉讼法》自 1979 年制定至 1996 年修改,乃至 2012 年的再修改,尽管涉及司法鉴定的内容几经变革,但其在《刑事诉讼法》中的布局结构却未曾改变。《刑事诉讼法》将司法鉴定视为侦查行为之一,并在“侦查”章节中予以规定。[③] 其中缘由,虽有仿效域外刑事诉讼立法体例之虑,但究其本因,则与国内长期将司法鉴定作为公权力机关办案方式之延续这一传统思维及其定位于打击犯罪利器的单一价值的影响有关。对司法鉴定的这种定位,使司法鉴定一直成为侦查机关的一个特权领域,令侦查机关的“自鉴自证”获得一种合法包装。[④]

中国超职权主义的司法模式,将司法鉴定决定权赋予公权力机关,当事人在司法鉴定中几乎无任何实质性的权利。前述理念认为,通过国家机关对权力的行使,可以有效保证司法公正的实现。该模式的确为大量刑事案件侦破提供了科技支撑,并取得诸多积极的社会效果。诚然,司法实践中有诸多借助鉴定意见令案件事实水落石出、让冤屈者沉冤昭雪的实例。但更为触及公众敏感神经的却是瑕疵鉴定意见所造成冤假错案的消极现象。在追问这些错案的成因后可发现,往往在侦查阶段收集检样、运用鉴定意见的环节中就存在纰漏,这种情况如果一错到底,直到审判阶段,将影响法官心证。[⑤] 可

① [美]理查德·A. 波斯纳著:《法理学问题》,苏力译,中国政法大学出版社 2002 年版,第 101 页。

② 王敏远、郭华著:《司法鉴定与司法公正研究》,知识产权出版社 2009 年版,第 83 页。

③ 现行《刑事诉讼法》第二编“立案、侦查和提起公诉”中第二章“侦查”内的第七节,即为“鉴定”。

④ 徐静村:“刑诉法修改中司法鉴定条文这样设计”,载《检察日报》2005 年 10 月 13 日,第 003 版。

⑤ 陈邦达:“司法鉴定在刑事侦查中的运用”,载《中国司法鉴定》2013 年第 1 期。

见，司法实践中身处于权力场内的司法鉴定，并未因公权力的获得而使司法公正的实现成为必然。当前，侦查机关不但存在内设的鉴定机构，在刑事诉讼领域中享有自行鉴定或委托鉴定的启动权与决定权，还可根据案情需要随时启动司法鉴定，且不受其他诉讼主体的制约与限制。作为弱势群体一方的犯罪嫌疑人与被害人，其仅仅享有对鉴定意见的有限知情权以及补充鉴定和重新鉴定的申请权。除现行《人民检察院刑事诉讼规则》（试行）第253条第3款承认了犯罪嫌疑人在精神疾病司法鉴定领域享有初次鉴定申请权外，当事人对于各项鉴定事项，均不存在初次鉴定申请权。即使是法律所赋予当事人的补充鉴定与重新鉴定的申请权，由于缺乏必要的保障与支持，上述权利的实际意义也极为有限。

司法鉴定运行过程中的权力与权利失衡以及缺乏必要制约的侦查权，使诉讼实践中出现了诸多涉及鉴定的突出问题。其不仅容易滋生侦查权的滥用与异化，更可能因侦查权的不当运用而造成社会对司法鉴定的争议，甚至因错误的鉴定意见而间接导致冤假错案的产生。

二、侦查权力场中涉及鉴定的突出问题

诉讼实践中，侦查机关运用科技手段所进行的检验与鉴定，为大量案件侦破提供了重要支撑与依据。但与此同时，侦查权力场中涉及司法鉴定的问题亦较为突出。近年来，频频曝光的杜培武案、佘祥林案、邱兴华案等侦查细节，一次次触及人们的敏感神经，并引发了社会各界对侦查权力场中司法鉴定突出问题的质疑与反思。

（一）司法鉴定程序的难以启动

我国实行的职权主义诉讼模式，决定了司法鉴定的启动或委托均由职权机关决定或同意。作为相对方的当事人，其拥有的仅仅是极为有限且缺乏救济保障的申请权。前述现状，不仅严重影响了当事人的基本诉权，更引发了针对司法鉴定的争议与疑虑。诚然，涉及鉴定启动程序的争议尽管技术含量

较低，但其已成为侦查权力场中涉及鉴定的一项突出问题。司法鉴定程序启动之艰难，在近年来多发的精神疾病司法鉴定启动案件中尤为凸显。邱兴华7·16特大杀人案，①可谓2006年全国最为轰动的一起刑事要案。除了对于作案方式的震惊外，邱兴华是否系精神病患者的追问也层出不穷。然而，面对邱兴华律师的申请以及相关专家的呼吁，公安机关始终未对其作过正式的精神疾病司法鉴定。侦查机关在司法鉴定启动上拥有绝对的决定权，当事人即使对决定不服，也缺乏行之有效的救济措施。我国刑事诉讼法关于公安司法机关垄断司法鉴定启动权限的规定，既有违诉讼民主的基本要求，也不利于事实真相的发现，甚至容易导致类似于将精神病人送上断头台的严重侵犯人权案例的发生。② 可以说，邱兴华案中所折射出的，即是当前司法鉴定启动中所存在的突出弊端。

（二）错鉴问题引发的侦查错案

鉴定意见作为现代诉讼活动中的“证据之王”，对案件事实认定具有不可低估的作用，甚至在死刑案件中往往扮演着“一纸定生死”的角色。③ 该特性不仅令侦查机关对司法鉴定极为倚重，更将其作为案件侦破的重要利器来予以运用。然而，侦查活动中“问题鉴定”的现实存在，亦令某些鉴定意见成为了侦查错案的潜在“帮凶”。司法鉴定作为“科学证据”，确有其客观、准确的一面。然而，司法鉴定的实施与适用，亦受制于鉴定能力、鉴定材料、鉴定程序、技术方法以及审查运用等多方面因素。任何一项因素出现偏差，均有可

---

① 2006年7月16日陕西平梁镇凤凰山山顶上的铁瓦殿内发生一起恶性杀人案件。铁瓦殿内共有9男1女被凶手持刀斧砍死。经侦查，警方锁定邱兴华有重大犯罪嫌疑。逃亡35天后，邱兴华为公安机关所抓获。该案侦查过程中，有专家根据邱兴华的行为与表现，判断其可能患有精神疾病，并多次呼吁为邱兴华进行精神疾病司法鉴定。然而公安机关在侦查过程中，并未对邱兴华作过正式的司法鉴定。最终，在一片关于邱兴华是否患有精神疾病的争议声中，2006年12月28日陕西省高级人民法院终审判处邱兴华死刑，剥夺政治权利终身，并立即押赴刑场执行枪决。

② 陈学权：“刑事司法鉴定中的程序正义———邱兴华案对中国刑事司法鉴定制度的启示”，载《中国司法鉴定》2007年第4期。

③ 沈臻懿：“《死刑案件证据规定》第23条的诠释与解读——以鉴定意见审查判断为视角”，载《犯罪研究》2011年第2期。

能造成“问题鉴定”的出现,甚至最终出具的鉴定意见与客观事实之间背道而驰。法国学者勒内·弗洛里奥曾指出:“鉴定错了,裁判就会发生错误,这是肯定无疑的。”①前述认识虽针对庭审阶段,但对侦查阶段同样适用。实践中,不少错案的“罪魁祸首”就是这种错误的鉴定意见。② 有学者曾对20起在全国范围内产生过广泛影响的刑事冤案进行研究后发现,在20起冤案中,有15起案件,即75%的案件在鉴定方面存在问题。③ 以杜培武案、④佘祥林案⑤为例,这两起案件即是由于侦查机关内设鉴定机构所作的“问题鉴定”,进而引发冤假错案的产生。

(三)自侦自鉴带来的争议弊端

侦查活动的特殊性使其涉足于司法鉴定,且为了满足侦查工作之需要而配备了内设鉴定机构。2005年全国人大常委会《关于司法鉴定管理问题的决

---

① [法]勒内·弗洛里奥著:《错案》,赵淑美、张洪竹译,法律出版社2013年版,第137页。

② 徐静村:“论鉴定在刑事诉讼法中的定位”,载《中国司法鉴定》2005年第4期。

③ 陈永生:“我国刑事误判问题透视——以20起震惊全国的刑事冤案为样本的分析”,载《中国法学》2007年第3期。

④ 1998年4月22日昆明警方发现停放在人行道上的一辆微型面包车内有一男一女被枪杀。随即,昆明公安局侦查部门确认昆明市公安局戒毒所民警杜培武有重大杀人嫌疑,并将其羁押审讯。该案《现场勘查笔录》与《现场照片》中仅记载有“车内离合器踏板上附着有足迹遗留泥土”。然而,侦查机关的鉴定机构对该案进行鉴定时,以并不存在的所谓“刹车踏板”和“油门踏板”上附着的泥土为嗅源进行“警犬气味鉴定”,并最终得出结论称与杜培武身上气味“警犬反应一致”。根据这一“问题鉴定意见”,侦查机关认定杜培武曾驾驶过上述微型面包车。由于一系列“问题鉴定”以及其他非法取证的连锁反应,1999年2月5日昆明市中院采信上述“错误证据”,并一审判处杜培武死刑,剥夺政治权利终身。1999年10月20日云南高院终审改判杜培武死刑、缓期2年执行。然而,2000年6月17日随着铁路警察杨天勇特大杀人团伙案件的告破,杜培武冤案的真凶也浮出水面。2000年7月云南省高级人民法院作出再审判决,宣告杜培武无罪释放。

⑤ 1994年4月11日佘祥林的妻子张在玉失踪近3个月后,雁门口镇吕冲村一个水塘内发现一具女尸,公安机关随即展开立案侦查。法医在未作DNA检测的前提下,仅依据体貌相似,就确认该无名女尸为佘祥林妻子的尸体。次日,佘祥林因涉嫌故意杀人罪被京山县公安局监视居住。同年4月22日佘祥林被刑事拘留。在包括“问题鉴定”以及刑讯逼供所获取的诸多“错误证据”共同作用下,1994年10月13日佘祥林被原荆州地区中级法院一审判决死刑。1995年1月6日湖北省高级人民法院以事实不清、证据不足发回重审。1998年6月京山县法院以故意杀人罪判处佘祥林有期徒刑15年,剥夺政治权利5年。然而,时隔11年后的2005年3月28日被佘祥林“杀害”长达11年之久的张在玉突然现身。经DNA鉴定,证实其系张在玉本人。2005年4月13日湖北省京山县法院当庭宣判佘祥林无罪。

定》基于"侦查实际所需",通过立法赋予了侦查机关设立鉴定机构的法定权力。"自侦自鉴"也自然成为侦查权的一项必然延伸。然而,前述权力的运用,却随之带来了无尽的矛盾与争议。现行刑事诉讼制度中,侦查机关内设鉴定机构与鉴定人非中立性的地位,不仅造成侦查权与鉴定权的混同,更易带来鉴定上的偏向性而引发当事人及社会公众对鉴定意见的重重疑虑。无论是黑龙江黑河市代义死因鉴定案①,抑或贵州瓮安事件,②侦查机关所属鉴定机构所作的鉴定,无一不为当事人及社会民众所质疑。从司法体制层面而言,公安机关在刑事案件的立案上具有决定权,而委托公安机关的鉴定机构进行鉴定,并以自己的鉴定意见作为立案与否的依据,的确违反"自己不能作为自己法官"的程序公正要求。③ 职权机关完全控制下的鉴定,使当事人不仅难以实质性介入鉴定程序,且缺乏对司法鉴定问题提出意见的法定途径。上述问题的现实存在,不免令当事人对鉴定产生了"暗箱操作"的疑虑,更引发

---

① 2007年8月25日晚黑龙江嫩江县公安局接报称:一女子在县中医院内死亡。死者代义的姐姐代力及亲属怀疑死者被其丈夫殴打致死,要求公安机关立案侦查。公安机关鉴定部门对代义死因作出初次鉴定后,认为"代义符合氨基比林、咖啡因类药物致中毒死亡"。因代义亲属对鉴定意见存有质疑,公安机关又作出2次鉴定,先后3次鉴定的结论性意见均较为一致。代义亲属对公安机关所作的3次鉴定不服,为印证自身对鉴定意见的质疑,代力于2007年12月5日将一整瓶氨基比林咖啡因药品(共96片)吞入体内,以验证是否能导致死亡。鉴于代义"以身试药"之行为,有关部门同意委托代力指定的北京华夏物证鉴定中心对代义尸体进行第四次鉴定。2009年5月5日华夏物证鉴定中心出具的鉴定意见认定:"被鉴定人代义可以排除氨基比林、咖啡因药物中毒死亡;不能排除他人扼颈并捂压口腔致死"。代义亲属此前已对公安机关作出的3次鉴定意见持有异议,而华夏物证鉴定中心又出具了与公安机关截然相反的鉴定意见。这一结果更加剧了代义亲属对于公安机关鉴定的质疑与不信任感,进而引发了多次上访现象。

② 2008年6月22日贵州瓮安县公安局接报称,西门河大堰桥附近有人跳河。后发现16岁中学生李树芬在河中死亡。经法医鉴定,公安机关认定"李树芬系溺水死亡"。但李树芬亲属及民众对于死者自杀动机及原因倍感蹊跷,并对公安机关鉴定部门的鉴定意见疑虑重重。有鉴于此,公安机关鉴定部门又先后2次对李树芬死因进行了鉴定,3次鉴定的结论性意见基本一致。但由于公安机关对于鉴定的完全控制、信息缺乏对称以及当事人程序参与的缺失,使得社会公众对于李树芬死因3次鉴定存在强烈质疑,进而引发了严重社会影响群体性事件——瓮安事件。在该事件中,县委大楼、县政府办公大楼、县公安局办公大楼、刑侦大楼等多处地点被烧毁或砸坏,县公安局户政档案全部被毁,40余辆交通工具损毁,数十台办公电脑被抢,150多人不同程度受伤。

③ 郭华著:《鉴定意见争议解决机制研究》,经济科学出版社2013年版,第73页。

了社会公众对“自侦自鉴”的不信任与质疑之声。

第二节　侦查权在司法鉴定领域内的异化缘由

侦查机关在刑事诉讼中的客观、关照义务以及程序公正的基本要求，使其通常情况下均能依法履职，通过自身鉴定来开展证据调查工作，从而将鉴定服务于诉讼活动。然而，侦查权天然的扩张性与外侵性，一旦缺乏合理规范与制约，极易在司法鉴定领域内无度扩张与滥用，进而异化为阻碍司法公正实现的一大顽疾。当前，刑事诉讼中涉及鉴定的突出问题，即与侦查权在该领域内的滥用与异化有直接的联系。

一、现行法律文本对于鉴定立法的固有性缺陷

现行法律文本对于刑事诉讼中司法鉴定的具体规定，主要集中于《刑事诉讼法》的“侦查”一章内。考察《刑事诉讼法》的立法及修改背景可见，自1979年立法之初，历经1996年、2012年两次修改，司法鉴定在《刑事诉讼法》中的布局结构基本未曾改变。法律文本不仅将司法鉴定置于“侦查”章节内，更将其定位为侦查行为或侦查活动。几乎所有的刑事诉讼法学教材都认为鉴定是“侦查机关为了查明案情，指派或聘请具有专门知识的鉴定人，就案件中某些专门性问题进行分析研究和科学鉴别并作出鉴定意见的一种侦查行为”。[①] 立法将鉴定纳入侦查中，鉴定活动即理所当然地被认为属于侦查活动。司法部门至今还有不少人认为鉴定人参加侦查活动，侦查员参加鉴定活动，均属同一性质的侦查活动，如同一个侦查员在同一案件中既参加搜查又实施讯问一样。[②] 然而，司法鉴定是否系侦查行为之一，是否为侦查机关的专

---

① 吕洋：“刑事鉴定不是侦查行为”，载《检察日报》2003年6月12日。

② 邹明理主编：《我国现行司法鉴定制度研究》，法律出版社2001年版，第66页。

属权力,仍值得商榷。现行法律文本对于司法鉴定立法的固有性缺陷,潜意识中已将司法鉴定划为侦查机关的专属产物,并在一定程度上催化了侦查权在司法鉴定领域的扩张与滥用。面对侦查活动中权力与权利的交错与失衡,不少学者也积极主张充分赋予当事人的司法鉴定权利,甚至将有关司法鉴定的条文规定纳入《刑事诉讼法》总则"证据"章节中,以凸显司法鉴定的诉讼证据地位和司法证明方法,而非单纯性的侦查手段与行为。上述观点与主张尽管已引起了立法机关的关注,但遗憾的是,现行《刑事诉讼法》仍未对此作出调整与修改。该法第144条、第146条规定:"为了查明案情,需要解决案件中某些专门性问题的时候,应当指派、聘请有专门知识的人进行鉴定。""侦查机关应当将用作证据的鉴定意见告知犯罪嫌疑人、被害人。如果犯罪嫌疑人、被害人提出申请,可以补充鉴定或者重新鉴定。"结合前述法条不难理解,立法将司法鉴定启动等职能仅赋予了负有侦查职能的公权力机关。犯罪嫌疑人、被害人在刑事诉讼中,则无直接申请初次鉴定的相应权利,仅仅依附于侦查机关所启动的鉴定,享有较为有限的补充鉴定与重新鉴定申请权。一旦侦查机关不予启动司法鉴定,当事人在鉴定方面所谓的申请权则无任何合法性基础。有学者指出:"如果当事人不能享有启动鉴定的权利,而只是享有申请补充鉴定、重新鉴定的权利,那么,就将使其权利置于被动、从属的地位,甚至会因此落空。"①实践表明,现行立法在鉴定规定上的固有缺陷,不仅造成权力与权利在司法鉴定领域中的严重失衡,更易引发侦查权对于鉴定权的扩张与外侵,进而导致侦查权在司法鉴定领域中的逐渐异化。

二、侦查机关内部鉴定主体的身份重叠与错位

单凭鉴定人之参与侦查程序,系出于警察或检察机关之委托而认为其必

---

① 王敏远:"论我国刑事证据法的转变",载《法学家》2012年第3期。

与该等刑事追诉机关主张共同之见解进而有所偏颇,似是不能成立的。[①] 然而,司法鉴定依附于职能部门,且受从属关系的制约,极易令侦查权入侵司法鉴定领域,进而引发司法鉴定的偏向性。《关于司法鉴定管理问题的决定》第7条规定:"侦查机关根据侦查工作的需要,可以设立鉴定机构。"但经验表明,"执法机构、检察官办公室的法庭科学工作者,或者被这些单位雇用的法庭科学工作者,容易受一般的偏见风险的影响。就证据收集所作的决策也会存在偏见,这种决策支配着谁会被列为犯罪嫌疑人"。[②] 侦查机关属于追诉部门的特性,使其内部鉴定机构的鉴定人也同时具有了追诉者的身份。事物的普遍规律决定,处于从属地位的事物不可能具有选择其他权力的属性,其只能与处于主导地位的事物保持同一属性。行政、人事、财政、经费等因素的影响,使侦查机关内设的鉴定机构与侦查机关之间有天然的隶属关系。内设鉴定机构中的鉴定人除了具有"科学家"的身份外,还与侦查员的身份互为交织与重叠。这一身份的错位,易使鉴定人沾染侦查活动的属性,并沿着侦查机关的思维模式实施鉴定。形成这一缘由的合理解释,或许是因"实验室亦笼罩在协助破案高度压力,希望全案赶快侦破所致"。[③] 此外,在现行侦查体制中,司法鉴定部门与刑事技术部门往往实行"一套人马,两块牌子"的模式。如技术人员在侦查过程中运用指印、足迹、工具痕迹、笔迹等物证资料审查嫌疑人并从中筛选重点嫌疑人,而后又受理同一案件的物证鉴定。[④] 这一做法不仅洞开了侦查权侵入司法鉴定专属领域的异化之门,更使从事鉴定的人员过早触及案件,且在随后的鉴定活动中难免沦陷于"先入为主"的怪圈。鉴定人往往会将先前对侦查活动中有所怀疑的事项通过鉴定予以转换与确认,这也不可避免地使鉴定意见出现诸多偏差。此外,侦查机关所属鉴定人的身份重

---

① 朱富美著:《科学鉴定与刑事侦查》,中国民主法制出版社2006年版,第47页。

② [美]美国国家科学院国家研究委员会著:《美国法庭科学的加强之路》,王进喜等译,中国人民大学出版社2012年版,第195页。

③ 朱富美著:《科学鉴定与刑事侦查》,中国民主法制出版社2006年版,第47页。

④ 邹明理主编:《我国现行司法鉴定制度研究》,法律出版社2001年版,第64页。

叠,也使个别案件中的鉴定活动被蒙上了行政化色彩。实践中,内设鉴定机构受刑侦部门领导,刑侦部门负责人就有权对鉴定人员发号施令,而且鉴定人员的工作安排、业绩考评,甚至职务升迁很大程度上都受制于刑侦部门,一旦侦查人员(尤其是刑侦部门领导)基于某种原因(如为了提高破案率或徇私舞弊等)而意图对鉴定结果施加影响,鉴定人员将很难抵制。鉴定人员往往被迫屈从甚至主动迎合刑侦部门,故意提供符合侦查人员主观预期而可能违背客观事实的鉴定意见。[①] 此类干预或影响下的鉴定活动,不仅可能背离鉴定意见本应有的科学属性,甚至距离客观真实相去甚远。

三、侦查权在司法鉴定中的运行缺乏外部制约

《刑事诉讼法》第 113 条规定:“公安机关对已经立案的刑事案件,应当进行侦查,收集、调取犯罪嫌疑人有罪或者无罪、罪轻或者罪重的证据材料。”侦查程序一经启动,法律就规定了侦查机关全面调查与取证的法定职能。对于法定证据类型之一的鉴定意见,侦查机关也应予以全面收集。侦查实践中,鉴定意见的收集取证往往依赖于“自侦自鉴”途径,考虑到“自侦自鉴”模式不受其他诉讼主体制约这一弊端,侦查机关也力图建立内部制约机制,以防止鉴定可能出现的偏差。譬如,《公安机关办理刑事案件程序规定》第 239 条、第 243 条规定:“为了查明案情,解决案件中某些专门性问题,应当指派、聘请有专门知识的人进行鉴定。需要聘请有专门知识的人进行鉴定,应当经县级以上公安机关负责人批准后,制作鉴定聘请书。”“对鉴定意见,侦查人员应当进行审查。对经审查作为证据使用的鉴定意见,公安机关应当及时告知犯罪嫌疑人、被害人或者其法定代理人。”追诉机关的这种自我努力对保障鉴定意见的质量确实能发挥一定的作用,但这些问题仅仅依靠其内部纠正,特别是

---

① 袁周斌:“预防侦查错误视角下公安刑事鉴定制度的反思与完善”,载《中国司法鉴定》2013 年第 3 期。

没有辩方质疑的单方面审查，即使有些鉴定得到了纠正，其纠正的作用也是有限的。这种没有制度上保障的内部“清洁”，仅具有治标的作用而达不到治本的功效。[①] 外部制约力量的缺乏，尤其是当事人权利对抗的空白，也成为了侦查权得以在司法鉴定领域内长驱直入的一大因素。缺乏权利的当事人，无法通过自身之力或借助专业人员，来表达其对司法鉴定的意见及观点。在面对侦查权控制下而难以启动的司法鉴定，或因侦查权异化而衍生出的“问题鉴定”时，当事人也无法定渠道来维护自身诉权或发出质疑声。从权力与权力抗衡的角度而言，当事人对于侦查机关鉴定活动的实质性“发言权”少之又少。作为证据调查方式之一的司法鉴定，本不应对当事人有所限制或将其拒于现代科技的门外。然而，当事人因鉴定方面的权利缺失而无法对侦查机关形成制约，这种区别对待的本质即是现行立法对于当事人权利的漠视。当事人应有诉权的缺失，不仅加剧了权力与权利之间的失衡现象，更易使司法鉴定因侦查权的异化而偏离客观、公正之轨道。

第三节　域外司法鉴定制度的有益探索与借鉴

在侦查权控制下的司法鉴定运作机制，因当事人应有权利的缺失，而难以对公权力起到有效的制约与平衡。该权利缺失的直观反映，即当事人无法选择中立的，或值得信赖的鉴定专家介入，来达到制衡侦查权的程序目的。因而，如何从制度建构的角度，以权利制衡权力，从而进一步规范侦查程序中的司法鉴定运作机制，已成为当前迫切需要考虑的一项课题。在此方面，域外较为成熟的司法鉴定制度无疑可为我国相应制度的建设与改革提供若干有益借鉴与思路。

---

① 王敏远、郭华著：《司法鉴定与司法公正研究》，知识产权出版社2009年版，第84页。

一、独立于侦查机构的司法鉴定模式探索与借鉴

考察域外发达国家的司法鉴定模式，往往可以发现如下规律。鉴定机构与鉴定人基本独立于侦查机构而保持中立，或虽处于侦查机构中，但仅基于委托关系而为诉讼活动提供技术服务，其人事、财政等均独立于侦查机构而单独运作。这一独立于侦查机构的司法鉴定模式建构，在诸多域外发达国家及地区已积累了较多成熟经验。此类国家与地区普遍认为，“理想状态下，公立法庭科学实验室应当独立于执法机构，或者在执法机构内实行自治。在这样的背景下，主任才会和司法系统中的其他人一样，就涉及实验室和其他机构的事项发出平等的声音。而且因科学实验室和执法机构面对的任务不同而产生的文化压力将在很大程度上得以化解”。① 为此，不少国家也采取了侦鉴分离或鉴定人身份中立化等方式，将鉴定人与鉴定机构独立于侦查主体。譬如，澳大利亚实行鉴侦分离制度，侦查部门不做司法鉴定，一般都由警察收集材料后委托专门的研究所或大学实验室进行司法鉴定。② 英国 1991 年司法改革后的司法鉴定机构独立于警察、皇家公诉人办公室和法院，德国联邦的警察机构和州警察机构设立的司法鉴定机构互不隶属，鉴定机构保持相对的中立性特征，美国各类实验室都是中立的，不隶属于执法机构，具有法人资格，对外独立承担责任，并逐步走向社会化、中立化和公益化。③ 虽然不同国家的具体制度亦保持着各自独有之特征，但从总体而言，其在以下方面则具有高度共同性，值得我国予以借鉴与参考。

（一）独立于侦查机关的司法鉴定

以英国为例，自 20 世纪末的司法改革后，英国将原先侦查机构内的司法

---

① ［美］美国国家科学院国家研究委员会著：《美国法庭科学的加强之路》，王进喜等译，中国人民大学出版社 2012 年版，第 194 页。

② 杜志淳等著：《司法鉴定法立法研究》，法律出版社 2011 年版，第 78 页。

③ 霍宪丹主编：《司法鉴定学》，中国政法大学出版社 2010 年版，第 40 页。

法系传统下司法鉴定制度的借鉴，适当扩展至整个刑事诉讼程序予以综合考察与分析。无论是英国、美国，抑或加拿大等英美法系代表国家，虽规定了法官对司法鉴定的启动权，但法律一般不限制当事人自行启动鉴定程序，刑事诉讼中是否需要专家证言往往由当事人自行决定。①《加拿大证据法》第7条规定："在任何刑事或民事的审判或其他程序中，若原告、被告或其他当事人依法或依据惯例意欲让专业人员或其他专家提供意见证据，无需法庭、法官或程序主持人准许，各方最多可邀请五位这样的证人参加。"②前述法律文本，可以视为英美法系国家当事人司法鉴定权利对抗的典型代表。以权利抗衡权力的司法鉴定制度，令当事人得以拥有与侦查机关同样的司法鉴定权。这一制度不仅注重保护当事人诉权，且尊重其诉讼主体地位。充分保护当事人在司法鉴定中的合法权益，可有效避免公权力对司法鉴定的滥用与异化，以防止刑事诉讼中当事人程序性权利的萎缩与漠视。利用当事人与职权部门之间的平等对抗，亦可提高司法鉴定的利用效率并提升专家证言的意见质量。同时，赋予当事人对司法鉴定的启动权，还可有效弥补当事人在专门领域内的认知短板，有助于推进其对专门性问题的全方位、多角度认知。面对同样一份专家证言，通过权利运用所获取的结果，可能远比因受公权力绝对控制，而怀疑"暗箱操作"得出的专家证言，往往更能为当事人接受并认可。

---

① 以《美国联邦证据规则》为例，该规则第706条(a)、(d)规定："法庭可以自行决定或根据当事人的申请，作出一项指令以说明为什么不能指定专家证人的原因，也可以要求当事人提名。法庭可以指定经当事人同意的任何专家证人，也可以根据自己的选择指定专家证人。如专家证人本人不同意，则法庭不能指定。被指定的专家证人要由法庭以书面形式通知其作证的责任，通知副本由书记官归档或者在当事人有机会参加的会议上出示。如果有什么发现或研究结果，被指定的专家证人应告知当事人。该专家证人的证词，任何一方当事人均可获得。法庭或任何一方当事人均可传唤该专家证人作证。该专家证人将接受包括传唤其作证的当事人一方在内的各方当事人交叉询问。""本条规则不限制当事人根据自己的选择传唤专家证人。"参见《美国联邦刑事诉讼规则和证据规则》，卞建林译，中国政法大学出版社1996年版，第137~138页。

② 何家弘、张卫平主编：《外国证据法选译》（下卷），人民法院出版社2000年版，第1235页。

人和当事人有权任命自己的技术顾问。”[①]作为技术顾问的鉴定专家，不仅可以参加鉴定工作，更可向鉴定人进行提议、发表评论并保留意见。这一制度，因切实服务于当事人的模式设计，更凸显了其保障当事人鉴定权利的立法内涵。

三、以权利制衡权力的司法鉴定制度探索与借鉴

司法鉴定意见作为科学实证活动下的产物，看似与权力和权利无直接联系。然而从深处考察，司法鉴定证据内部体现着权力的力量，也彰显着权利的能量。如何平衡司法鉴定证据方面的国家权力以及当事人权利，是实现刑事诉讼程序正义和实体正义的根本要义之一。[②] 从这一角度而言，英美法系国家奉行当事人主义的传统，使其在设置权利保障的司法鉴定制度时，往往比大陆法系国家更胜一筹。英美法系的侦查构造是以不信任政府权力而强调个人权利的保障为前提。[③] 刑事诉讼领域内，不仅被告的辩论要被赋予和控方同样的分量，而且根据法律规定，被控方实际处于特权地位。[④] 在诉讼过程中，当事人有权独立收集证据。这就使当事人在案件调查层面，基本与侦控方处于同等地位，往往可以运用权利来对抗权力、约束权力。英美法系国家在保障个体权利层面，普遍倾向于以权利制衡权力。具体细化至司法鉴定领域，英美法系多通过赋予当事人足量的司法鉴定权利，以使其有能力抗衡侦查权可能对其带来的影响与困扰。由于在英美法系国家，只要有犯罪消息，侦查随即发动。侦查并不是一个独立的程序阶段。[⑤] 因而笔者对于上述

---

① 郭华："论鉴定结论审查模式的选择——从最高人民法院的一项‘管理规定’说起"，载《法学》2008 年第 5 期。

② 杜志淳等著：《司法鉴定证据的中国模式》，法律出版社 2013 年版，第 17 页。

③ 孙长永著：《侦查程序与人权——比较法考察》，中国方正出版社 2000 年版，第 22 页。

④ ［意］皮罗·克拉马德雷著：《程序与民主》，翟小波、刘刚译，高等教育出版社 2005 年版，第 68 页。

⑤ 杨正鸣、倪铁主编：《侦查学》（第 2 版），复旦大学出版社 2013 年版，第 85 页。

重。因此,无论是大陆法系,抑或英美法系,其虽具有不同法系之传统,但在司法鉴定领域中,均设置有权利保障的相应制度。职权主义模式的影响,使大陆法系国家“将能动型国家的一项基本预设——国家利益永远优先于私人利益传输到司法领域”。[①] 在此理念下,司法鉴定程序的启动权则被视为司法权的组成部分,通常由司法机关依照职权决定是否启动鉴定。以大陆法系典型代表的法国为例,《法国刑事诉讼法典》第156条规定:“任何预审法官或审判法官,在案件出现技术方面问题时,可以根据检察院的要求,或者要依自己职权,或者一方当事人的要求,命令进行鉴定。如果预审法官认为不宜进行所要求的鉴定,应当在最迟一个月的期限内就是否接受此项要求作出附理由的指令。”[②]根据前述法条的规定,司法鉴定的决定权统一由法院拥有,而其申请主体则为侦控机关与当事人。换言之,双方所拥有的均为申请权而非决定权,这也体现了法国赋予当事人在面对侦控机关时的权利对等性。此外,通过上述法律文本分析,如预审法官对于当事人申请鉴定不予准许的,应当作出裁定予以驳回,并说明理由。当事人对于驳回鉴定申请的裁定,可以提出上诉或直接向上诉法院起诉审查庭庭长提出请求。法国刑事诉讼法对于鉴定申请程序的规定,不仅体现鉴定申请的程序性和程序本身应有的参与性,而且对当事人申请鉴定建立了相应的救济制度,[③]尊重且保障了当事人在司法鉴定领域中的应有权利。除《法国刑事诉讼法典》的相应规定外,意大利刑事诉讼程序中,对于当事人鉴定权利保障的制度性规定亦值得借鉴与探索。作为欧洲大陆法系国家中首个将刑事诉讼制度从职权主义向当事人主义大幅度改革的国家,意大利在鉴定制度方面的改革采用了为当事人服务的技术顾问制度。《意大利刑事诉讼法典》第225条规定:“在决定进行鉴定后,公诉

---

① [美]米尔伊安·R.达玛什卡著:《司法和国家权力的多种面孔——比较视野中的法律程序》,郑戈译,中国政法大学出版社2004年版,第141页。

② 《法国刑事诉讼法典》,余叔通、谢朝华译,中国政法大学出版社1997年版,第78页。

③ 郭华著:《鉴定结论论》,中国人民公安大学出版社2007年版,第155页。

鉴定部门进行完全剥离,成立了3个较大的专门司法鉴定服务机构:一是司法鉴定服务局(The Forensic Science Service Ltd., FSS);二是LGC(Laboratory of the Government Chemist)公司(公司由政府化学实验室组成);三是CELLMARK公司。三大机构与其他规模较小的鉴定机构平等竞争,共同组成英国司法鉴定服务的平台和网络。[①] 从侦查机关剥离后的司法鉴定活动,完全具有中立性、服务性与科学性的特点。作为执业平台的司法鉴定机构,其与执法、司法部门之间完全分离,仅接受侦查机关委托而从事司法鉴定服务。

(二)鉴定专家身份中立化的确立

中立的鉴定人地位,使其得以撇开潜在干扰因素,进而令其最终出具的鉴定意见更易为利害关系人及社会公众所信服。在这一制度建构层面,澳大利亚所采取的模式则较具有典型意义。该国施行鉴侦分离的制度,使司法鉴定机构和所属鉴定人的地位得以完全独立。司法鉴定机构不隶属于任何侦查部门,鉴定人也不具有执法人员之身份,仅以科学家之身份为诉讼所涉专门性问题提供科技服务。鉴定人参与诉讼活动时所具有的这一中立性地位,无疑也可提升鉴定意见的公信力。

二、设置有权利保障的鉴定专家制度探索与借鉴

诉权作为当事人进行诉讼的基本权利,令公民有权请求国家维护自身之合法权益。刑事诉讼中当事人的各项诉讼权利都是围绕其诉权而设立的,诉权是设置具体诉讼权利的根据,有什么样的诉权就应该配置相应的具体诉讼权利。检验诉权设置得是否科学、合理,也应该从是否有利于其诉权的实现来考察。[②] 司法鉴定作为当事人进行证据调查或举证的一项重要手段,其启动或申请司法鉴定的权利理应成为诉权的组成部分,并为国家法律制度所尊

---

① 司法部司法鉴定管理局编:《两大法系司法鉴定制度的观察与借鉴》,中国政法大学出版社2008年版,第60页。

② 汪建成、祁建建:"论诉权理论在刑事诉讼中的导入",载《中国法学》2002年第6期。

第四节 侦查程序中司法鉴定运行与制衡机制

我国《刑事诉讼法》用一节的内容对鉴定进行了规定,可见立法者对于这一问题的重视。然而,现行立法在"侦查"一章中对其作出规定,则主要基于职权机关查明案件所需,而忽视了当事人权利保障的基本需求。这一现实缺憾的客观存在,也为侦查权在司法鉴定运作机制中的滥用与异化提供了滋生土壤。为了还原当事人应有之权利,并有效规范侦查程序中的公权力运行,有必要在借鉴域外有益经验的基础上,强化司法鉴定的运行与制衡机制。

一、赋予权利:打通司法鉴定介入侦查之渠道

侦查程序中折射出的种种涉及司法鉴定的问题与弊端,其导火索无疑为权力与权利的严重失衡。在现行立法模式下,一旦侦查机关不予启动鉴定,当事人连仅剩的补充鉴定、重新鉴定申请权也将失去存在的基础。即便侦查机关作出了鉴定,但当事人对于鉴定意见异议而提出的补充或重新鉴定申请权利,亦可能遭遇缺乏救济之尴尬而十分有限,甚至可能因质疑鉴定意见的可靠性、真实性,而引发带有较强社会影响力的群体性事件。前文中已述的2008年贵州瓮安县中学女生李树芬死因鉴定案中,侦查机关的鉴定机构先后实施了3次鉴定,均得出较为一致的鉴定结果。然而,由于当事人司法鉴定权的缺失以及对侦查机关鉴定活动的质疑,引发了社会公众对鉴定意见的猜疑与不信任,最终点燃了一起后果极为严重的群体性事件。"瓮安事件"的处置之失表明,能否允许具有公信力的第三方对鉴定过程进行现场见证,能否尊重受害人家属要求补充鉴定或重新鉴定的诉求,将直接决定鉴定结果的可接

受度。[①] 对比同年发生在哈尔滨的林松岭案,[②]侦查机关在启动司法鉴定时,充分尊重了当事人的诉权,该案司法鉴定实施后的效果则较为明显。[③] 当然,在《刑事诉讼法》未对当事人司法鉴定启动权予以明确规定的前提下,林松岭案侦查机关对于当事人权利的尊重与保障,只能说是一项个案与特例。但上述两起案例已从正反两方面表明,为了促进司法公正,不应将启动鉴定仅仅视为基于职权机关查明案件事实的需要,也应看到其对权利保障的价值。因此,有必要赋予当事人在刑事诉讼中启动鉴定的权利。[④] 鉴于现行《刑事诉讼法》较之1996年《刑事诉讼法》在司法鉴定启动权方面,仍未作出相应修改。当事人仅有的补充鉴定与重新鉴定申请权,无法满足侦查实践中当事人权利保障的实际需求。考虑到《刑事诉讼法》刚经历修改,短期内再次修改的可能性微乎其微。当前,通过司法解释的设计来对《刑事诉讼法》进行弥补与完善,无疑更具有操作性与可行性。"在诉讼中,只要被告一方或受委托人申请

---

① 胡子敬:"'瓮安事件':三细节决定处置之失",载《法制日报》2008年7月10日,第003版。

② 2008年10月11日晚哈铁公安局直属公安处刑警大队副大队长齐新、肇东市公安局民警李锋、哈铁公安局指挥中心民警刘力男、哈尔滨市公安局禁毒支队民警李鑫宇、香坊分局民警王金刚、交警支队民警栾㬟,乘车来到南岗区西大直街糖果酒吧。在酒吧门前,林松岭和原大学同学车亮、杨森、潘兴、王振超以及两名女青年,与齐新等人发生口角进而厮打。事件中,多人不同程度受伤,林松岭死亡。10月25日依照法定程序,哈尔滨市警方尊重家属的意见,由专家和死者家属共同将林松岭尸体进行检验,并把检材护送到上海司法部司法鉴定研究所进行病理检验和化验。综合尸体解剖情况、有关物证病理检验和化验结果,专家组得出了如下鉴定意见:根据尸体检验、病理学检验、毒物检验结果,"10·11"案件死者林松岭系头面部受钝性外力作用致蛛网膜下腔出血死亡。参见"哈尔滨公布林松岭死因",资料来源http://news.sina.com.cn/o/2008-11-07/024614690757s.shtml,最后访问日期:2013年12月25日。

③ 据相关报道,林松岭被害案的办案单位通过黑龙江省公安厅邀请了公安部物证鉴定中心一处副处长、副主任法医师王坚,公安部物证鉴定中心一处副主任法医师孙建军,最高人民检察院检察技术信息研究中心法医室主任、主任法医师汪宏,内蒙古自治区人民检察院刑事科学技术处处长(副厅级)、主任法医师李晓钟(全国检察系统业务专家)4名权威法医专家,并根据死者家属提供的专家名单,还邀请了江苏省人民检察院主任法医师顾晓生,司法部司法鉴定研究所主任法医师陈忆九,华东政法大学司法鉴定中心主任法医师闵银龙3名权威法医专家,7名专家共同参加了尸体解剖工作,黑龙江省人民检察院主任法医师符国平见证了尸体解剖现场的全过程。参见"哈尔滨6名警察涉嫌打死人案尸检结果公布",资料来源http://news.china.com/zh_cn/domestic/945/20081107/15174933.html,最后访问日期:2013年12月11日。

④ 王敏远:"论我国刑事证据法的转变",载《法学家》2012年第3期。

作司法鉴定,只要具备一定的理由和依据,司法机关就应为其作鉴定。特别是在案件的侦查阶段,司法鉴定的启动权不能为司法机关所独享,控辩平等要求在鉴定启动权方面同样要实现平等。"①为此,就需从控权(力)与赋权(利)的结合点出发,对侦查程序中的司法鉴定介入与制衡机制进行合理设计与建构。司法解释中,可对当事人申请司法鉴定权作出明确肯定。同时,规定侦查机关如不同意鉴定申请时,应当附理由予以说明。当事人对于侦查机关所作决定不服的,应当有权申请一次复议。上述法律文本的设计,亦可使侦查实践中,对于鉴定启动时的权利尊重与保障由较为罕见的特例,转变为立法规制下的常态模式。通过赋予当事人权利、约束侦查公权力的建构模式,不但可以有效打通司法鉴定介入侦查之渠道,还可借助独立于侦查机关外的鉴定机构与鉴定人,进一步增加司法鉴定意见的社会公信力。

二、权力制衡:依赖司法鉴定限权之专业优势

域外国家侦查程序中涉及司法鉴定运作机制的有益经验,的确值得我国予以借鉴与移植。但任何制度性措施的借鉴,均需符合相应前提,即适合本国现实国情与体制。侦查权制衡视野中的司法鉴定运作机制借鉴与参考,亦是如此。我国既无当事人主义之传统,又非典型职权主义国家。如短时间内全盘照搬大陆法系或英美法系国家的实践做法,反而可能因水土不服而滋生各类消极后果。为此,在选择合理的建构模式时,需要依赖司法鉴定的专业优势,对公权力进行制衡与约束,但也不能从一个极端走向另一个极端,以防止因制度设计的不慎合理,而造成当事人权利的滥用。如一味过度追求"对抗"之色彩,亦有可能出现如下"窘境"——专家证人之战。"在刑事案件中,诉讼双方都可以重金买到愿意投靠其麾下的专家证人,毋庸讳言,事实上有

① 王斗斗:"邱兴华案折射司法鉴定制度之不足",载《法制日报》2006年12月13日,第005版。

些专家证人对金钱胃口很大，以致圈内人也在说这样的话'有钱能使鬼推磨'。"①实践证明，大陆法系与英美法系融合与交织后形成的有益举措，可以为我国司法鉴定制度的改革提供一定思路。在选择与设计适合我国司法体制的司法鉴定制度时，可借鉴大陆法系当事人司法鉴定申请权的同时，适当引入英美法系以权利制衡权力的理念与模式。早在2002年我国已在民事诉讼、行政诉讼证据制度改革中借鉴了欧洲大陆法系国家中第一个采用当事人主义诉讼模式的意大利"技术顾问"的做法，建立了专家辅助人制度，让专家辅助人协助一方当事人与鉴定人对专门性问题进行质疑。这种改革无论对于诉讼制度还是证据制度，抑或鉴定制度来说，均具有进步意义。可以说是一种制度上的创新。② 2012年《刑事诉讼法》修改中，专家辅助人制度亦被写入法条。现行《刑事诉讼法》第192条第2款规定："公诉人、当事人和辩护人、诉讼代理人可以申请法庭通知有专门知识的人出庭，就鉴定人作出的鉴定意见提出意见。"从法条表述中可见，我国刑事诉讼中现行的专家辅助人制度，仅涉及庭审阶段。然而，从侦查权制衡角度而言，可以通过相应司法解释或专门立法的途径，将专家辅助人制度的适用范围前移至侦查阶段。即使案件中涉及的专门性问题仍由侦查机关鉴定机构实施，但通过当事人委托、聘请的鉴定专家参与到案件的鉴定与见证工作，可以有效利用鉴定专家自身具有的专业优势，并"以自己的名义"分析判断专门性问题，形成与委托人之间相对明晰的关系，即以最大的专业能力提供有价值、有原则的技术服务。同时有助于维护专家共同体的声望。这也是专家辅助人制度得以良性发展的必由之路。③ 同行专家的介入，不仅将令侦查机关所属的鉴定人更加害怕不

① [美]乔恩·华尔兹著：《刑事证据大全》(第2版)，何家弘等译，中国人民公安大学出版社2004年版，第451页。

② 郭华："论鉴定结论审查模式的选择——从最高人民法院的一项'管理规定'说起"，载《法学》2008年第5期。

③ 常林著：《司法鉴定专家辅助人制度研究》，中国政法大学出版社2012年版，第193页。

负责任的证言所带来的后果，这种审查将促使他们变得更加谨慎和诚实。[①]此外，专家辅助人的当事人委托色彩及其在鉴定工作中的实质参与，也有利于当事人对最后形成的鉴定意见的认可与信服，从而避免当事人因游离于鉴定程序外，而可能催生的诸多争议与质疑。

三、实体分离：还原司法鉴定应然身份与地位

当前，侦查权在司法鉴定领域中的异化以及当事人对于鉴定意见的主要争议，基本来源于侦查机关内设鉴定机构的特定身份。诚然，现行立法明确侦查机关因侦查实际所需，可以设立鉴定机构。但从法理层面而言，鉴定人应当且只能具有"科学家"的身份与地位。考察域外相关国家刑事领域内的司法鉴定人身份可见，其与侦查机关之间基本无隶属关系。有些鉴定机构虽设置于警察部门内，但其鉴定人并不具有警察身份，仅基于委托关系为侦查活动提供技术服务。反观我国侦查机关内设鉴定机构中的鉴定人，除了专业技术人员的特质外，甚至还具有侦查人员的双重身份。鉴定人在很多场合时，既是侦查员，又是鉴定从事者，易出现"既当运动员，又当裁判员"的制度性弊病。从应然角度分析，内设鉴定机构及其所属鉴定人，应当完全从侦查机关内剥离，使其成为具备相对于诉讼参与主体而言的独立第三方地位，能够客观公正地为刑事诉讼活动提供有效的科学技术服务保障。然而，考虑我国现实国情，当前侦查机关承担打击犯罪的职责仍相对较重，如直接对内部鉴定人进行"一刀切"，亦不利于侦查机关打击犯罪、保障人权的刑事诉讼目的。为此，考虑鉴定机构与鉴定人中立地位的建构与保障，现阶段可逐步采取分层次的司法鉴定分离模式。侦查部门内可设立技术侦查组织，专施取证与鉴别职责；鉴定机构脱离侦查部门单独组建，实施鉴定职能并进行科研。[②]

---

① 周湘雄著：《英美专家证人制度研究》，中国检察出版社2006年版，第129页。

② 邹明理主编：《我国现行司法鉴定制度研究》，法律出版社2001年版，第64页。

实体分离后，原侦查机关中的鉴定人不再具有侦查员之身份，而应仅具有，且只能具有科学家之唯一身份。在分离模式的具体设计中，则可将鉴定人及其执业的平台仍置于侦查机关内。鉴定主体可随时接受侦查机关的委托合同从事鉴定业务，以便于为侦查破案提供高效、及时的科学服务。此外，为了还原鉴定人应然的身份地位，其执业平台不得与侦查机关存在隶属关系，鉴定人亦不受侦查机关的行政领导与干预。鉴定人的人事、财政、编制，甚至职务晋升等，均应独立于侦查机关而独立运行。在制度建构中，则需对现有鉴定人的执业平台（司法鉴定机构）的设立主体与投资主体进行相应改革，并采用“政府购买服务”之形式。即原则上应以政府的直接投资为主，改革现有的投资体制，把由政府投资给各系统，再由各系统划拨给各鉴定机构，改为由各级政府直接投资给已设立的鉴定机构。由政府直接投资于司法鉴定机构有利于人、财、物力的集中使用，也可以减少司法鉴定机构对投资主体的行政隶属部门的依从性，从而有利于保证司法鉴定机构应有的中立性和独立性。[①] 这一切实可行的实体分离模式，不仅可最大程度地实现侦查活动的诉讼目的，又因鉴定机构与鉴定人身份的独立与还原，而避免侦查权干预与异化而导致的鉴定偏向性。

“Rome wasn’t built in a day”，罗马非一日之建成。面对侦查权力场中已长期形成的司法鉴定运行架构，其改革与完善亦非一蹴而就。在实现路径的设计与选择上，须根据当前司法鉴定领域中所暴露出的侦查权滥用与异化问题，并结合我国现实国情与相关有益经验来选择合理的制度建构，以回归司法鉴定的本源属性。作为侦查程序法治建设的重要一环，为防止侦查权天然外侵性对公民权利可能造成的干扰与影响，并强化侦查活动的社会公信力，司法鉴定的介入与制衡无疑是一项值得期待的选择。从程序法治角度而言，司法鉴定不仅应成为犯罪打击的重要利器，更应化身权利保障的坚实后盾。

---

① 杜志淳等著：《司法鉴定法立法研究》，法律出版社2011年版，第102页。

为实现这一目的，侦查活动中的司法鉴定运作机制，其视角即应聚焦至“权利赋予”与“中立地位”两大核心问题。因而在制度改革与完善中，笔者即围绕以上问题展开相应设计。为此，笔者在上文中建议，首先应采用赋权（利）之方式，逐步消解权力与权利严重失衡之弊端。权利的赋予，可促成当事人在侦查活动中的程序参与，不仅有利于当事人真正融入司法鉴定活动，更可打破侦查权在司法鉴定领域中的绝对控制。避免因当事人参与权的缺失，而可能产生的“暗箱操作”之情形。诚然，与国家机器的公权力相比，身处侦查程序中的当事人仍多少居于弱势地位。但权利的赋予与保障，则可有效约束侦查机关的权力行使。这一限权（力）型的建构设计，将为侦查权的运行带上制度的“枷锁”，防止其因缺乏必要的约束与监督而走向滥用与异化之境地。与“权利赋予”相呼应的，则是鉴定人的中立地位。长期以来，侦查机关对于司法鉴定的绝对控制与垄断，使绝大多数刑事案件所涉鉴定均由侦查机关内设鉴定机构实施。虽然侦查机关在刑事诉讼中亦负有客观、关照义务，但隶属侦查机关中的鉴定人，难免因先入为主、行政隶属、职能混同等各类因素而将其置于追诉者一方。缺乏中立的鉴定活动，其所形成鉴定意见的公信力，实则令人商榷。为了回归司法鉴定本源的中立属性，就不得不对现行制度进行相应改革，以还原鉴定人的中立地位。在此方面，诸多域外发达国家已积累了诸多有益经验可供参考与借鉴。但笔者认为，任何制度的引入与借鉴，其前提必须符合本国的现实国情。因此，为实现打击犯罪与保障人权的双重目的，在对侦查机关内设鉴定机构进行改革时，仍应保留部分技术人员从事现场取证与鉴别工作。而鉴定人及其执业平台则需与侦查机关的隶属关系相分离，以有效保证鉴定人的中立地位，从而使其能真正对侦查权起到制衡与限权的作用。可以说，处于科技时代的今天，司法鉴定已日益受到瞩目。其在侦查程序中的运行效果，很大程度上决定了社会公众对侦查活动的信任感。而刑事侦查的使命，亦期待立法对司法鉴定运作机制进行改革与完善。

第六章　刑事侦查权制衡机制的合理建构

第一节　理念基础——刑事侦查的法文化转型

侦查权的异化,实质上损害的是社会、国家的公共利益,其直接损害对象乃是公民个体利益。究其外在表现形式,则为公共权力的异化与公民权利被侵害的一种失衡状态。侦查文化,则集中反映了侦查权异化的思想根源。就我国当前的侦查文化而言,其复杂性是多种原因造成的。首先,在中国传统观念中,"礼法结合"、"出礼入刑"的法律伦理性格彰显。中国传统观念中的侦查与办案,为的是维护当时条件下的正义。而正义在此处,更多的是一种道德意味,更多的是指个人的行为和品质,而较少涉及制度抑或程序正义。即中国的传统正义观将一个人的品行是否符合伦理道德规范作为正义的评判标准。时至今日,由于社会发展因素等原因,长期以来民众对于犯罪和越轨行为的理解容忍程度亦与西方有所差别,实体正义重于程序正义始终存在生存的土壤。姗姗来迟的程序正义似乎成为了法学家为证明其存在感而持续留存的噱头。故此,可以得出这样的结论:我国的侦查文化中尤为强调实体正义,缺少对于人权在程序上的尊重。然而,综观世界潮流,尊重人权、崇尚程序正义实乃大势所趋。伴随着我国经济社会的不断发展,坊间对于权利的寄托也越发明显,权力制约与权利救济呼之即出。

一、从权力制约到权利救济的侦查文化转变

(一)以法治化推动侦查文化转型

侦查文化系法文化的一脉相承,亦可解读为法文化在侦查领域的投影。作为刑事司法的一环,侦查文化深受我国传统刑事法制“重刑主义”文化的影响,而法文化本身亦是法治化的产物,正是“基本法律若未确立,则法治文化难以真正形成”,故侦查文化转型也更加依托于法治化的步伐。

自2012年《刑事诉讼法》修改以来,在刑事司法领域,尊重和保障人权越来越深入人心。就该“保障人权之小宪法”而言,能够在侦查权制约与监督、人权保护方面有前次修改所不及之进步。然而,欲推进侦查文化转型,仅仅依赖一部刑事诉讼法史仍略显单薄。要实现侦查文化之转型,首先是侦查法治化,这就必须要建立一个门类齐全、结构严谨、内部和谐、体例科学而又完备的刑事法律体系。这种法律首先应当包含彰显形式正义的刑事程序法律;其次,刑事实体法律层面上也需要进一步跟进,从实体法的角度肯定权利救济,并对于破坏权利救济之行为予以规制。此外,侦查法治化还应当充分体现动态控制的价值理念和侦查权制衡理论“以权利救济制衡侦查权”的基本精神。值得一提的是,此处所云之“门类齐全”,是指涉及侦查权制衡的领域,均应制定相应的法律、行政法规、地方性法规和各种规章:一方面指包含刑事程序法与刑事实体法;另一方面对于部门法内部,仍需为基本法律的实际实施创造条件,如除《刑事诉讼法》外,《公安机关办理刑事案件程序规定》则是

侦查权实际运行的重要一环,其涵盖面极广,涉及秘密侦查、技术侦查运行流程等基本法无法“具体到羽毛”的内容。值得一提的是,如此重要的一部部门规章,却很少得到关注,如果仅将侦查权制衡的视角定位于刑事诉讼法一部法律,未免有所偏颇。综上,在正视侦查法治全面性的基础上,充分完善立法,无疑将形成一个百无一漏的侦查权制衡网络系统,使各方面都能有法可依。

(二)强化公民主体意识

权利有赖于其所有者的行使与实施行为,若公民主体意识不强,则会产生“权利救济”有权而不济的怪相。由于受到法文化传统和我国当前法治氛围的制约,目前我国民众的法治主体意识相当薄弱。虽然通过法治宣传,民众的法律意识较以往已有很大提高,公民权利意识萌发,公民维权行为呈现增长趋势。遗憾的是,无论是政府工作人员,还是普通公民在心理上并未认识到自己的主体地位。权利意识的增长更多的停留在“为权利而斗争”的口号式宣传上。在实际维护权利的过程,公民如果没有在心理上、情感上真正认识到自身的主体地位,实实在在的权利救济便无法真正发挥力量。故此,强化公民的主体意识实乃权利救济文化养成的重要一环。

二、侦查职业文化的重塑——以刑事警察职业文化为分析对象

(一)刑警职业文化定位

文化联系着社会生活的各个方面,它是社会成员在社会化过程中习得,经社会认可并能满足社会成员生理和精神需要的知识、思想、价值观和职为方式。文化是人类社会集体经验的成果,具有集体创造性,同时,文化具有区别不同社会和民族的社会识别功能和使社会形成一个整体的社会整合功能。就职业文化而言,它既是社会文化在某种行业或产业的投影,又作为一定领域的特殊行业旧惯,对于特定领域有潜移默化的影响。

作为警务执法官,刑事警察具有一般警察的共性;作为警务职业文化的

重要内容,刑警职业文化也就必须同时具有警察文化的共性。著名警务专家伊桑·纳德尔曼(Ethan Nadelmann)将忠诚、执着、权威、有手段和因循守旧等一系列文化特征视为警察文化的共性。并认为,最为重要的是,警察职业是由使命感驱动的。[①] 刑警职业文化,是指刑警群体在长期的职业活动中逐渐形成的并为刑警群体所遵守和奉行的价值观念、道德信仰和行为方式。[②]

作为绝大部分刑事案件侦查权的实施主体,刑事警察承担着刑事侦查权动态运行的主要功能。首先,刑警职业文化与刑警职业活动相互依赖,相互影响:刑警职业文化产生于刑警这一特定群体的长期刑事侦查实践中,即刑警职业文化的内涵源于刑事侦查中;而该种职业文化一旦形成,亦会保留相当之稳定性,"反哺"到刑事侦查活动中。其次,刑警职业文化具有特定的内涵,其中包含刑警这一群体共同的价值观念、职业伦理乃至行为规范,亦是刑警区分于治安、交通等其他警种的重要标志之一。最后,特定的价值观和职业操守将这一群体紧紧凝结在一起形成刑警职业群体,也提供了一套行业习惯以保障刑事侦查活动有序进行。由此,刑警职业文化是侦查主体——刑警职业的组成部分,亦是刑事侦查法文化的重要影响因素之一。

根据社会学对于文化的定义,刑警职业文化应属亚文化的概念。对于此种刑警职业亚文化之称呼,似乎研究者多将其锁定在负面情绪化的论调上,如职业懈怠、司法腐败、刑讯逼供等屡见报端。然而,仅仅将刑警职业文化定位于负文化显然是一种不负责任的批评家态度。刑警职业文化作为一种客观存在的文化状态,其产生及其反作用是复合的、多方面的,不能简单归为硬币的正反两面。刑警职业文化一个显著的标志就是务求实效。就刑事侦查运行而言,可以这样去理解:案件的调查若完全依照"书本上去做"就有按图索骥之嫌,案件侦查也成为纸头上的法律审查,以至于"在警察文化中,警务

① Robert Reiner, *The Politics of the Police*, fn74, pp. 118 - 121.

② 杨郁娟:"论刑警职业文化及其对侦查的影响",载《吉林公安高等专科学校学报》2011年第1期。

实践工作的一个中心原则就是:你不能按照书上说的做”。也正是这种务实的精神促进警方灵活处置不同警情、案情。因而,对于刑警职业文化应当避免断章取义式的价值评判。反之,应当注重综合价值评判,所谓“抓到老鼠的就是好猫”,以兼容性眼光分析刑警职业文化中的人性基础。如刑警的职业懈怠,通常专家的建议往往止步于宣传教育、培训,创新奖励机制等,但是造成上述职业懈怠的原因往往与某些人性化的因素有关:

其一,责任制问题。如今已经广为人知的“命案必破”潜规则是始终悬在刑警心中的大石,一方面确实提高了命案侦破率;另一方面也使刑警不得不“开动脑筋”做些僭越职权之事。而综观此类刑侦潜规则的由来,似乎与警察阶层的行政管理传统脱不开关系。很明显,行政警察的评分考核、量化指标都照搬到刑警管理中。然而,刑事案件事关司法公正,将行政警察的内容“嫁接”到刑事司法中妥当与否,无疑值得商榷。

其二,心理学问题。在办案查证的过程中,刑警往往接触很多犯罪嫌疑人或潜在的社会不安定因素,其所承载的负面价值不容小觑,继而如审讯工作中不得已的“冷漠、缺乏对人的信任和同情心”被无意带入其他工作中。若对此仅仅考虑价值评判或所谓“程序正义”,就会对刑警职业文化做出负面评判,进而影响社会对刑警职业的宽容和理解。批评和指责只能加剧警民对立,使刑警内部越发闭塞,拒绝与外界沟通,不利于机制化解决刑警职业文化转型的问题。

究其亚文化之内涵而言,则不仅仅包括上述消极情绪,“立警为公、执法为民”等正面气场也是其中应有之义。刑警职业文化之重构即是指对正能量的发扬和宣示。

(二)型塑刑警职业文化

1. 将维护正义作为刑警的职业归属感

刑警是维护社会正义的官方力量,所谓“侦办案件,查明真相”目的即是为了实现社会正义。作为一名刑警,维护正义既是他的法定义务,也是道德义务和社会义务，是其职业归属感的终极。

若按照独立形态，正义可以划分为：实体正义、程序正义与形式正义。实体正义指的是结果公正，案件实体的结局处理所体现的公正，即案件处理的结果和事实真相是一致的。但是根据辩证唯物主义认识论的观点，人虽然有认识客观世界的能力，但由于认识能力的局限性，要达到对案件事实绝对真理性认识是不可能的，因此，我们在司法实践中所追求的真实是一种法律上的真实，是一种诉讼上的真实。侦查机关充分行使侦查权，寻找案件线索，发现、收集证据，为检察机关提起公诉和人民法院进行审判打下基础。可见，侦查工作进行的好坏，直接影响案件的实体处理结果，与案件的实体正义密切相关。程序正义也就是过程公正，指诉讼程序方面体现的公正。在我国司法实践中，往往是重实体，轻程序，而侦查权的具体运作过程又和程序正义密不可分。例如，当侦查机关采取拘留、搜查、扣押等强制性措施时，必须有一定的证据证明有重大犯罪嫌疑，同时还要符合实施这些手段的法定条件，履行相关法律手续，否则，就会对人权保障造成损害。形式正义又称“对人的正义”，强调法律面前人人平等，是正义的“执行环节”，即公共规则得到正规和公正的执行。

就当前侦查文化中的正义观而言，则更为复杂。首先，在中国传统观念中，法律的伦理性格彰显。中国传统观念中的正义，更多的是一种伦理意义上的正义而非法律正义。正义更多的是指个人的行为和品质，而较少涉及制度，抑或程序正义。即中国的传统正义观将一个人的品行是否符合伦理道德规范作为正义的评判标准。道德法律化与法律道德化同步进行，形成了“礼法结合”的法文化格局。其次，我国的警察的职能范围十分广泛，在实践工作中尤为强调所谓“大”的文化，如大调解、大联勤等提法频现，警察职业越发一警多能，就刑警而言，其职业正义观也不能免受“运动式作战”的影响，单纯的法律行为被赋予更多的道德意味，似乎贴近大众意义的才算是正义，法治意义上的程序正义则位于次要地位。故此，当前我国的刑警正义观大体上可以归为实体正义一类。而随着法治观念的兴起,法治文化逐渐深入民众心髓,单纯的实体正义越来越不能满足刑事司法改革与进步的需要,却隐约制约程序正义的发展。这样一来,唯有实现实体正义与程序正义的“制衡”方能化解。

所以,此处刑警职业文化之正义则多了一些“程序法治”的意味,也唯有尊重程序正义,方能更好地实现实体正义,实现正义之初衷。

2. 实现由“权力”崇尚到“权利”崇尚的刑警职业文化转型

(1)权力与权利之辨

“国家权力是万能的吗？它有没有底线？如果有,那么它的界限在哪里？设定国家权力界线的标准又是什么？”①国家(政府)权力的“权利”,抑或国家(政府)权力在公民权利框架下的空间有多大,其外延又可延之几何？权力至上主义者认为,“权力是指它的保持者在任何基础上强使其他个人屈从或服从于自己的意愿的能力”,是“一个人或一部分人具有强加于他人的一种强制力”。权力是至高无上的,即国家(政府)权力的“权利”是无边的,因此公民权利的“权力”是有限甚至是完全可以忽略的。康德认为,“一方面是一个普遍的统治者,作为国家的首脑,另一方面是组成这个国家的个人,作为臣民的群众。在这种关系中,前一种人员是统治的权力,他的职务是治理;后一种成员构成该国的被统治者,他们的任务是服从”。他甚至宣称“人民有义务去忍受最高权力的任意滥用,即使觉得这种滥用是不能忍受的”。“在任何情况下,人民如果抗拒国家最高立法权力,都不是合法的……对人民来说,不存在暴动的权利。”②

然而,究其本源,国家(政府)权力的“权利”乃是一种特殊的权利,是基于公民权利的部分出让(让渡)并以契约的形式形成的,其运用原则只在于保障

① 欧阳景根:“公民权利与国家权力的界限”,载《江淮论坛》2005年第2期。

② 柳砚涛:“解读法的不可直接对抗性”,载《烟台大学学报》(哲学社会科学版)2009年第2期。

公民权利并促进其充分实现。国家(政府)权力是为了公民权利而设定的,却不能反过来说,公民权利是为了国家(政府)权力。[①] 即公民权利的"权力"对于国家(政府)权力的"权利"具有毋庸置疑的优先性,凡不是由公民权利授予的国家(政府)权力皆不具有合法性;国家(政府)权力必须保障与维护公民权利,倘若国家(政府)权力不仅不保护公民权利,反倒侵犯、践踏公民权利,那么这样的国家(政府)权力则属非法权力,应当有相应的制度予以评定,并在制度层面被公民权利的"权力"理所当然地取消。

(2)权利崇尚的转型

所谓权力垄断的症结盖出于此也。所以,在案件侦查过程中,若"爱上权力这个看似温柔的陷阱",一味追求依靠增加事权实现案件突破,往往落入权力垄断的窠臼。事实上,侦查权的膨胀,可以通过侦查权的演变窥见其一斑,从资本主义早期的司法行政合一到司法独立,从控审合一到控审分离,从检警一体到检警分立,侦查权都在不断扩张。然而,此种权力的不断扩张所带来的不仅仅是好处。河南赵作海案、杭州张辉、张高平叔侄奸杀冤案等系列冤案的暴露无遗不是一味强调扩张侦查权的不良后果。过分强调权力,只会越发依赖权力,最终将客观的侦查行为变成主观意味明显的怀疑,产生冤假错案也就不足为怪了。所以,促使刑警文化转型,唯有弘扬法治精神,强化权利大于权力的观念,从刑警职业伦理的角度出发,注重刑警文化这一软实力,从源头上根除案件侦查中权力崇尚的怪圈。

第二节　法制奠基——以侦查权制衡的立法完善为中心

自从美国学者帕卡提出了著名的"犯罪控制模式"和"正当程序模式"的

---

① 童之伟:"公民权利国家权力对立统一关系论纲",载《中国法学》1995年6月刊。

诉讼结构理论,控制犯罪的现实需要与保障人权(尤其是犯罪嫌疑人的人权)的法治需求似乎是一对永恒的矛盾。一方面,随着现代民主法治观念的确立,法律至上、有限政府、正当程序以及审判中心(司法优位、司法最终裁决)等理念日益引起人们重视。尊重和保障人权已成为世界各国的普遍共识和刑事诉讼的重要价值取向。这必然要求侦查权的行使要受到严格的法律程序的规制。另一方面,出于对安全价值和秩序价值的追求,侦查行为的行使又必须注重效率价值的提高,因为"迟来的正义非正义"。侦查权制衡需要完善的立法为其保驾护航,这一立法体系也必须符合该法律逻辑,即构建出一些列的法律制度和程序规则,最终形成一种法治理念深入人心、侦查权运作最大限度合乎法律,侦查权既严格受控又积极有为的均衡状态。

一、侦查权制衡的宪法规制

侦查权是随着国家需要主动控制、追究和制裁犯罪而产生、演变和发展的。自国家侦查权产生之日起,侦查权就逐步被纳入法定权力的体系,并受到法律的规范。不过侦查权与宪法发生联系,却是现代国家产生以后的事情。宪法作为国家的根本大法,必将成为侦查权合法性、来源和结构的基础。现代侦查权不仅必须要有刑事法律上的根据,而且应该要有宪法根据,由宪法作出规范。合宪性应该是侦查权的基本法律属性。[①]

侦查权作为国家权力的特殊运行过程,其行为内容是揭露犯罪、证实犯罪和查获犯罪嫌疑人,行为方式包括非强制性的调查,也包括强制调查和采取其他强制手段,而强制措施和手段很多时候乃是对公民人身权利和自由的直接限制或剥夺。为了应对侦查权力的这种运行过程和方式,宪法和法律应当积极地作出反应,即应当规定公众具有可以对抗来自国家侦查机关的侵害的宪法性诉讼权利和诉讼法上的程序性权利。综观西方法治国家和我国初

① 孙煜华著:《侦查权的宪法控制》,法律出版社 2014 年版,第 5 页。

步建设法治国家的历史实践可以看出，公民的刑事诉讼权利越来越受到广泛关注和重点保护，国家的刑事侦查权越来越受到法律乃至宪法的重点控制，这两个因素构成各国司法制度设计与改革的基本立足点。①

行使侦查权的宪法性规制，各国差异较大，不过其中的价值原则、核心思想却十分接近或相同。宪法对国家侦查权作出明确规定和有力约束的典型当属美国。美国宪法第四、第五、第六和第十四修正案以及相关的法律、判例组成了较为完善的程序法规范体系。"正当程序"和"权利保护"是宪法性刑事诉讼程序的两个基点，制定和实施宪法性刑事程序的决策及司法过程，是宪法性刑事诉讼程序的动态表现。从侦查权的角度看，宪法规范对侦查权作出明确规定，侦查权力具备了宪法性特征，侦查权的运行即成为实现法治活动过程的一个重要环节。西方国家侦查权的宪法性构建，主要包括以下三方面内容：

(1)侦查权以及由此支配的侦查活动，从刑事法的规范和活动层面上升为宪法规范和法治活动层面。随着资产阶级赢得反封建的胜利，刑事司法民主化成为一种趋势，权利保护和惩治犯罪亦受到同等重视。美国较早地在宪法中明确了多项公民的权利，其中第四、第五、第六修正案，成为后来广泛限制政府权力、保障人民权利的规范，警察的侦查权力受到明显冲击。法国因其革命的彻底性，也把资产阶级理想的刑事司法原则和人权保护措施较早地纳入宪法，从而构成对侦查权的制约。

(2)宪法、宪法性法律或者判例，把侦查权和侦查行为的重要方面直接纳入其规范体系，从而使刑事法关于侦查权和行为的规定有了直接明确的宪法根据。《法国1791年宪法》就规定，除非根据法律规定的情况和手续，不得控告、逮捕、拘留任何人，尤其规定，"任何人在其未被宣告为犯罪以前应该被推定为无罪，即使认为必须予以逮捕，但未扣留其人身所不需要的各种残酷行

① 张步文著：《刑事侦查权研究》，中国检察出版社2007年版，第138页。

为都应受到法律的严厉制裁”。《美国宪法修正案》第4条规定,“人民保护其人身、住房、文件和财物不受无理搜查扣押的权利不得侵犯;除非有合理的根据认为有罪,以宣誓或郑重声明保证,并详细开列应予搜查的地点、应予扣押的人或物,不得颁发搜查和扣押状”。

(3)把对抗侦查的某些特定手段规定为宪法权利,使某些受重大违法侦查行为侵害时的司法救济权成为不可侵犯的宪法性权利。如美国宪法就赋予公民一系列如不受双重危险的权利、不被强迫自证其罪的权利、强制取得有利于己方证据的权利等。而且在这些权利受侵害后,犯罪嫌疑人还可以通过诉讼司法程序,请求排除非法证据和宣告程序无效等,从而使这些权利得以真正对抗侦查权。美国法院在具体的案例实践中,通过“非法证据排除”、“程序无效”等途径,打破以侦查权的滥用方式去控制和惩罚犯罪的意图,制裁那些违反正当程序的侦查行为。①

当然,不可否认的是,也正是以上这些公民宪法性权利的充分保护以及对侦查权行使的过多限制,使侦查效率受到一定程度的削弱,甚至造成了对某些犯罪行为的放纵。以众所周知的“米兰达规则”为例,它赋予了犯罪嫌疑人保持沉默的权利。而滑稽的是,后来米兰达本人的被暗杀,却因为有此规则的存在而未能平冤。这恐怕正是无数刑事诉讼法学者极力呼吁在我国确立“沉默权制度”而最终却难以得到立法者回应的根本原因之所在吧。

综观我国的现行《宪法》,可以显而易见的问题主要体现在如下两方面。

(1)对侦查权的权力限制的条文,以及公民权利尤其是犯罪嫌疑人权利保障性条文的规定,较为宏观和笼统。现行《宪法》规定的与刑事诉讼相关的条文主要集中在第三章第七节关于“人民法院和人民检察院”的规定里。确立的主要原则是:法院是国家唯一行使审判权的机关,独立行使审判权,不受行政机关、社会团体和个人的干涉;检察机关是国家的法律监督机关,独立行

① 张步文著:《刑事侦查权研究》,中国检察出版社2007年版,第145~150页。

使检察权,不受行政机关、社会团体和个人的干涉;法院、检察院和公安机关办理刑事案件,应当分工负责、互相配合、互相制约。

关于公民权利基本权利,也即"宪法性权利"的规定,则体现在第 33 条的"国家尊重和保障人权"、第 38 条"人格尊严不受侵犯的权利"、第 39 条"住宅不受侵犯的权利"、第 40 条"通信自由和通信秘密受法律保护的权利"以及第 41 条的"申诉、控告、检举"的权利以及第 134 条"公民有使用本民族语言文字进行诉讼的权利"等。毋庸置疑,《宪法》作为国家的根本大法,其条文越是宏观,适用的效力越是普遍。然而同样引出的问题是:当根据这种宏观的条文制定下位法或者进行具体的实务运作时,其可操作的自由裁量空间也是巨大的。这就不得不引起我们对如下问题作出反思:宪法的精神和原则是否完整、准确地被贯彻于《刑事诉讼法》,这些宪法性原则如何具体地体现在了《刑事诉讼法》中,并能否直接地适用于侦查的原则。侦查行为所依据的其他法律、法规,以至于内部规定是否与宪法的基本精神和原则相违背,并且已经落实于侦查实践等。

(2)宪法规定的公民基本权利,在刑事诉讼尤其在侦查过程中未能得到切实保障。当前,在我国侦查实践中,滥用侦查权的现象屡禁不止,集中体现在刑讯逼供、非法搜查、非法拘禁、虐待被监管人、超期羁押等。这些足以表明,在我国的侦查权力运行的过程中,存在大量的无视宪法和法律已经规定的公民基本权利的情形。

我们知道,宪法的价值在于为法治提供蓝本和最高规范,如果宪法规范和原则都不能被遵循,那么宪法原则终将成为一纸空文。也因此,公民的宪法性权利将难以获得有效的司法救济。

因此,结合我国的具体国情和实践状况,合理吸收和引进其他国家的宪法精神和法治理念,来构建和完善关于我国侦查权的宪法性制度,应该成为一种理性的选择。

二、侦查权制衡的法律规制

在我国,直接规定侦查权相关问题的法律主要是刑事法,包括基本法《刑法》和《刑事诉讼法》,一般法律如《人民警察法》、《检察官法》、《监狱法》、《律师法》等,还包括《国家赔偿法》等一些其他的相关法律及其规定。在此,仅围绕《刑法》和《刑事诉讼法》两部基本法对侦查权的规制进行探讨。

(一)侦查权的刑法规制

刑法作为实体法,对侦查权运行的影响主要体现在如下两方面。

一方面,《刑法》关于犯罪的实体性规定对侦查权的运作具有倾向性的导向作用。具体来说,就是侦查权是一种应对犯罪但又高度依赖犯罪的事实调查权。因此,《刑法》是否把社会中某种活生生的行为规定为犯罪,能够直接决定侦查权的扩张或者限缩。同时《刑法》对某种犯罪规定的严厉程度,也直接影响侦查权的暴力程度,一般来说,刑罚越重,侦查权的强制程序往往也越高。如侦查实践中不同强制措施的采取往往就是根据犯罪行为的恶劣程度来决定的。当然,这里也要注意,侦查权作为对犯罪的强制调查权,国家需要根据社会犯罪的具体情势来决定和行使侦查权,而不能僵硬地根据《刑法》关于犯罪的成文规定来决定侦查权的运行。否则,维护国家和社会公共安全的根本目标则难以实现。

另一方面,《刑法》对违法行使侦查权的行为后果作出明确规定,从而为公民寻求司法救济提供实体法律保障。我们知道,《刑法》的严厉性决定了其适用的后位性,也即《刑法》是公民权利遭受不法侦查行为侵害后的救济后盾。如《刑法》第238条规定的非法拘禁罪,第245条规定的非法搜查罪、非法侵入住宅罪以及第247条规定的刑讯逼供罪、暴力取证罪等,都明确指出国家机关工作人员或司法工作人员滥用职权犯这些罪的,要从重处罚。这种规定会产生两种直接的影响:一是当公民权利遭受权力主体的不法侵害时,可以通过诉讼程序使法院最终依据刑法的规定对相关主体作出刑罚判决,从而获得司法救济；二是这种违法行使权力后果的刑法明文规定性，促使权力主体包括侦查权的行使者不得不严格依照法律程序办事，否则将会承担刑法上的不利后果。

（二）侦查权的刑事诉讼法规制

侦查作为刑事诉讼的重要阶段，其内容、特点和实施的合法性、正当性必然要受到刑事诉讼法的规制。长期以来，我国的刑事诉讼实践形成的是流水线式的线性诉讼结构。而且无罪推定理念尚未完全确立，加上辩护权不能得以充分地行使，公民尤其是犯罪嫌疑人的法定权利难以落到实处。

一方面，构筑“侦、诉、审”的“三角”诉讼结构。当前，无论是职权主义的诉讼模式，还是当事人主义的诉讼模式，“侦、诉、审”三者之间都应该建立起三角结构，实现相互制约与平衡，以促进侦查权运行的民主性、科学性和人道性。这也符合我国《宪法》第 135 条规定的“公检法三机关之间的分工与制衡”原则。在侦查权行使的合法性、正当性上，在证据和犯罪事实的审查上，以及决定侦查与否、侦查程序等，负责起诉的检察官都应根据公诉的标准和要求，适度支配、指挥侦查权的运作。这即理论界普遍倡导的所谓“检察主导侦查”模式。西方不少国家已实行法官对审前程序的审查性介入，即在侦查阶段，司法权从合法性审查的角度，对侦查权的行使进行程序规制，或者对犯罪嫌疑人已经遭受侦查侵害的权利进行必要的救济，从而促使侦查主体在接下来的工作中依法行使权力，增强对公民权利的保护。当然，介入的程度一定要控制在必要的范围内，否则将不利于侦查工作的顺利开展，也违背了司法中立的根本原则。

另一方面，赋予犯罪嫌疑人在侦查阶中的真正当事人身份，以有力对抗侦查权。从理论上讲，犯罪嫌疑人在侦查程序中处于当事人的地位，享有包括辩护权在内的一系列诉讼权利。如犯罪嫌疑人在被拘留、逮捕后的 24 小时内，有权要求侦查机关将自己被羁押的事实和情况通知自己的亲属；犯罪嫌疑人面对侦查人员的讯问，有权作无罪的辩解，对与本案无关的问题，有权拒绝回答;辩护人在被侦查人员第一次讯问后或者采取强制措施之日起,有权委托律师为其提供法律咨询、代理申诉、控告等。侦查机关所担负的这些义务,能够使犯罪嫌疑人的诉讼主体地位从法律上得以保障。

然而,与西方各国赋予犯罪嫌疑人保持沉默的权利相比,我国《刑事诉讼法》规定了"犯罪嫌疑人对侦查人员的提问,应当如实回答",尽管立法者的本意是要求犯罪嫌疑人向侦查人员"如实"作出有罪的供述或无罪的辩解,但遗憾的是,在讯问实践中却经常演化为犯罪嫌疑人对犯罪事实的"如实供述"。由于"如实供述"缺乏可操作的判断标准,在急功近利的破案动机下,侦查人员往往更愿意追求有罪的供述而忽视无罪的辩解。甚至采取某些诱导性讯问乃至刑讯逼供等非法手段,强迫犯罪嫌疑人自证其罪,最终沦落为侦查的客体。"无辜的人落入虚假的自白进而讲述虚假的作案故事,这一心理是极其异常的状态。可我们应该知道的是,当一个人在审讯现场被认定为犯人且被逼得走投无路,但又想摆脱眼前的困境时,这是任何人都有可能陷入的结局。"①《刑事诉讼法》也规定,"公安机关对已经立案的刑事案件,应当进行侦查,收集、调取犯罪嫌疑人有罪或者无罪、罪轻或者罪重的证据材料"。

犯罪嫌疑人当事人身份的真正确立,还体现为其辩护权得到充分的实现。根据现行《刑事诉讼法》,犯罪嫌疑人在被侦查人员第一次讯问后或者采取强制措施之日起,就有权委托律师提供法律帮助。但是此时的律师并不具备辩护人的地位,导致诸多权利不能充分的行使。比如,侦查人员在对犯罪嫌疑人讯问的过程中,律师无在场权;律师在侦查阶段无案卷查阅权和证据调查权等。这些严重削弱了犯罪嫌疑人对侦查权力的对抗,也为侦查权的扩张预留了较大的空间。因此,我国应尽快在刑事诉讼法再修改之际,把在场权、阅卷权、秘密会见权等权利纳入刑事诉讼法中。

---

① [日]浜田寿美男著:《自白的心理学》,片成男译,中国轻工业出版社2006年版,第35页。

三、侦查权制衡的程序规制

西方有句古老的法律格言："正义不仅应当得到实现，而且应当以人们看得见的方式得到实现。"侦查程序作为实现社会正义之重要环节，同样必须以看得见的方式实现。因为，人们在自己权益面临威胁时，不仅关注自己利益被剥夺的实际结果，而且也重视自己被对待的方式。在不幸的结果确属不可避免的情况下，人们可能更加注意自己是否受到了公正、人道的对待。[①] 实际上，关于侦查权程序规制的相关问题，在上文相关内容的论述中已经涉及。在这里，针对我国侦查程序规则存在的主要问题，应该着重从以下两个方面加以完善。

（一）细化现有程序规则，增强其可操作性

我们知道，法治往往是原则和规则相互结合的统一体，但在不同的法律部门中，原则和规则的分量明显是不同的。在根本大法《宪法》中，原则性规定占据主体地位，却不具有直接的可操作性。而在其他部门法尤其是《刑事诉讼法》及其相关的司法解释里，则必须要把宪法规定的原则性条文转化为具体的可操作强的程序性规则。那么这个转化的过程，必须要在不违背宪法和法律精神的前提下，最大化的本着惩治犯罪和保障人权之衡平的维度。

要实现这一价值目标，应该做到：首先，要在立法用语上做到准确、清晰、严谨和规范，要力求避免因法律用语模棱两可而造成的歧义；其次，结合具体的执法实践和法律实施过程中出现的具体问题或面临的疑难困境，增加或细化实施性细则。尽管最高人民检察院在 1997 年通过了《人民检察院刑事诉讼规则》，最高人民法院、最高人民检察院、公安部等六部委也出台了相关的刑事诉讼规则，但现行立法中实施性细则尚不够完备，致使《刑事诉讼法》的

---

① 陈瑞华著：《刑事诉讼法的前沿问题》（第 1 版）之序言"通过程序实现法治"，中国人民大学出版社 2000 年版。

诸多规定无法实际执行,甚至退而求其次地借助于公安机关或检察机关内部自行制定的细则,出于部门利益考虑,相互间存在层层障碍。这不仅影响了法律的统一实施,还导致相互间的扯皮、推诿,以致侦查效率的低下以及犯罪嫌疑人应有权利的丧失。

(二)提高科学立法水平,严密法律规则体系

对国家权力的配置与运行的规制,应当由实体法、程序法共同完成,在法律渊源上应当包括宪法、刑事诉讼法、组织法、司法解释、部门规章等。世界各法治国家的宪法都规定了大量的关于刑事诉讼的程序性条款,构成该国宪法或宪法性文件中关于人权保障条款的核心。对此,我们应该加以借鉴。目前,我国现行《宪法》关于直接涉及刑事诉讼的条文屈指可数,有些还不甚科学。如第 135 条关于公检法三机关在刑事诉讼中的关系为"分工负责、相互配合、相互制约",就存在不科学之处:其一,体现在要求处于中立审判者地位的法院与享有控诉权的公安机关、检察院配合;其二,体现为《宪法》第 129 条同时又规定了检察机关是国家的法律监督机关,使检察机关的地位让人费解。

立法实践中,对某些违背侦查规律的或者根本无法实施的不切实际的法律条文或规则,应当及时作出相应的修改。比如,现行《刑事诉讼法》第 83 条规定的"公安机关拘留人的时候,必须出示拘留证"。但事实上,拘留作为一种紧急性强制措施,基本功能在于制止正在发生的犯罪行为,并强制犯罪嫌疑人到案,所以绝大多数情况下根本就来不及办理拘留证。公安部《公安机关办理刑事案件的程序规定》第 106 第 2 款则作出了调整,即"因紧急情况来不及办理(拘留证)的,应当将犯罪嫌疑人带至公安机关后立即办理法律手续"。因此,从拘留的性质和执法实践的需要看,公安部的规定显得更加科学、合理，应当在诉讼法中加以正式确认。[①] 这就要求当具体的实施细则得到诉讼实践的检验认可后，应该通过立法途径上升为基本法的规定。

总之，提高科学立法的水平，严密法律规则的体系，首先，应该发挥宪法的统领作用，进一步在宪法中明确规定有关刑事诉讼的程序性条款。尤其是如无罪推定原则、正当程序规则以及赋予犯罪嫌疑人更多的诉讼权利等纳入《宪法》的规定。其次，要统一法律规则体系，尤其是对司法解释、部门规章等存在的一些与《刑事诉讼法》相冲突的规定加以修正和完善。

第三节 公民参与对侦查权的制衡——以适合成年人在场权为中心

在侦查权制衡的各种对策中，不少学者提出或在不同程度上认可了同步录音录像和律师在场权的意见，[②]司法实践也早在2005年就开始了有关方面的试行，并在2012年《刑事诉讼法》的修改中得到了认可与确定。[③] 同步录音录像的价值不容置疑，而且不少地方也已在实施，但这种措施的纯技术性，使其难以避免对技术和实施者的依赖。律师在场权则因一方面律师问题而遇到操作性的挫折；另一方面司法人员也有一定的抵触。未成年人刑事程序中的合适成年人在场制度在我国已取得一定的发展，并产生了较好的效果，其是当下律师在场制度不错的替代措施，可以在普通刑事案件的侦查讯问中引

---

① 陈光中主编：《中华人民共和国刑事诉讼法再修改专家建议稿与论证》，中国法制出版社2006年版，第373页。

② 顾永忠："关于建立侦查讯问中律师在场制度的尝试与思考"，载《现代法学》2005年第5期；朱孝清："侦查讯问时律师在场之我见"，载《人民检察》2006年第10期；沈德咏、何艳芳："论全程录音录像制度的科学构建"，载《法律科学》2012年第2期；陈永生："论侦查讯问录音录像制度的保障机制"，载《当代法学》2009年第4期。

③ 《刑事诉讼法》第121条规定："侦查人员在讯问犯罪嫌疑人的时候，可以对讯问过程进行录音或者录像；对于可能判处无期徒刑、死刑的案件或者其他重大犯罪案件，应当对讯问过程进行录音或者录像。"

入这一制度。让合适成年人在场,既可以解决律师在场制度存在的不少困境,也可以起到制衡侦查权的作用。

一、律师讯问在场权的现实困境

近年来,由于不少刑讯逼供造成的冤假错案的揭露,引起了理论界和实务界对抑制这种非法侦查的广泛探索和热烈讨论。以樊崇义为首的中国政法大学的专家们在联合国开发署资助下,选取部分司法单位进行了讯问时律师在场的试验,并取得了积极的试验结果:侦查人员并非如我们想象的那样抗拒,反而一般都持积极、欢迎的态度;讯问犯罪嫌疑人安排律师全程在场参加对办案工作基本上没有负面影响。① 但不少实务界人士对此不予苟同。有专家就认为,在口供证明仍然是我国当前主要证明方式的现状下,侦查讯问时律师在场不利于犯罪嫌疑人如实供述、不利于实现控制犯罪与保障人权的平衡,而且即使在国外律师在场制度也没有普及。②

针锋相对的两种观点,特别是实务界人士对律师在场的反对,无疑增加了该制度建立的不确定性,也成为律师讯问在场制度构建的主要的思想障碍。

1. 律师数量的严重不足。目前我国有近律师二十万名,但是他们大部分都集中在东南沿海城市和其他大中城市,仅有五千人左右在西部地区工作,律师分布严重不平衡。截至 2011 年我国中西部地区还有 213 个县没有律师。③ 自 2009 年起,司法部、团中央和中国法律援助基金会启动“1 + 1”中国法律援助志愿者行动,选派专业的律师和志愿者到青海、宁夏、重庆等13 个省和律师人才短缺的县去提供法律援助服务;2011 年司法部也将为我国中西部

---

① 顾永忠:“关于建立侦查讯问中律师在场制度的尝试与思考”,载《现代法学》2005 年第 5 期。

② 朱孝清:“侦查讯问时律师在场之我见”,载《人民检察》2006 年第 10 期。

③ 张琰、王岩:“全国 213 个无律师县将增派专业律师”,载《中国日报》(英文版)2011 年 2 月 9 日。

地区无律师县组织安排至少1名专业律师为当地百姓提供法律援助服务,但总体数量显然严重不足。这就意味着,律师讯问在场权在现实中,至少在部分地区肯定无法实现。

2. 诉讼成本太高。在我国个人拥有律师顾问的现象还非常少,在侦查讯问中要快速招来律师还比较困难;在不少犯罪中,犯罪嫌疑人本人也是因贫困而犯罪,没有经济实力聘请律师。因此,如果把律师讯问在场权予以确定,侦查阶段提供免费的值班律师或其他律师服务就不可避免。根据2011年最高人民检察院曹建明检察长的工作报告,全年检察机关共批准逮捕各类刑事犯罪嫌疑人916,209人,提起公诉1,148,409人,至于被讯问的人可能要远远大于这一数字。由此,每次讯问都安排律师显然经济负担太重,难以实现。

此外,律师在场权与我国诉讼方式的冲突、律师在场权与我国社会治安状况的矛盾、律师在场权与我国律师制度的不协调等,①也将给律师在场制度的确立带来各种困惑和阻碍。

值得欣喜的是,尽管存在各方面的困难,部分有条件的地区已然开始探索这一制度。2005年天津北辰区人民检察院实施"阳光提讯",允许辩护律师在场旁听公诉人对犯罪嫌疑人讯问;2007年江苏省南京市下关区检察院、2010年泰兴市检察院和北京市检察院第二分院分别推出审查起诉阶段律师旁听讯问的制度;徐州市鼓楼区检察院则在2008年推出了侦查讯问时律师在场制度,这些地方的实践将为完善我国律师在场权,遏制刑讯逼供,健全程序法制起到很好的示范作用。不仅如此,2012年修改的《刑事诉讼法》也规定了犯罪嫌疑人在第一次讯问时聘请辩护律师的权利,为律师在场制度的实践提供了可能,但并没有规定必须有律师在场,与在场制度还有差别。

---

① 樊崇义主编:《刑事审前程序改革实证研究——侦查讯问程序中律师在场(试验)》,中国人民公安大学出版社2006年版,第169~174页。

二、合适成年人在场制度的中国实践

合适成年人在场制度的内容非常广泛，广义上来讲，是指未成年犯罪嫌疑人、被告人在刑事诉讼整个过程中都有合适成年人到场参与诉讼的制度。鉴于一般的刑事诉讼程序在侦查阶段较为封闭，对犯罪嫌疑人的权利侵犯较为普遍，而此后的程序一般较为公开，侵犯犯罪嫌疑人、被告人权利的现象并不多见，因此在侦查阶段保障合适成年人的参与显得尤为重要，对合适成年人在场制度也多采狭义说，即侦查机关在讯问未成年犯罪嫌疑人时，必须有合适的成年人（监护人或者专设的合适成年人）在场的制度。①

英国在1972年首先在判例中确认了合适成年人在场权，并在《1984年警察与刑事证据法》中正式确认这一制度；根据该规定，适当成年人在场的目的，首先是为被讯问的人提供意见并观察讯问是否进行得公平合理，其次是为协助该未成年人与警察沟通。此后，联合国在《少年司法最低限度标准规则》、《保护被剥夺自由少年规则》和《儿童权利公约》中都确认了以儿童"最大利益"为标准的司法指导原则，而合适成年人在场制度被认为是确保儿童最大利益在司法中实现的重要一环。②

我国已分别加入这三个国际公约，但这些条约在刑事司法中的运用没有相关法律规定，在实践中也没有被作为办案的依据。我国1996年《刑事诉讼法》第14条规定，对于不满18周岁的未成年人犯罪的案件，在讯问和审判时，可以通知犯罪嫌疑人、被告人的法定代理人到场；2012年《刑事诉讼法》修改中对未成年人程序作了专门的规定，并要求在讯问和审判时，"应当"通知其法定代理人，无法通知的，也可以通知其他成年近亲属、所在学校、单位居住地基层组织或未成年人保护组织的代表到场，为合适成年人在未成年人案件

---

① 姚建龙："英国适当成年人介入制度及其在中国的引入"，载《中国刑事法杂志》2004年第4期。

② 姚建龙："论合适成年人在场权"，载《政治与法律》2010年第7期。

中的在场提供了可能。公安部的《公安机关办理未成年人犯罪案件的规定》、最高人民检察院的《人民检察院办理未成年人刑事案件的规定》中也对上述内容给予不同程度的确认。由此，我国基本上确立了合适成年人的在场权。但显然法定代理人的在场权和合适成年人在场权的差异较大，前者是成年监护人为本位的权利，是法定代理人的权利；后者是以儿童权利为本位的权利，是未成年犯罪嫌疑人的权利。至于其他的合适成年人，也只是"可以"被通知，并没有体现出成年人在场是未成年犯罪嫌疑人的权利的属性。

与全国性的立法滞后相比，全国不少地方的合适成年人在场实验已然走过近10个年头。云南省昆明市盘龙区早在2002年就与英国救助儿童会合作，在未成年人司法分流项目试点中建立了合适成年人制度，并形成了盘龙模式。2003年3月与10月中欧少年司法制度——合适成年人参与制度研讨会在华东政法学院举行，合适成年人参与制度在中国的影响逐渐扩大；借此东风，2004年长宁区法院在诉讼程序中首次尝试引入合适成年人参与制度，也拉开了这一制度在上海实践的序幕。不久之后的2006年，厦门市同安区也开始探索合适成年人在场制度。由此，全国形成了盘龙、上海和同安三种合适成年人参与诉讼的模式，为全国性的实践推广和立法准备提供了样本。

三、契合与对接：律师与合适成年人的讯问在场权

（一）合适成年人的职责或权利

目前，在具有代表性的三种合适成年人在场模式中，盘龙区检察机关规定，合适成年人的职责定位为为未成年人提供帮助，协助其与警察沟通，同时监督警察在讯问过程中是否有不当行为。在厦门，同安区人民检察院在实施合适成年人在场制度中规定合适成年人的职责：(1)帮助未成年人解决饥饿、恐惧、焦虑等生理、心理问题，维护未成年犯罪嫌疑人的身心健康；(2)帮助未成年犯罪嫌疑人理解讯问程序和方式，协助未成年犯罪嫌疑人与讯问人员沟通；(3)监督讯问人员在讯问过程中是否有侵犯未成年犯罪嫌疑人权益的违

法或不当行为。

在上海,2005 年虹口区检察院与公安机关联合制定了《关于未成年人非监禁刑和合适成年人参与讯问的试行办法》,虹口区检察院自己内部也制定了《合适成年人参与审讯的操作程序试行办法》,在这两个文件中规定了参与讯问的合适成年人的职责:(1)监督审讯人员是否有需要回避而未回避的;(2)监督审讯人员是否依法讯问;(3)配合司法机关对未成年人嫌疑人进行教育。2007 年 6 月浦东新区检察院与对口审理浦东新区涉及未成年人案件的长宁区法院,以及浦东公安分局、浦东新区团委联合签订《关于合适成年人参与未成年人刑事案件诉讼活动的工作协议》,规定未成年人在接受讯问时,“合适成年人”有权记录未成年人的表现以及讯问人员是否有违法或损害未成年人权利的行为。2010 年年初,上海市公检法司联合签发了《关于合适成年人参与刑事诉讼的规定》,统一了近年来上海各基础司法机关在这方面的实践,并逐渐把合适成年人的功能定位为缓解压力、同步制约和协助沟通等,其权利具体表现为知情权、会谈权、阅读笔录并签字认可权、法律解释权和不当讯问异议权等。①

在理论上,学者对合适成年人应享有的权利或职责主要有以下几种,第一种认为,其享有如下权利:(1)向未成年人说明他们的处境,和可能面对的情况与后果;(2)观察讯问是否依法合理进行,并有权利要求审讯人员停止违法做法;(3)协助未成年人与讯问者进行沟通,但限于语言理解上的帮助;(4)在审讯人员在场的情况下对未成年人进行教育;(5)合适成年人有权查阅笔录。② 第二种认为,其职责主要如下:一是满足未成人饥饿、口渴等生理需求;二是抚慰未成人的情绪;三是监督讯问人员的讯问。特别要注意的是,合适成年人不具有说服未成年犯罪嫌疑人如实供述的义务,但合适成年人可以

---

① 樊荣庆:“上海检察机关合适成年人参与刑事诉讼制度的探索与实践”,载《青少年犯罪研究》2010 年第 5 期。

② 邢玲玲、杨敏:“建立合适成年人参与审讯制度的构想”,载《时代潮》2005 年第 6 期。

向未成年犯罪嫌疑人提示有利于他的做法。① 第三种认为,合适成年人除具有监督和见证讯问合法性;防止翻供,提高口供证据效力的功能;为未成年犯罪嫌疑人提供心理支持等功能外,还有教育功能、减少司法伤害的功能、协助沟通等功能。② 第四种认为,适当成年人的主要角色是保护未成年犯罪嫌疑人的权利,防止其受到警察的不当压迫;其次是改善未成年人与警察之间的沟通。③

总体上,合适成年人在场制度在我国仍然处于实验推广阶段,从主要的试点城市看,合适成年人介入侦查的主要职责或权利限于以下几个方面:(1)维护未成年犯罪嫌疑人合法权益,包括帮助其行使权利、了解法律、与侦查人员沟通、维护其身心健康等。(2)监督讯问过程,主要是对审讯人员的讯问合法性进行监督,并可以提出异议。(3)见证讯问过程,阅读讯问笔录,并签字认可。在学者诸观点中,合适成年人除上述职责或功能外,还有教育功能,即对未成年犯罪嫌疑人的处境和可能面临的后果的警示,并对其进行伦理教育,督促其认罪伏法。

(二)讯问在场的律师的职责或权利

相对于合适成年人在场制度,律师讯问在场因律师的特殊身份而受到了较多的限制,发展缓慢,目前也主要是检察机关在审查起诉阶段推行,在侦查阶段推行的很少,公安机关则基本没有进行这方面的试验。目前这些试行的律师在场制度,律师的职责或权利大致如下。在天津北辰区检察院,辩护律师在场旁听,可以作记录;案件承办人对犯罪嫌疑人讯问时,禁止辩护律师讯问和插话,辩护律师对案件承办人讯问有意见,应在讯问犯罪嫌疑人后,向案件承办人或向检察院提出;案件承办人对犯罪嫌疑人讯问完毕后,辩护律师

① 林志强:“合适成年人参与制度的实践探索和完善进言”,载《青少年犯罪问题》2007年第2期。

② 姚建龙:“论合适成年人在场权”,载《政治与法律》2010年第7期。

③ 徐美君:“‘适当成年人’讯问时在场制度研究”,载《现代法学》2003年第5期。

可以就案件事实直接对犯罪嫌疑人进行发问，但禁止辩护律师进行诱导性发问；事后，辩护律师在会见犯罪嫌疑人时，犯罪嫌疑人供述内容发生变化的，辩护律师应将谈话笔录复印一份送交案件承办人。① 在江苏泰兴市检察院，律师在场制度明确了律师的权利，律师有权在场见证检察官讯问嫌疑人的合法性；有权向嫌疑人提供法律咨询；对检察人员有严重侵犯嫌疑人合法权益的行为，可以当场或事后提出意见；有权查阅、核对检察人员的讯问笔录，并在《辩护律师在场意见书》上注明意见。② 在北京市检察院第二分院，辩护律师旁听讯问时可以记录，可向犯罪嫌疑人解释有关法律规定，对讯问人提出的与案件无关的问题可提出异议，发现违反法律规定及侵犯犯罪嫌疑人合法权益的情况，可提出意见或代为提出控告。讯问完毕后，经讯问人允许，辩护律师可补充发问，核对讯问笔录，针对遗漏或差错提出补充或改正建议，并签字。③ 在徐州市鼓楼区检察院，律师在场享有为犯罪嫌疑人提供法律咨询权，对逼供、诱供行为提出抗议或控告权，提示犯罪嫌疑人对与案件无关问题的拒绝回答权，帮助犯罪嫌疑人核对笔录等权利等。④

不少学者对律师在场的职责或权利，也有类似的看法。有学者认为，律师在场享有提供法律咨询权、监督权、异议权、申诉权和签字确认权；⑤有学者认为，律师在场首先应当明确辩护人的身份，同时应享有全程在场权、权利告知权、法律咨询权、发表意见权监督异议权和见证异议权等。⑥

总体上来看，实践中在场律师的职责或权利主要为：(1)记录旁听过程；

---

① 王继然："天津北辰区检察院允许律师在场旁听检察官讯问"，载《法制日报》2006年12月20日。

② 李明耀、冯蓓佳、张伟："江苏泰兴市院试行讯问旁听制度，保障嫌疑人权益"，资料来源 http://news.jcrb.com/jxsw/201010/t20101019_456025.html，最后访问日期：2010年10月19日。

③ 王茜："辩护律师旁听讯问，'律师在场权'的艰难一步"，载《南方周末》2010年12月7日。

④ 唐颖、喻绍玉："律师旁听侦查讯问制度初试水"，载《检察日报》2010年7月4日。

⑤ 田荔枝："论我国侦查讯问阶段律师在场制度的构建"，载《法学论坛》2009年第3期。

⑥ 樊崇义主编：《刑事审前程序改革实证研究——侦查讯问程序中律师在场(试验)》，中国人民公安大学出版社2006年版，第185页、第186页。

(2)监督旁听过程,并可以当场或事后提出异议;(3)提供法律咨询或向犯罪嫌疑人解释相关法律;(4)阅读讯问笔录,并签字认可以见证。学者的观点与试行在场的律师权利基本一致。

(三)两种制度的契合

通过对实践和理论中合适成年人与律师在场时职责或权利的论述,笔者发现这两种制度有很大的契合性。

首先,两种制度的基本目的都是保护犯罪嫌疑人的合法权利。尽管在合适成年人在场制度中,有认为合适成年人在场有教育的功能,以督促未成年人尽快认罪伏法,但其目的仍然是防止未成年人因心智不健全而对所处形式造成误判,从而使犯罪嫌疑人能在以后的审判中处于更为有利的地位,更好地保障其合法权益。

其次,两种制度中合适成年人与律师的职责或权利具有相似性,且没有任何冲突。监督讯问过程是律师讯问在场的重要功能,在合适成年人制度中也被有些学者认为是最主要的任务。至于帮助了解法律、阅读笔录并签字认可等则完全一样,可能的不同在于因未成年人犯罪。所以,合适成年人可能要帮助其与侦查讯问人员沟通,这是服务对象不同而已,如果有些成年人对侦查人员的讯问不是很了解,律师同样也要帮助他们沟通。

再次,至于有观点认为合适成年人在场时,其立场更为中立,与律师在场处于辩方立场有所差别。笔者认为这是对律师介入案件的一种误解。正如合适成年人在场只有教育的义务,没有说服未成年人供述的职责一样,律师介入侦查讯问也不会承担指控责任。律师无论是聘请还是指定的法律援助律师,其都会根据情况进行辩护,不会无中生有,不会盲目与侦查人员对抗。同样,作为合适的成年人,其在场是为维护未成年犯罪嫌疑人的合法权益,自然也要根据掌握的情况提出意见,不会盲目行动。当然考虑两者在法律知识和职业习惯上的差异,律师更多侧重在法律上提出辩护的意见,非律师的合适成年人可能是从伦理上提出意见;而且从上海地区的实践看,一方面,2010

年公检法司联合签发的《关于合适成年人参与刑事诉讼的规定》中，明确要求合适成年人要有基本的法律常识和相关知识；另一方面，长宁区司法局、检察院和公安局也积极推动律师介入未成年人刑事案件的侦查、逮捕，并颁布了规范性的指导意见——《关于在刑事侦查及审查批准逮捕阶段对未成年犯罪嫌疑人提供法律援助的实施意见》，[①]这就肯定了未成年人案件中律师在场优于其他的合适成年人在场，也是对两者差异的否定。

最后，从制度价值上看，两者也具有共通性。合适成年人在场与律师在场都能有效防止侦查人员的非法讯问，保护犯罪嫌疑人的合法权益；有利于缓和犯罪嫌疑人和侦查人员对立气氛，帮助两者有效沟通；有利于保护讯问人员，可以为讯问过程提供见证；有利于相关证据的固定；等等。

四、合适成年人在普通刑事侦查中的引入

（一）律师讯问在场确有必要

的确，正如反对律师在场制度的专家观点一样，作为防止侦查权滥用、保护犯罪嫌疑人的手段，律师在场制度是可以被替代的。但当前的理论界在研究抑制非法讯问与律师讯问在场问题时，把两者的关系颠倒了。律师讯问在场权属于犯罪嫌疑人的权利，这是我国已参加的联合国《公民权利和政治权利国际公约》第14条规定的律师帮助权的一部分。律师在场可以起到抑制非法讯问的作用，但不止于此。把缺乏律师在场监督作为侦查讯问中屡屡发生刑讯逼供的原因，显然是一种错误的嫁接，导致律师讯问在场权正当性的自难。[②] 因此，以防止刑讯逼供角度来论证或反对律师在场权都是不合适的。

---

① 长宁区法律援助中心："长宁区召开律师介入未成年人刑事案件侦查、逮捕机制研讨暨签约仪式"，资料来源 http://sfj.changning.sh.cn/fy/add.aspx? id = 119，最后访问日期：2011年3月13日。

② 郭华："误区与质疑：对我国刑事诉讼中律师在场权的反思"，载《中国律师》2006年第12期。

作为借鉴国外先进制度的一部分，不少学者通过对有关国家的研究，认为律师讯问在场制度在国外不具有普遍性，由此也论证中国可以不实施律师讯问在场。但这是个伪问题。防止刑讯逼供是个综合性的法制建设问题，律师讯问在场制度可以在很大程度上限制侦查讯问权的滥用，因此也被许多国家作为解决非法讯问的重要手段。大陆法系中的法国、德国对律师在场制度限制较多，但这一制度实施与否及其程度受到多方面因素的影响，如司法传统、口供依赖和程序环境等。[①] 如法国近年来加强了检察官对警察的制约，从而为限制警察权提供了可能的途径；德国虽然并不承认辩护律师在警察讯问时在场的权利，但嫌疑人可以在警察讯问时保持沉默，因此他也可以坚持要在其律师在场的情况下回答问题。可见，部分国家没有赋予犯罪嫌疑人的律师讯问在场权，但其他保障措施显然起到了很好的替代作用。我国当前对防止刑讯逼供的措施并不多，同步录音录像问题虽得到了试验的验证和实务界的认可与推广，但这种技术性的措施受到人为因素影响太大，存在侦查人员先刑讯逼供获取证据，后再次表演用来完成录音录像的现象，因此，律师讯问在场制度就成为抑制非法讯问的必要手段。

至于反对者提出的“不利于犯罪嫌疑人如实供述”、“我国目前尚不具备以物证证明为司法证明主要方式的条件”等原因，实际上多多少少存在对律师在场权的傲慢与偏见，[②]这些恰恰是我们要改变的一些落后认识和做法，自然不能成为反对律师在场权的理由。

（二）合适成年人在侦查讯问中对律师的替代

律师讯问在场制度是必要的，但其在硬件上的困难也是我们不能忽视的，合适成年人在场制度与律师讯问在场制度的契合性为律师讯问在场制度的建设提供了可能的途径。

---

① 朱奎彬：“比较与实证：律师讯问在场权透视”，载《四川大学学报》（哲学社会科学版）2008年第3期。

② 刘武俊：“应正确看待律师在场权”，载《光明日报》2010年12月8日。

笔者认为,由于律师数量的严重不足及聘请律师存在的高额成本,在合适成年人与律师具有基本相同的功能与价值的情况下,可以在律师在场实施比较困难的情况下考虑由合适的成年人在场,从而代替律师在场,以降低律师介入的成本和满足数量的需求。

不可否认的是,在当前律师在场还存在质量不高的情况下,再用普通的成年人代替律师,无疑对犯罪嫌疑人的律师在场权产生更大的侵蚀。但笔者认为,两害相权取其轻。合适的成年人总比没有律师帮助要好得多,而且,在我国刑事案件中,非律师也可以充当辩护人,为何在侦查中就不能保护犯罪嫌疑人的利益?

当然在普通案件中选择真正"合适"成年人是这一替代的关键。笔者认为,考虑到我国刑事诉讼中规定的辩护人的范围较广,首先,所有不是律师的辩护人也都可以作为讯问中律师的替代者。其次,对于未成年人案件中的其他合适成年人,如教师、社会工作者等人员也应该可以成为普通刑事案件讯问在场的替代者,特别是现在有不少有关司法工作方面的志愿者,如高校的志愿者等,这些人有数量多,有这方面的积极性,可以把一些有法律知识的人员作为合适的替代者。最后,犯罪嫌疑人对合适成年人的选择权。考虑到普通案件犯罪嫌疑人与未成年人的区别,特别是其心智上的成熟,有完全的行为能力,因此,对于合适成年人应该可以由其选择或可以对侦查机关指定的合适成年人提出回避。否则,犯罪嫌疑人不愿意配合该合适成年人,或不愿意自己的犯罪情况让他人知晓,如此,则该成年人即成为"不适当"的成年人。当然,被执行刑罚或者被剥夺限制人身自由的人、以及其他一些受雇于政府或警察部门、涉嫌犯罪等不利于犯罪嫌疑人权益保护的人员等不得视为"合适"成年人。

第四节 机制建构——以侦查权的审判权制衡为中心

一、构建"准司法"令状主义

此处之"准司法"令状主义便是对于司法令状主义的本土化吸收,同时也是为了与之相区分。"准司法"令状主义主要施行于检察机关,而非法院。"准司法"的含义乃是具有某些司法权的意味,这主要与我国法律将检察机关定义为司法机关所致,但检察机关本身具备较强的公诉职能,显然不能具备超然的中立身份,故将其降格为"准司法"。令状主义则是对于强制措施适用而言。

(一)"准司法"令状主义的主体

根据以上关于"准司法"令状主义之概念可知,根据我国司法体制,法院是司法机关,检察机关是法律监督机关,法院作为刑事司法的"超然"中立机关存在。其中,我国法院并未经历审检合署、预审法官之制,其主要事权仅审判一项。充分结合我国实践,检察机关职司公诉、侦查、法律监督等事权,承担着侦查权的外部制衡职能。在现有基础上,若照搬西方三权分立下的司法审查制度,则颇有"水土不服"之虞。所以,不妨借鉴在现有的检察监督基础上,将审查批捕与侦查监督升格为"准司法"之地位,实现检察监督从"被动式"、"柔性监督"到"主动式"、"刚性监督"的转变。所以,"准司法"令状主义之主体,由检察机关充当更为合适。

(二)"准司法"令状主义的对象

宏观上讲,令状主义的对象应当是警察机关的侦查权。具体来说,则应当包括:第一,立案中的越权行为。立案中的侦查行为如果侵害了行为相对人的利益,应当由检察机关来进行控制。具体来说,包括无立案材料而立案的行为,立案标准过低的行为,立案前采取不当措施侵害对方合法权益的行为,将经济纠纷、行政案件不当转为刑事案件而立案的行为。第二,采取侦查措施、刑事强制措施时的不当或违法行为。针对强制性侦查措施的审查与监督是侦查权制衡最为关键的一步。根据国际上的通用做法,即把侦查措施与刑事强制措施作为“令状主义”之对象。但是,我国的现实存在一些涉及公民切身权利的侦查措施,其在法律上缺乏明确的、适当的规定,并几乎完全由侦查机关自身控权而缺少外部制衡。其中,饱受争议的就是技术侦查措施与秘密侦查措施的审批和权利救济。技术侦查措施通常是指侦查机关在立案后,对于危害国家安全犯罪、恐怖活动犯罪、黑社会性质组织犯罪、重大毒品犯罪或者其他严重危害社会的犯罪案件,根据侦查犯罪的特殊需要,所采取的侦查措施,通常包括电子侦听、电话监听、电子监控、秘密拍照、录像、进行邮件检查等秘密的专门技术手段。① 在侦查毒品犯罪、有组织犯罪和利用计算机进行的犯罪以及危害国家安全的犯罪案件过程中,公安机关经常需要使用这些侦查手段,尽管当前《刑事诉讼法》肯定了该种侦查措施的法治地位和实施范围,但对其内容并无明确的具体细则依据。比如,技术侦查期间的隐私权如何保护,权利救济如何。《刑事诉讼法》中所称技术侦查具体包含哪些内容,若因国家机密之原因,可否只将所采取的具体技术侦查措施名字予以阐明?或可否至少应当向被实施主体阐明其所遭受之侦查措施以及潜在的救济权利?如使用监听手段等侦查措施又需要履行何种审批手续?由谁批准?通过监听手段获得的证据材料能否在法庭审判时使用?没有救济的权利往往成为一片空白,如果仅仅局限于侦查机关的内部监督,首先,有违侦查权外部制衡之本意;其次,也必然会造成权利保护的不济。进而,侦查权发生异化也就不足为怪了。

(三)“准司法”令状主义的方式

1.“准司法”令状主义之刚性监督

令状主义的存在是对侦查人员的一种压力,督促其以审慎的态度对待侦

---

① 杨正鸣、倪铁主编:《侦查学》(第2版),复旦大学出版社2013年版,第126~127页。

查权。我国现时的侦查权运行，确实引入了若干的令状主义内容，如实施取保候审、监视居住或者逮捕环节，均要求有法律规定的要式文件。但除逮捕外，上述措施之令状主义均局限于侦查机关内部，即公安机关自行决定取保候审、监视居住、拘留事宜，缺少外部制约。结合我国特有的侦查权制衡模式，改革令状制度，应从缓和、渐进式的发展思路出发，以一种相对合理主义的步骤进行。其一，将强制措施审查权划分为事前审查与事后审查两类。首先，将强制措施审查权交由外部制衡机关检察院执行。其次，由于拘留针对的情形特殊，允许事后审查，其余强制侦查的审查决定权施行事前审查，并交由检察院行使，建立"准司法化"的审查制度，并出台拘留的实施细则，对该种情形所致的事后审查设定严格的适用条件和实施范围。其二，借鉴类似羁押性强制措施与非羁押性强制措施界分之经验，区分羁押令状与非羁押令状。将拘留、逮捕等强制措施归入羁押令状，将取保候审、调取证据、搜查等行为归入非羁押令状内，对前者规定有审慎主义优先的审查程序；至于非羁押令状可保留书面审的"旧惯"。

2."准司法"令状主义之事后救济

即使制度设计的科学、合理，滥用侦查权的现象不能完全杜绝，所以，司法救济机制的构建成为令状主义的"最后守护人"。司法救济是指允许侦查机关的相对人对违法的侦查行为通过法定的程序向司法机关寻求救济，并有权获得赔偿。英国有句法谚："无救济则无权利。"从这个意义上来讲，赋予犯罪嫌疑人对强制性措施的救济权利呼之欲出。《公民权利和政治权利国际公约》第2条规定："保证任何一个被侵犯了本公约所承认的权利或自由的人，能得到有效的补救，尽管此种侵犯是以官方资格行事的人所为；保证任何要求此种补救的人能由合格的司法、行政或立法当局或由国家法律制度规定的任何其他合格当局断定其在这方面的权利；并发展司法补救的可能性；保证合格当局在准予此等补救时，确能付诸实施。"上述文件是宪法意义上对于人权侵犯性的救济约制。所以，司法救济亦可以成为"准司法"令状主义下的最后保证,其具体的内容指:未经检察机关授权而采取的侦查措施或强制措施,或已经取得令状,但实际施行的侦查手段明显超出了必要限度,犯罪嫌疑人有权向检察院申诉,对确有错误的可以请求国家赔偿。未来,或可构建犯罪嫌疑人对违法行为向法院直诉的机制。

二、审判权制衡侦查权

(一)何谓法院制衡侦查权

法院是刑事司法中具有超然身份的中立机关,是事实与法律的最终裁决者。司法裁判本身对于侦查机关而言即具有重大意义,决定了前述行为是否真正实现了"惩罚犯罪、保护人民"之目标。更深层次上,法院的审判活动对侦查机关、国家公诉机关存在根深蒂固的司法震慑效能,对侦查权有莫大的影响。

(二)法院制衡侦查权的方式

根据我国《刑事诉讼法》,人民法院是典型意义上的司法权力掌控者,在刑事诉讼中不仅承担最终的审判职能,而且通过审判活动发现侦查过程中的违法现象,并在审判过程中运用证据规则,以公开公正的方式排除非法证据,从而实现对违法侦查行为的纠正和监督,而正是这一过程,充分彰显了司法的权威,对侦查权的"异化冲动"起到了最为直接的震慑作用。由此可见,法院制衡侦查权,或称司法控权可从以下几个途径实现。

其一,证据排除规则。我国最新修订的《刑事诉讼法》明确规定了非法证据排除规则,根据该法第 54 条的规定:"采用刑讯逼供等非法方法收集的犯罪嫌疑人、被告人供述和采用暴力、威胁等非法方法收集的证人证言、被害人陈述,应当予以排除。收集物证、书证不符合法定程序,可能严重影响司法公正的,应当予以补正或者作出合理解释;不能补正或者作出合理解释的,对该证据应当予以排除。"可见,违法使用侦查权之所得,在司法权威面下变得暗淡无光,这导致刑讯逼供、暴力取证等违法行为失去其存在价值,侦查权异化之乱象即丧失了生存之基。

其二,败诉风险震慑。检察机关作为国家追诉人,在公诉过程中承担控诉被告与举证责任,若用以控诉的关键证据违背非法证据排除规则,法庭必然否定其证据效力,进而导致败诉结果出现。而检察官本身受到本单位考核与规则之制约,该种后果与检察官业绩考核直接挂钩,最终导致办案检察官承担此败诉风险。所以,为了避免这种结果发生,检察官在办案过程中必须审慎对待,充分评估涉案证据材料,对于可能为非法程序获得的,启动相应调查程序,及时讯问犯罪嫌疑人,确认是否存在刑讯逼供、暴力取证等违法侦查行为,对于可能存在的诉讼风险予以充分考量。进而决定在批捕阶段或审查起诉阶段采取相应措施,或不予批捕补充材料,或要求补充侦查,或做出不起诉就决定。

其三,刑事法惩罚。刑法是规定犯罪与刑罚的法律。侦查行为越轨,并且达到危害司法秩序并造成严重后果的程度,则涉及刑事实体法层面。

我国《刑法》规定了暴力取证等针对违法侦查行为的罪名,其目的在于将司法制裁作为侦查权制衡的最后一道关口,对有违刑事法治理念,严重破坏司法秩序的违规侦查行为,处以刑罚。应当说侦查权究其制约因素来源,可分为三等层次,第一层次为内部规则制约,侦查监督规则外部制衡是第二层次,第三层次则应属刑事法治制裁了。具体而言,侦查权自身是受其内部监督、部门规章行为规制的,同时,侦查职业伦理在其中也发挥着不小的作用;当上述因素不能境其全效时,第二层次即启动之,通过检察机关规制侦查权;当上述两者均未能有效约制侦查权的情形出现,刑事法制裁便作为“法律守门员”的身份出现,以惩治犯罪之名,给予侦查权异化最后一击。刑事制裁是制衡侦查权的终极力量,并将侦查权置于法治的框架内,其本身也是侦查权制衡的最后底线。

(三)法院制衡侦查权与“准司法”令状主义的逻辑辨析

在法院制衡侦查权方面,西方国家往往通过预审阶段的司法介入,强化对于侦查权的制约与控制。例如,在荷兰刑事司法体系中,为了制衡侦查权,防止侦查权一家独大,荷兰承袭了法国刑事诉讼的框架设计,把预审规定为衔接侦查和起诉的一个中间环节,并将之设定为辩护律师、检察官和法官共同参与的程序。在荷兰预审中,主持程序运作的是侦查法官(或称侦查法官)。在荷兰侦查程序运作过程中,法官预审权有效地发挥了制衡侦查权的功用。法官享有重大侦查行为审批权、审前羁押审批权和进一步调查权,以法官这一中立主体来约束检察官、警察的强制性侦查行为,使法官能有效地制衡检警侦查权,从而为侦查程序参与者——尤其是犯罪嫌疑人的程序权利——争取更大的保障。与西方国家不同,我国在预审制度上并没有设立预审法官一职,羁押审查等强制措施由法律监督机关行使,且深受苏联模式影响,长期以来形成检察机关作为法律制约机关的侦查权制衡传统。此模式深为法学界诟病,从长远的角度看来,其存续性显然值得商榷。但由我国现行制度反观之,改革之路却颇为曲折,仅举《刑事诉讼法》与相关司法解释一例,若进行全局性的变革显然涉及系统性的大工程,更何况其中涉及的机关组织权能争议等深层次冲突。所以,此处仍依"渐进式"改革之路,保留《宪法》中检察机关"法律监督者"的地位不变,创设"准司法令状主义"之概念,强化预审阶段的侦查权控制。在法院司法层面,加强实体法与程序法并进的制衡机制,谋求实质意义上的侦查权制衡。故将法院制衡侦查权与"准司法令状主义"并立,分别从两个角度实现侦查权制衡。

三、构建侦羁分立机制

(一)侦羁分立的机制建构

1.《刑事诉讼法》背景下侦羁相对分立之现状

2012 年新修订的《刑事诉讼法》规定,逮捕后应当立即将被逮捕人送看守所羁押。同时,该法对讯问场所做了规定,即将犯罪嫌疑人移送看守所羁押后,预审人员所为之讯问活动应当在看守所内进行。至此,就逮捕一例实现了讯问场所之相对分立,立法的进步性是显而易见的。但新规亦有不够彻底之处,依照侦查权制衡之原理,实质意义的制衡乃是外部制衡,而看守所仍然是公安机关内部机构,且看守所的行政级别与刑警机关同级,其首长的权能实际上显著弱于刑警机关。如此,通过看守所"制衡"侦查讯问显然带有先天之不足。就职权定位而言,公安刑警与公安看守所具有价值追求的一致性,均是为了控诉做准备,即所谓"打击犯罪目标的一致性,共同利益的驱动性使得侦查与羁押内部制约关系名存实亡",相通的利益驱使带来的结果必然是不容乐观的——这不由得使人联想到刑讯逼供的可能性。所以,当前审前程序的羁押主体仍需重新考量。

2. 侦羁分立机制之探索

通过建立侦押分离制度制衡侦查权是各国通行之例。有学者建议借鉴英国的看守官制度。此举虽看起来美好,又迎合了现行之律,但却忽视了不同的侦查法治文化与司法传统。其一,在英国,虽然职司侦查犯罪的刑警机关曾长期与羁押管理机关同置于内政部管辖,但由于法治文化不同,使同属于警察系统内的看守官可以保持中立;其二,依照国际惯例,松散型的英国警察治理模式也开始转型,即羁押管理部门改规司法部管理,使这种理由变得更加乏力。而针对我国现状,一旦羁押部门与侦查部门同属于一个行政机构,难免产生"只有配合,没有制约"的后果。因此,此等置于同部门羁押的过渡政策显然不是长久之计。羁押机关改由独立之第三人行使更为合适,确立看守所独立的地位是侦羁分立的应有之义,唯有这样,才能将刑警机关的限制降到最低。结合我国司法制度和国际通例,将羁押机关置于司法部管理更为合适。当然,也有学者指出,从字面含义上来讲,监狱管理机关显然不适合作为审前羁押的主管部门。那么,不妨于司法部之下单独设立一个羁押管理局,职司羁押场所管理事权。在这样的中立第三人保护下,犯罪嫌疑人对侦查行为的诉讼程序权利才能得以充分运转,进而实现羁押活动对侦查行为的有效控制。

(二)最后24小时之惑

《刑事诉讼法》第83条规定:“拘留后,应当立即将被拘留人送看守所羁押,至迟不得超过二十四小时。”该法第84条又规定:“公安机关对被拘留的人,应当在拘留后的二十四小时以内进行讯问”。可见,一般情况下拘留后应该在看守所内进行讯问,并且为拘留后转交看守所羁押设置了最长期限,即“至迟不得超过24小时”。但这同时也意味着在24小时内不将被拘留人送往看守所亦不违法。换句话说,此处之“24小时”很容易异化成不移交看守所的理由。此外,若依该法第84条的规定,即“公安机关对被拘留的人,应当在拘留后的二十四小时以内进行讯问”。此“24小时”甚至会被利用而成为法定的“不移交看守所期间”或“非看守所内讯问期限”。事实上,对于拘留移送羁押场所的“24小时”(部分国家和地区将类似我国拘留之同一概念称为紧急逮捕或拘提)在其他国家或地区同样深为诟病。如我国台湾地区,对于此等紧急逮捕(拘留)同样抱有较大质疑,甚至认为这“24小时”就是刑讯逼供的最佳时机。

针对法律对于“24小时”的空白,建议首先严格按照“在羁押场所讯问”的一般原则,规定应当在拘留后即行移送,确实有必要延迟移送的,至迟不得超过24小时。其次,对于确实有必要延迟移送的,以法律法规的形式明确其范围,建立主管局领导审批负责制,且必须满足《刑事诉讼法》规定的“24小时”内移送看守所。

四、以程序权利制衡侦查权

(一)完善犯罪嫌疑人的程序权利

根据侦查权“制衡论”的观点,侦查权与公民权利以及其所指的公共利益与个人利益等社会多元利益应该是制衡的,在总体上对于实现侦查权与公民权的平衡、侦查机关与公民义务的平衡、两者各自权利义务之间的平衡,乃至各方法律地位的平衡,具有基础性、决定性的意义。

首先,赋予犯罪嫌疑人明确的沉默权。从本质上来讲,沉默权与中国侦查实践中的“零口供”有异曲同工之妙。可通过立法,确认犯罪嫌疑人在被讯问过程中可以自由选择陈述或不陈述,以及如何陈述,不受来自讯问者一方的强迫与压制,若犯罪嫌疑人没有被告知此项权利而作出陈述,该陈述应当被排除。

其次,赋予犯罪嫌疑人程序知情权。对于被拘留和被逮捕者,中国法律已规定了较为完善的指控罪名和理由告知制度。但对于未被羁押性者,法律仅规定辩护律师可以向侦查机关了解嫌疑人涉嫌的罪名。刑事诉讼法律并未就侦查阶段的侦查机关的告知义务作规定,这对于保护犯罪嫌疑人权利是极为不利的。侦查机关在确定犯罪嫌疑人后,无论其有无被采取刑事强制措施,都应主动告知犯罪嫌疑人被指控的罪名、理由以及在侦查阶段应享有的诉讼权利。为了确保侦查人员履行告知义务,规定侦查人员如不履行告知义务,所获得的犯罪嫌疑人供述应当予以排除。

最后,完善犯罪嫌疑人的辩护律师体制,保障犯罪嫌疑人辩护权的全面实现。在相关刑事诉讼制度中,侦查阶段为犯罪嫌疑人提供法律帮助的律师应有一定的证据调查权。在侦查机关采取重大侦查措施时,律师有权在场。这些重大的侦查措施包括勘验、搜查、扣押和讯问,这可以增强律师的调查取证能力、有利于案件事实真相的查明、防止非法取证等行为的发生。

1. 沉默权赋予

一位美国的大法官曾经说过:“一个民族的文明质量大体上可以用它执行刑法所使用的方法来衡量。”刑事诉讼作为执行刑法所必不可少的程序法,有两个目的:既要注重严惩犯罪,又要充分考虑当事人的人权保护。沉默权是刑事司法领域中人权保护的黄金规则,源于英美法。就沉默权内涵而言主要指:“刑事诉讼中,嫌疑人和被告人所享有的,可以对司法人员(包括警察、检察官和法官)的讯问保持沉默,而不自证其罪的权利(the Privilege against

Self-Incrimination)。”[①]而英美法则颇有诉讼对抗主义之传统，由此看来，沉默权制度的存在即是为了维护刑事诉讼对抗制的构架和机能；另外，也是保障人权与某种意义上的“自由心证”之需要。就我国而言，2012年《刑事诉讼法》加强了对犯罪嫌疑人、被告人的权利赋予。但该法草案经数次修改，又经两会热议，却始终未将沉默权制度纳入其中，此为新法修订一大遗憾。“沉默权有助于防止无罪的人受到刑事追究，保证准确地起诉和定罪；沉默权有助于防止官方权力的滥用，维持刑事诉讼的公信力。”[②]由此可见，沉默权的赋予在某种程度上能够实现对侦查权的有效对抗，是讯问阶段制衡侦查权的有效手段。

那么，我国应当如何构建沉默权制度？首先，一种制度的移植，我们必须要考虑其在社会上的接受程度。如果社会民众甚至执行制度的人都无法理解这种制度的真正含义，那么这种制度的确立前景就不容乐观。这里不得不提到我国的法治传统，坦白从宽的讯问原则牢牢扎根于讯问人员心中，对于犯罪嫌疑人、被告人而言这种观念的影响力也是显而易见的，这样的情形下，沉默权的运行缺乏相应的理念支撑。那么，如果引入沉默权制度，则须首先从侦查法治文化入手，为后续的制度构建创造温床。此外，结合我国实践，或可尝试先从有限的沉默权入手，针对案件类型并结合合理怀疑综合考量沉默权的赋予与否。具体而言，可参考新《刑事诉讼法》对于技术侦查措施实施案件范围之规定，即对于危害国家安全犯罪、恐怖活动犯罪、黑社会性质的组织犯罪、重大毒品犯罪或者其他严重危害社会的犯罪案件暂不赋予沉默权。此外，结合国外立法经验，当犯罪嫌疑人出现在犯罪现场，犯罪嫌疑人身边或明显由其控制的地点发现与犯罪有关的可疑物时，侦查机关基于合理怀疑，有权要求犯罪嫌疑人做出合理解释，不可保持沉默。

---

① 龙宗智：“英国对沉默权制度的改革以及给我们的启示”，载《法学》2000年第2期。

② 樊崇义：“论刑事诉讼法律观的转变”，载《人大复印报刊资料》2001年第8期。

任何司法制度的提出和改革都要受到国家政治、经济、社会诸因素的制约和影响。同样,沉默权作为当今司法制度不可缺少的一项内容,其实施更不可能一蹴而就。我们必须面对不尽如人意的法制环境,相对滞后的侦破能力,远不能适应需要的律师队伍和公众法律意识偏弱的现实。加之传统司法观念影响之大,沉默权制度一步到位是不可能实现的。因此,建立沉默权制度,必须充分考虑我国的国情与现状。

2. 完善律师的会见(通信)权

律师会见(通信)权曾一度作为我国《刑事诉讼法》落后的一面而广为学界诟病,但2012年以来,我国陆续出台了《刑事诉讼法》,《公安机关办理刑事案件程序规定》、《关于实施刑事诉讼法若干问题的规定》等一系列涉及律师会见(通信)权改革的法律、法规及法律解释。如2012年修订的《刑事诉讼法》在权利保护特别是律师权与辩护权保护方面有重大进步。其显著特点就是明确了律师的会见(通信)权。《刑事诉讼法》第37条规定:“辩护律师可以同在押的犯罪嫌疑人、被告人会见和通信。其他辩护人经人民法院、人民检察院许可,也可以同在押的犯罪嫌疑人、被告人会见和通信。”首先,根据该条款,律师通信权可以提前到侦查阶段,此乃法律对于律师会见(通信)权的一大进步。其次,《刑事诉讼法》明确规定普通刑案中,律师可凭“三证”直接会见其委托人,即“辩护律师持律师执业证书、律师事务所证明和委托书或者法律援助公函要求会见在押的犯罪嫌疑人、被告人的,看守所应当及时安排会见,至迟不得超过四十八小时”。最后,根据《刑事诉讼法》,律师在会见过程中不被监听,即“辩护律师会见犯罪嫌疑人、被告人时不被监听”。这为实现律师与犯罪嫌疑人、被告人之间的“秘密交流权”创造了条件,有利于辩护效益的实现,体现了我国刑事诉讼法和保障人权的全面进步。《刑事诉讼法》也对侦查期间行使律师会见(通信)权做了若干限制情形。该法第37条规定:“危害国家安全犯罪、恐怖活动犯罪、特别重大贿赂犯罪案件,在侦查期间辩护律师会见在押的犯罪嫌疑人,应当经侦查机关许可。”

应当说,《刑事诉讼法》较为具体地肯定了律师的会见(通信)权。但是,该保护制度的具体运行仍需进一步健全。首先,《刑事诉讼法》并没有对于通信权进行具体的规定,仅以法条中"辩护律师可以同在押的犯罪嫌疑人、被告人会见和通信"的形式肯定了律师的通信权,但是并没有规定通信权的行使方式。其次,《刑事诉讼法》仅规定"辩护律师会见犯罪嫌疑人、被告人时不被监听",并未对通信不被监听做任何解释。最后,对监所管理部门违规拒绝律师会见(通信)权行使之行为的惩治及追责机制缺位。

所以,应当从立法层面加强对于律师会见(通信)权的内涵扩展,尤其是在保障通信权方面依照会见权完善之,加入保障通信"秘密权"。在制度层面,要构建违法行为问责制度,坚决制止公安监所部门违规妨碍律师行使会见(通信)权的行为。当然,对于我国现阶段的实际情况,若允许律师在所有案件中随时凭"三证"会见在押犯罪嫌疑人,会为一些重大疑难案件的侦破带来一定困难,影响"维稳大局"。所以,《刑事诉讼法》对于律师会见设置一定的缓冲时间有确然的现实意义。

由我国刑事诉讼法治演进可以发现,律师的会见(通信)权的发展脉络是由限制到逐渐扩大的演变过程,在此过程中侦查权与以律师会见(通信)权为代表的辩护权经历了从彼此冲突到力求平衡的一个清晰的变化。事实上,律师会见(通信)权的扩张对于侦查权产生了直接的限制作用,一"扩"一"缩"间,为程序权利与侦查权动态制衡奠定了基础,在深层次上,更是彰显了侦查权制衡论的内涵。

3. 确立讯问期间的律师在场权

律师在场权是世界各主要法治国家的通行制度,《刑事诉讼法》草案几经波折,也最终没有将讯问期间的律师在场权纳入日程。可以说,我国关于律师介入讯问过程的规定仍然存在法律空白。正如我们平常所知道的,讯问是侦查案件的最重要手段之一,我国长期以来一直将侦查机关的讯问环节置于"黑箱"或"灰箱"中,缺乏细节披露,作为被告人权利代言人的律师也是不能进入其中的。而近来年频繁发生的以张氏叔侄案为代表的一系列冤假错案无疑给讯问的“黑箱”有力的一记回音。我们不难想象，在案情重大复杂的背景下，预审人员为了获取口供，因为缺乏外部监督——甚至外界根本无从了解讯问的真相，导致讯问人员很容易产生刑讯逼供等看似“诱人的念头”，这使侦讯阶段成为犯罪嫌疑人之人权最易遭受侵害的环节。所以，当预审人员讯问犯罪嫌疑人时，可考虑赋予律师在场权。这样一来，当讯问进行时，律师的在场，可为犯罪嫌疑人带来一定的心理支撑。同时，律师的存在必然以法律的视角对讯问起到监督作用。由于有第三人在场，且具备专业法律素养，那么预审人员必然会有所顾忌，只得放弃心中“诱人的想法”，结果必然是依照法定程序办案，约束自己的言行。由此，律师在场权能够实现对侦查权的有效制衡，一方面，能够从预防的层面源头治理非法证据，从而避免侦查过程尤其是讯问活动中违法行为的发生；另一方面，为犯罪嫌疑人充分行使辩护权创造了条件，即有利于实现权利制衡权力，进一步强化了司法透明度。

从律师在场权的提出（发起）方式上看，可由犯罪嫌疑人、辩护人提出请求，亦应允许担当辩护人的律师申请。上述两种方式，公安监所管理部门无正当理由应当允许，并有责任对该在场权申请记录存档。具体而言，或可参考《刑事诉讼法》对律师会见（通信）权的规定，也即当犯罪嫌疑人、被告人、辩护律师提出在场权申请时，看守所应当允许，最多不得超过48小时。通过以法律形式确定一个实现律师在场权的最低时限。为了充分保障律师的在场权，还应当明确看守所主管领导的问责制，即如果看守所内出现违背法律规定致使干涉律师在场权之行为时，由看守所领导及相关责任人承担法律责任。此外，可以做出律师在场权的具体内容：如在讯问过程中，辩护律师有权针对侦查人员的违法或失当行为提出抗辩，这与律师的辩护权息息相关。进一步来讲，未来的律师在场权甚至可以和沉默权相结合，即犯罪嫌疑人拥有沉默权，可保持沉默直到辩护律师赶到现场。否则，可做拒绝回答之行为。也就是说，沉默权的有效行使，可以扩张律师在场权的效能；相应地，律师在场权也最大限度地维护了沉默权。

4. 建立同步录音录像制度

侦查讯问阶段的录音、录像制度是指为了保障犯罪嫌疑人、被告人的基本人权，在其接受讯问时采取同步录音、录像以记录审讯真实情况的制度。其最早可追溯至英国，即英国1984年出台的《警察与刑事证据法》(Police and Criminal Evidence Act 1984)。根据该法，英国内政部官员须制定相应的法律文件以规定警察机关在讯问的过程中制作录音带；此外，须规范讯问录音程序性事项。在美国关于侦查阶段的现场摄像制度的争论已经持续了几十年，普遍认为录音录像是一种将声音或图像固定于磁带或胶带，之后通过特定的设备随时重现声音或图像的技术。[①] 讯问阶段的录音录像制度乃以录音磁带或者摄录胶带为载体如实记录讯问情形，由此导致讯问结束后的任何时间内均可使讯问内容得以重现。与讯问阶段的在场权相比，录音录像制度可作为律师不在场时的一种补充，充当“守夜人”的角色，能够超越人力所限，是“全天候”保护当事人权益的制度。此外，录音录像还具有较强的诉讼价值，即讯问录音和录像所记录的内容本身往往作为犯罪嫌疑人、被告人供述和辩解出现，自身即是法定证据的重要形式；另外，还具有特殊的程序价值，即作为刑警机关没有非法取证的证据或者辩护方证明刑讯逼供等违法取证行为的关键证据使用。就诉讼效益而言，数字化时代背景下，录音录像本身以电子制品形式存在，具有很强的可重复利用性，其耗费的成本远远少于律师在场权的实现成本，且具有更强的客观性与证明力，符合刑事诉讼效益的基本要求。

2012年《刑事诉讼法》实施以来，讯问阶段的录音、录像制度始纳入实践的视野。该法第121条规定：“侦查人员在讯问犯罪嫌疑人的时候，可以对讯问过程进行录音或者录像；对于可能判处无期徒刑、死刑的案件或者其他重

---

① 徐美君著：《侦查讯问程序正当性研究》，中国人民公安大学出版社2003年版，第219页。

大犯罪案件,应当对讯问过程进行录音或者录像。录音或者录像应当全程进行,保持完整性。”《关于实施刑事诉讼法若干问题的规定》第19条规定:“侦查人员对讯问过程进行录音或者录像的,应当在讯问笔录中注明。人民检察院、人民法院可以根据需要调取讯问犯罪嫌疑人的录音或者录像,有关机关应当及时提供。”此外,两高分别出台司法解释将讯问阶段的录音、录像纳入非法证据排除的控诉与审判两个阶段。《刑事诉讼法》修订体现了侦查讯问阶段的长足进步,但同时该新生制度也存在一定的缺憾。首先,录音、录像如何进行,其程序如何运转,其载体有何要求。其次,录音录像需二者缺一不可,还是可以因具体案件情况选择其一适用。再次,如果犯罪嫌疑人出于保护隐私的考虑不希望在法庭公开讯问录音、录像,应该如何抉择。最后,除了在看守所讯问中坚持录音、录像外,在移送羁押机关前或者在指定场所讯问是否需要同步录音、录像,又当如何进行。

基于上述问题,讯问阶段的录音、录像制度或可从以下几个角度出发:首先,以法律的形式明确录音、录像的记录程序:(1)即规定在犯罪嫌疑人到案后的适当时间及时告知其享有相关权利以及录音、录像事宜。鉴于犯罪嫌疑人、被告人存在一定程度上的法律知识缺失,预审人员就有义务向其提供说明。(2)保证录音、录像的完整性,细化录音、录像的开始——结束时间节点,进而提高可信性。(3)对已经录制完毕的录音、录像资料进行妥善保存,做好封存工作,在包装封皮上应有犯罪嫌疑人(被告人)、讯问人员亲自签名,且在封口处借鉴“骑缝章”的方法,由犯罪嫌疑人(被告人)在骑缝处按捺拇指指印。其次,设计录音、录像的二元选择模式,即根据案情和办案机关、犯罪嫌疑人的具体情况,选择性地适用录音或录像。这主要针对的是地方公安机关实际的办案经费、人手有限,且犯罪嫌疑人(被告人)对录音、录像的接受程度也有不同的认识等多方面原因。最后,针对看守所外适用录音、录像的问题,或可先将该制度扩展应用到押解警车与基层派出所内羁押场所上,这样可以保证录音录像尽可能获得第一资料,尽量减少讯问人员钻法律的空子。

(二)强化侦查阶段的侵权救济

"无权利则无救济",作为对公民隐私权具有潜在侵犯性的行为,侦查措施的运行必然需要与之相对应的力量以制衡之。尤其是当若沉默权、律师会见(通信)权等程序性权利失效,而未能制止违法侵害时,则犯罪嫌疑人、报告人仍然面临合法权益受害的危险。因此应当在明确案件当事人基本权利的基础上,构建切实有效的侵权救济路径,以达到限制侦查权滥用,保护人权和维护司法公正之目的。

1. 建立犯罪嫌疑人、被告人告知制度

侦查行为的实施具有一定秘密性,且其对公民所造成的损失往往是无形的甚至是不可逆转的,若知情权缺位,则可能导致对自己的个人权利是否受到侵害、如何受到侵害都不知情,合法权益的维护就更无从谈起。如《刑事诉讼法》第76条规定:"执行机关对被监视居住的犯罪嫌疑人、被告人,可以采取电子监控、不定期检查等监视方法对其遵守监视居住规定的情况进行监督;在侦查期间,可以对被监视居住的犯罪嫌疑人的通信进行监控。"但《刑事诉讼法》并未明确电信控制的实施机关负有法定的告知义务。那么,如果被监视居住人对监听行为并不知情,那么其隐私将无形中暴露与监听人员耳中,对人权的伤害是无形也是巨大的。从国外的立法例观之,为最大限度地保护公民隐私权,采取犯罪嫌疑人、被告人告知制度。如美国在《综合犯罪控制和街道安全法》中规定,"监听结束后的90天内,在诉讼申请上被指名的人必须被告知有关诉讼申请的情况,以及通讯是否受到监听"。① 犯罪嫌疑人、报告人告知制度的建立有利于使之评估个人隐私可能存在的被侵害状态,从诉讼角度也便于其充分行使辩护权。该种制度的建立乃刑事诉讼控辩均衡原则之体现,使侵权救济成为侦查权制衡有力的一环。结合我国实践,由于当前犯罪形势依然严峻,破案压力较大,或可参照国外经验,宜将告知时间定

① 刘婷:"浅议技术侦查的司法控制",载《山西政法管理干部学院学报》2013年第3期。

为电子监听或其他侵犯隐私权较重之侦查行为实施完毕后的某个时间节点。这样,一方面保障了侦查措施的有效性;另一方面,充分赋予犯罪嫌疑人、被告人救济权利。此外,就告知内容而言,应包含措施涉及内容及时间地点等情况。

2. 赋予被侵权人违法行为"复议"权

从防范侵权行为的角度来看,最好的做法莫过于预防,若损害行为已经发生,那么,及时制止也不失为一种绝好的止损途径。侦查权滥用容易造成较严重的侵权后果,而目前切实可行的救济途径主要是启动国家赔偿程序,当属事后救济。而事后救济本身即具有鲜明的滞后性,乃是对前一行为的事后性补偿,而侦查权异化所致之损害结果很可能是无形的,并非道歉抑或物质赔偿所能完全替代,那么,构建一种事中救济途径则不失为一剂良方。

对此,或可引入违法侦查行为"复议"机制,赋予被侵权人(包括犯罪嫌疑人、被告人、被害人乃至证人),尤其是犯罪嫌疑人对于未经批准或者有违法定程序之侦查行为的"复议权",即当上述主体认为侦查权的运转过程中——主要包含各类侦查行为的实施,如若违反法定程序或侵犯公民合法权益,可以向本级侦查机关或其上级机关提出复议申请,复议机关收到该申请后,应在法定时限内审查侦查行为的合法性,如果明显不当,则立即撤销或通知做出机关立即撤销。

3. 明确当事人要求赔偿的途径

就我国实践而言,刑事案件的损害赔偿往往是通过冤假错案平反、法院宣告无罪实现的。就赔偿内容而言,一般以被判刑期的实际服刑时间为基数,结合工资标准综合赔偿,而对于其中的精神损害则不给予直接赔偿,通常的做法是给予人道补偿。这恰恰反映出我国刑事案件国家赔偿的缺陷所在。如果对被侵权人造成的是无形伤害,则无确然之标准予以赔偿,况且赔偿与补偿二字在逻辑上不能说通,被侵权人所承担之损害乃侦查权运行不当所致,最后平反时却只得补偿而得不到赔偿,情理上无助于取得被侵权人的谅解。

由此可见,应当加快构建违法侦查行为认定与赔偿标准建设,将无形损害与精神损害赔偿纳入国家赔偿体系。这样一来,一方面,当公民针对违法侦查行为提起诉讼时,会有所抓手,其赔偿请求也显得确有实据。最终获得国家赔偿时,由于各类赔偿种类与数额确定且有标准可循,有利于使被侵权人在物质上和精神上得到有效安抚,获取谅解;另一方面,对侦查权也实现了一定程度的震慑,增加了侦查行为的违法成本,有利于督促侦查人员权衡利弊,严格依法办案。

五、中国侦查权制衡之制度建构

在侦查程序中,检警侦查权、预审法官的司法审查权、各方参与者的程序权利构成了较为平稳的制衡机制,虽然该机制也非完美无缺。不少国家的决策者倾向于采用务实的、可操作的方式来解决犯罪问题,正如他们在其他问题上表现出来的那样。[①] 这种务实态度对于中国当下正在进行的侦查程序改革还是有一定的参考价值的。

(一)强化检察官对警察的侦查权控制

在现有的权力分配格局下,变更检警之间的行政隶属体系难度较大。可以考虑不改变现行检警之间的机构,整合检警侦查职能,实现侦查权有限的"检警一体化",主要可从以下几方面入手。

第一,赋予检察机关诉讼法上完整的侦查权。在法律意义上,检察官有权统领所有侦查活动,既可指挥警察从事侦查事务,也可在必要时直接采取侦查措施,尤其在补充侦查中,可以赋予检察官直接指挥刑事警察从事侦查取证。

第二,侦查措施执行权配属公安机关、国家安全机关等,检察官受到自身

---

① David Nelken, *Comparative Criminal Justice*, SAGE Publications Ltd, 2010, p. 8.

侦查技术及侦查经验的限制，不适于充当一线侦查员。而公安机关、国家安全机关等则有分布极广的基层机构作为执行侦查任务的依托，有广泛的刑事情报来源和高效迅速的行动能力，有能力执行各项侦查措施。

第三，检察官对执行侦查任务的警察有监督权。在插手刑事警察考评、晋升、待遇等前提下，检察官可以纠正警察不当侦查行为，而且有权对警察违法侦查行为进行惩戒的建议权。

（二）引入强制性侦查措施的司法裁定机制

在侦查制度改革推进到一定阶段时，可借鉴荷兰的预审法官制度设置，同时参酌一些大陆法系和英美法系国家的做法，将独立而中立的裁判权主体引入到侦查程序中，设置侦查法官，赋予法官对重大侦查行为的司法审查权，以审判权制衡检警的侦查权。

首先，在法院系统内部设立地位相对独立的侦查法官，或在各级法院刑庭中增设相对独立的侦查司法审查小组，条件成熟时可设侦查事务裁判庭，独立于刑事审判业务庭，仅负责对侦查活动进行司法审查和授权。

其次，对所有不受被侦查人意思约束而进行的强制性侦查措施，如搜查、扣押、监听等由法官发布裁定，对强制性侦查行为进行司法控制。侦查人员必须事先向侦查法官申请令状，但不立即进行会有碍公共利益时，可在采取措施后立即报告法官以获得司法追认，由法官对涉及犯罪嫌疑人的重大侦查措施的合法性、合理性进行审查。

再次，对拘留、逮捕等羁押性重大侦查行为实行严格的司法裁定制度，侦查法官可以未经侦查人员申请主动进行严格审查，此类令状不可事后取得。

最后，对于不当侦查行为，犯罪嫌疑人或相关权利受害人都可以向法院诉讼，申请撤销；对于任何侦查法官签发的司法令状，当事人不服的，可以向上一级法院提出上诉，以保证司法权能够为当事人提供司法救济。

（三）完善犯罪嫌疑人的程序权利

首先，赋予犯罪嫌疑人明确的沉默权。从本质上来看，沉默权与中国侦查实践中的“零口供”有异曲同工之妙。可确立犯罪嫌疑人在被讯问过程中可以自由选择陈述或不陈述以及如何陈述,不受来自讯问者一方的强迫与压制,如若犯罪嫌疑人没有被告知此项权利而作出陈述,该陈述应当被排除。

其次,赋予犯罪嫌疑人体系化的程序知情权。中国刑事侦查中对于被拘留和被逮捕者,已规定了较为完善的指控罪名和理由告知制度,但对于未被采取羁押性强制措施者,法律仅规定辩护律师可以向侦查机关了解嫌疑人涉嫌的罪名;刑事诉讼法律并未就侦查阶段侦查机关的告知义务作规定,这对于保护犯罪嫌疑人的权利是极为不利的。侦查机关在确定犯罪嫌疑人后,无论其有无被采取刑事强制措施,都应主动告知犯罪嫌疑人被指控的罪名、理由以及在侦查阶段应享有的诉讼权利。为了确保侦查人员履行告知义务,规定侦查人员如不履行告知义务,所获得的犯罪嫌疑人供述应当予以排除。

最后,完善犯罪嫌疑人的辩护律师体制,保障犯罪嫌疑人辩护权的全面实现。在相关刑事诉讼制度中,侦查阶段为犯罪嫌疑人提供法律帮助的律师应有一定的证据调查权。在侦查机关采取重大侦查措施时,律师有权在场,这些重大的侦查措施包括勘验、搜查、扣押和讯问,这可以增强律师的调查取证能力、有利于案件事实真相的查明、防止非法取证等行为的发生。

(四)进一步保障被害人和证人的程序权利

建立被害人、证人的保护制度,保障参与侦查程序公民的合法权利。侦查启动的程序决定必须告知已知的被害人,告知其所享有的提起刑事附带民事诉讼的权利,告知其扣押、搜查等侦查活动的在场权以及申请调取证据权等,侦查终结作出的决定须通知被害人方。设立专门组织,建立起严密的证人保护制度,保证所有案件的证人免受该作证行为而遭受人身、财产的不法侵害。

(五)完善非法侦查行为的救济制度

构建侵犯程序权利的违法侦查行为的裁判制度。授予法官对侦查程序性事项的裁判权,对严重违反侦查程序规则的行为,法官有权作出否定性程序性判决。依照违法行为的性质、所侵犯的具体程序权利、造成的后果等,对该侦查行为的效力进行评价;同时,配置特定的民事、行政、刑事责任以及赔偿责任。①

对程序权利受到违法侦查行为侵犯的公民,应建立起国家赔偿制度。被违法侦查行为所侵害的侦查程序当事人,有权因此获得损害赔偿。在相关制度构建时,一方面,法律应明确规定受侵害人可以获得国家赔偿;另一方面,应明文规定受侵害人可以从违法行为者处获得损害赔偿,包括财产性的和非财产性的损失补偿,还可以请求适当方式的名誉弥补。

① 唐磊、赵爱华:“论刑事司法中的秘密侦查措施”,载《社会科学研究》2004年第1期。

图书在版编目(CIP)数据

程序法治视野中的刑事侦查权制衡研究/倪铁等著.
—北京:法律出版社,2016
(公安学文库)
ISBN 978-7-5118-9676-6

Ⅰ.①程… Ⅱ.①倪… Ⅲ.①刑事侦查—权利—研究
—中国 Ⅳ.①D918

中国版本图书馆 CIP 数据核字(2016)第 149500 号

程序法治视野中的刑事侦查权制衡研究 | 倪 铁 等著 | 策划编辑 沈小英
责任编辑 沈小英 吴 镝
装帧设计 汪奇峰

开本 720毫米×960毫米 1/16
印张 16 **字数** 210千
版本 2016年6月第1版
印次 2016年6月第1次印刷
出版 法律出版社
编辑统筹 财经出版分社
总发行 中国法律图书有限公司
经销 新华书店
印刷 北京京华虎彩印刷有限公司
责任印制 吕亚莉

法律出版社/北京市丰台区莲花池西里7号(100073)
电子邮件/info@lawpress.com.cn
销售热线/010-63939792/9779
网址/www.lawpress.com.cn
咨询电话/010-63939796

中国法律图书有限公司/北京市丰台区莲花池西里7号(100073)
全国各地中法图分、子公司电话:
第一法律书店/010-63939781/9782
西安分公司/029-85388843
重庆公司/023-65382816/2908
上海公司/021-62071010/1636
北京分公司/010-62534456
深圳公司/0755-83072995

书号:ISBN 978-7-5118-9676-6
定价:45.00元
(如有缺页或倒装,中国法律图书有限公司负责退换)